Introduction to American Cultural History

アメリカ文化史入門
植民地時代から現代まで

亀井俊介 編
Shunsuke Kamei

昭和堂

アメリカ文化史入門

目　次

序　章　アメリカ文化の展望 …………………………………… 1
　　　　──多様さのダイナミズム
　　　国土と歴史　1／多様な人種と文化　2／「二つのＧ」　4／
　　　統合の理念　5／国土をつなぐ交通　7／情報への情熱　8／
　　　アメリカ文化のダイナミズム　10／本書について　12

第1章　植民地の文化の形成 …………………………………… 15
　　　　──17世紀の社会と多様性
　1　ネイティヴ・アメリカンとの出会い ………………………… 16
　　　ヨーロッパ人の新世界探検　16／出会いが与えた影響　17
　2　チェサピーク植民地 ……………………………………………… 18
　　　チェサピーク植民の建設とタバコ　19／黒人と年季奉公人　21／
　　　プランテーションでの生活　21／
　3　ニューイングランド植民地 ……………………………………… 23
　　　イングランドの宗教改革とプリマスの建設　24／マサチュー
　　　セッツ湾植民地の建設とニューイングランド文化　26／ピューリ
　　　タンの文学　28
　4　印刷文化と「モノ」文化 ………………………………………… 31
　　　印刷物と非文字文化　31／針とペン　32
　◆コラム　ポカホンタスとキャプテン・ジョン・スミス　23／最初の
　　　感謝祭　25／魔女裁判　30

第2章　近代市民社会の形成 …………………………………… 37
　　　　──フランクリンと「アメリカ」の独立
　1　3人のアメリカ人 ………………………………………………… 39
　　　ウィリアム・バードの秘密の日記　39／ジョナサン・エドワ
　　　ーズの説教　43／ベンジャミン・フランクリンの自叙伝　45
　2　言語による国家 …………………………………………………… 47
　　　アメリカ国家を語ること　48
　3　「アメリカ」の活字文化 ………………………………………… 51
　　　リテラシーと教育　52／「アメリカ」文学の勃興　54

3 世紀末「新しい女」………………………………………248
「新しい女」 248 ／産児制限 249
4 20世紀初頭 ……………………………………………250
婦人参政権運動の実り 250 ／ジャズ時代とフラッパー 252 ／大恐慌とニューディール政策 254
5 第2次世界大戦とその後の冷戦 ………………………255
大戦中の変化 255 ／ベビーブーム 256 ／「フェミニン・ミスティーク」 257
6 ウーマンリブから現代のフェミニズムへ ……………257
公民権運動とフェミニズム 257 ／ウーマンリブ 258 ／女性学 259

◆コラム　アビゲイル・アダムズ──進歩的なファースト・レディ 240 ／アメリア・ブルマー 244 ／シカゴ万国博覧会 249 ／ヘテロドクシークラブ 253

第12章　多文化主義と混血化 ……………………………261
──21世紀の人種のるつぼ

1 多民族国家アメリカとその統合モデル ………………262
「アングロ・コンフォーミティ」から「るつぼ理論」へ 262 ／文化多元主義──「人類のオーケストラ」 263
2 多文化主義 ………………………………………………265
エスニック・リヴァイヴァルと「サラダボウル」 265 ／多文化主義の文化・文学 268
3 多文化主義と混血化 ……………………………………270
「私たちの文学」における他者 270 ／『約束の地のモナ』──別の人種民族への越境 273 ／『亡霊となった兄弟の想い出』──異人種間結婚 275

◆コラム　多言語主義 264 ／パッシング 276

第10章 メディアの文化革命 …………………………………219
　　——ラジオ, テレビ, IT

  1 メディアと政治 ………………………………………………220
　　　開票速報から始まったラジオ放送　220 ／政治的利用の善し悪し　220 ／メディアが個人イメージを植え付ける　222 ／インターネットが政治を動かす？　223

  2 メディアと番組と広告 ………………………………………223
　　　ラジオとビジネス界　223 ／多様な番組編成と広告エージェントの誕生　224 ／ラジオの黄金時代と広告　225

  3 メディアと情報 ………………………………………………227
　　　現場からの中継放送　227 ／ニュースはラジオ, テレビから　227 ／社会を目覚ませる自覚　228

  4 メディアと人権 ………………………………………………229
　　　メディアの民主化　229 ／メディアの右傾化　230

  5 メディアとテクノロジー ……………………………………231
　　　テクノロジーの進歩が生み出す新たなメディア　231 ／新メディアと法律　232 ／薄れる現実と虚構の境界線　232

  6 メディアの将来 ………………………………………………234
　　　インターネットの始まり　234 ／ネット社会　235 ／メディアの先端を走り続けるアメリカ　236

  ◆コラム　テレヴァンジェリストと大統領　222 ／『世界戦争』　226 ／パソコンとカウンターカルチャー　236

第11章 女性の文化 ……………………………………………238
　　——家庭道徳の化身からフェミニズムへ

  1 独立建国の精神から …………………………………………239
　　　アメリカ独立宣言文　239 ／共和国の母　239 ／女の暮らしの変化　241 ／宗教と女性　242 ／ヴィクトリア的女性像　243

  2 南北戦争後 ……………………………………………………245
　　　女性の職業　245 ／分裂の時代　245 ／母性の延長——女性キリスト教禁酒同盟　246 ／移民と労働者階級の女たち　247

第 8 章　性表現の規制と解放 …………………………………174
　　　　──文化と階級闘争
　　1　アンソニー・コムストックと上品な伝統 ………………175
　　　　　ヴィクトリア朝と文化の階級化　175／悪徳撲滅協会　177／
　　　　　文学の受難　180
　　2　モダニズムの時代と内面の探求 …………………………182
　　　　　エドワード朝とジョージ朝　182／遅れてきたモダニスト　184
　　3　性革命と表現の自由 ………………………………………189
　　　　　「埋め合わせとなる社会的重要性」189／「猥褻の終焉」？　190
　　4　マルチカルチュラリズムと大衆文化の爛熟 ……………192
　　　　　新たなる規制の時代　192／「道理をわきまえた人間」とは誰
　　　　　か？　193
　◆コラム　合衆国憲法修正第 1 条　179／『北回帰線』　186

第 9 章　新聞・雑誌の銀河系 ……………………………………196
　　　　──アメリカにおける活字メディアの発展
　　1　メディアの黎明期（植民地時代～南北戦争）……………197
　　　　　アメリカ最初の新聞　197／ゼンガー事件の顛末　198／独立
　　　　　戦争と新聞の役割　199／ペニー・プレスの登場　200／アメ
　　　　　リカ初の雑誌　202／雑誌の黄金時代と女性　203
　　2　大衆メディアの誕生（19 世紀後半～第 2 次世界大戦）205
　　　　　南北戦争後の技術革新とイエロー・ジャーナリズム　205／大
　　　　　衆雑誌の登場　207／ライカが捉えたアメリカ　209
　　3　テレビ時代以降の活字メディア（第 2 次世界大戦以降）211
　　　　　マスマガジンの悲劇　211／スペシャル・インタレスト誌の登
　　　　　場　212／パーソナル・コミュニケーションの時代　214／調
　　　　　査報道の 70 年代　215／マク・ペーパーの登場　216／アメ
　　　　　リカを映す鏡　217
　◆コラム　『ゴーディーズ』の名編集長ヘイル　204／イエロー・キッ
　　　　　ド　206／『リーダーズ・ダイジェスト』　208／スペシャ
　　　　　ル・インタレスト誌の登場とノンフィクション・ブーム　213

　　　　無法地帯となったホワイト・シティ　146／多面的な顔をもつ
　　　　都市　149
　　◆コラム　摩天楼　132／フェリス・ホィール　133／ジェイコブ・リー
　　　　ス　143／ターナー　148／ハワイ　149

第7章　ハリウッド映画，覇権の成立 ……………………………151
　　　　──『チート』(1915)に見る「古典的ハリウッド映画」のスタイル
　　　　　とイデオロギー
　1　古典的ハリウッド映画とは……………………………………153
　　　　古典的ハリウッド映画の話法・技法・イエオロギー　153／古
　　　　典的ハリウッド映画と『チート』　153
　2　シネマ・オブ・アトラクションとは ………………………154
　　　　初期映画とシネマ・オブ・アトラクション　154／初期映画と
　　　　古典ハリウッド映画からの脱却　155
　3　『チート』……………………………………………………156
　　　　あらすじ　156
　4　『チート』に見る古典的ハリウッド映画の技法 …………158
　　　　『チート』導入部に見る古典的ハリウッド映画の技法　158／
　　　　『チート導入部の照明　158／導入部の時空間　160
　5　『チート』に見る「新しい女性」と消費文化 ……………162
　　　　消費文化の矛盾と日本趣味　162／「視点ショット」という技
　　　　法　163／「原因結果の連続」という話法　163／「二重露出」
　　　　という技法　164／消費文化と異人種混合の恐怖　164／障子
　　　　部屋のシーンの技法　165／異人種排除と白人優位のイデオロ
　　　　ギーの視覚化　169／当時の批評　170
　6　『チート』と古典的ハリウッド映画の世界展開 …………171
　　◆コラム　映画製作倫理規定　152／黄禍論　156／「日本趣味」の流
　　　　行　159

　　　　　アメリカの叫び声　105
　　6　自由の聖戦 …………………………………………………106
　　　　　「私は声を大にする」　106／シンギング・シックスティーズ
　　　　　107／「アメリカの歌声が聞こえる」　108
◆◆コラム　19世紀の音楽出版　99／ライシーアム　101

第5章　金めっき時代 ………………………………………………110
　　　　──文化の不協和音

　　1　セントラル・パークというトポス：産業化の波 …………112
　　　　　セントラル・パークの歴史　113／とりまく外圧　116／「上
　　　　　品な伝統」　118
　　2　「もう半分」の世界 …………………………………………119
　　　　　都市化と社会進化論　119／可視化される「もう半分」の世界
　　　　　120／ヒーローとしてのベン・ハー　122／めざめる身体　125
　　3　シカゴ万博の不協和音 ………………………………………127
◆◆コラム　「上品な伝統」　118／アメリカ先住民の闘争　121／『民
　　　　主的展望』(1871)　126

第6章　白亜の街の悪魔 ……………………………………………130
　　　　──19世紀末から20世紀の都市文化

　　1　世紀末シカゴ …………………………………………………130
　　2　世紀の大事件 …………………………………………………135
　　　　　シカゴ博覧会会場の設営を指揮するバーナム　135／殺人鬼ホ
　　　　　ームズ　137／
　　3　ホワイト・シティとシティ・ビューティフル ……………140
　　　　　ユートピアが現実となる　140／シティ・ビューティフル運動
　　　　　の先駆け　141
　　4　デビル・イン・ザ・ホワイト・シティ ……………………142
　　　　　19世紀末の雑多な都市の様相　142／ミッドウェイ　145
　　5　世紀転換期の都市文化 ………………………………………146

目次 iii

　　◆◆コラム　人口の急増　38／愛国詩人フィリップ・フリノー　56

第3章　西部への道(トレイル) ……………………………………………59
　　　　──欲望，祈り，犠牲の足跡，そして鉄路
　　1　踏み分け道から ………………………………………………60
　　　　　荒野の道──西部開拓の光と影　60／涙の街道──わが土地を追われて　64
　　2　産業道路 ………………………………………………………67
　　　　　サンタ・フェ街道──インディアンとの交流　67／チザム街道──牛の大移動　69
　　3　国民の大移動 …………………………………………………73
　　　　　オレゴン街道──連なる幌馬車　73／モルモン街道──約束の地はどこに　75／カリフォルニア街道──黄金を求めて　77
　　4　走る鉄路 ………………………………………………………79
　　5　繁栄の時代へ …………………………………………………81
　　◆◆コラム　もう一人のフロンティア・ヒーロー，デイヴィ・クロケット　63／鉄条線の発明　71／キャサリン・セイガー・プリングルの手記『1844年，大平原を渡り』から　74

第4章　歌声ひびく新大陸 …………………………………………83
　　　　──アメリカン・ルネサンスとその文化
　　1　「バンジョーを膝にのせ」 ……………………………………85
　　　　　アメリカ大衆音楽の誕生　85／ミンストレル・ショー　87
　　2　燃えあがる宗教熱 ……………………………………………89
　　　　　信仰復興運動　89／宗教歌の大衆化　90
　　3　理想の社会を求めて …………………………………………92
　　　　　禁酒運動　92／ユートピア運動　93／「すべての男女は平等に創られている」　94
　　4　新しい文学と女性作家たち …………………………………95
　　　　　「誰がアメリカの本を読まないのか」　95／フェミニン・フィフティーズ　97
　　5　わが魂・アメリカの魂 ………………………………………100
　　　　　トランセンデンタリズム　100／美の世界と魂の世界　103／

第 13 章 「アメリカの世紀」とその後 ……………………………281
——極地の宇宙、宇宙の極致
  1 フロンティアの精神と仮想敵の論理 …………………………281
  2 極地幻想の時代 …………………………………………………283
      19 世紀の南極幻想　283／20 世紀の極地探検　284
  3 アポロ計画の夢と悪夢 …………………………………………285
      ロケットの世紀　285／変質する宇宙開発計画　288
  4 火星をめぐる物語 ………………………………………………289
      月から火星へ　289／火星文学の発展　290
  5 究極のネイチャー・ライティング ……………………………293
      キム・スタンリー・ロビンスンの横顔　293／火星文学の最高峰　296／火星は南極である　298／宇宙小説と自然文学の交点で　300
  ◆コラム　核戦争作家サリンジャー　286／先端宇宙技術　295

あとがき　303
年表　アメリカの文化　305
索　引　311

序章　アメリカ文化の展望
——多様さのダイナミズム

国土と歴史

　アメリカ合衆国の成り立ちは，日本と，あるいはまたヨーロッパの国々とも，際立って異なる特色をいくつかもっている。まず第一はその広さだ。面積およそ936万平方キロメートル。日本の約25倍，といわれてもあまりピンとこないかもしれない。ヨーロッパと比べてみよう。西欧，北欧，南欧，それにモスクワなどをはるかに越えてロシアの奥地に入ったウラル山脈あたりまでの東欧を含む全ヨーロッパで，面積およそ1,000万平方キロメートルといわれる。ということは，アメリカ合衆国は全ヨーロッパがほぼすっぽり入ってしまう広さだということである。

　こういう国土の広さといわば逆比例して，歴史が短いこともこの国の大きな特色だろう。もちろん先住民（いわゆるアメリカン・インディアン）は，西暦紀元前2万5千年から1万2千年頃までに，アメリカ大陸に生活をくりひろげ始めていた。彼らをアメリカの歴史の中に組み入れて考察する試みは，近年大いに盛んになってきている。しかしこの土地にやがてアメリカ合衆国をつくるヨーロッパ人の進出（あるいは侵入）をこの国の歴史の始まりとするのが，長い間，一般的な見方だった。ヨーロッパ人はアメリカ大陸を「未開」の荒野と見た。そしてここに「文明」を建設する事業を始めた。その成果が歴史だとする見方に立てば，この国の歴史はたいそう短い。

　イギリス人がアメリカ大陸の大西洋岸に，ヴァージニアと呼ばれる最初

の植民地を建設したのは1607年，同じくイギリス人のピューリタンと呼ばれるグループが，そのずっと北のプリマスに植民地を建設したのが1620年である。日本では，関ヶ原の合戦が1600年，徳川家康が江戸幕府を開いたのが1603年だから，それより後のことだ。またやがて，大西洋岸に建設されていた13のイギリス植民地が独立し，アメリカ合衆国をつくったのは1783年だから，日本ではもう第10代将軍徳川家治，老中田沼意次の時代だ。こう見てくると，アメリカの歴史の短さは否定しようがないといわなければならない。

多様な人種と文化

さらにもう一つ，この国の成り立ちで際立つ特色は，こういう短い期間に，世界中の人が集まってきて，広大な土地の「開拓」に従事し，「文明」を建設し，現代のアメリカをつくってきたということである。アメリカにおける人種の多様さは，どれだけ強調してもしすぎることがない。しかもそれぞれの人種（民族といってもよい）は，それぞれの文化を背負ってきているから，この国には多様な文化が生きてきているということにもなる。

私はいま，1607年とか1620年とかに，イギリス人がアメリカ大陸の大西洋岸に植民地の建設を始めたと述べた。歴史はだいたい勝利者の観点から記述されるので，このことが強調される。だがじつはそれより半世紀も前の1565年，すでにスペイン人がフロリダ半島に彼らの植民地の拠点セント・オーガスティンを建設していたのである（セント・オーガスティンは現存する合衆国最古の町ということになる）。ここはあまり発展しなかったが，16世紀の終わり頃，スペイン人は大陸の反対側にも南のメキシコから進出し，1609年には現在のニュー・メキシコ州にサンタ・フェを建設，ここを拠点にして植民地をひろげた。そしてサンタ・フェから太平洋岸にかけて，スペイン文化と先住民の文化がまじった独特の文化が形成されていくことになる。

フランス人も負けてはいなかった。彼らはフロリダを獲得しようとしてスペイン人に敗れたが，北からアメリカ大陸への進出をはかり，現在のカ

ナダを植民地とした。そして1682年には，ラ・サールという探検家がミシシッピー川を南下してメキシコ湾まで到達することに成功，その広大な流域をルイジアナと命名し，フランス領土であることを宣言した。河口近くのニュー・オーリンズがその首都とされ，ここにはフランス風の文化が移植されることになる。

　こう見ただけで，すでに，アメリカには東からいってイギリス系，フランス系，スペイン系と，三つの文化圏ができてきたことが分かる。しかも，いまイギリス系といった東海岸の植民地も，少しくわしく見ると，決してイギリス人一色ではない。先住民や，奴隷として連れて来られたアフリカ系（黒人）の存在はいうまでもない。ニューヨーク植民地は，もとはオランダ人が建設したものだった。その近くのデラウェア植民地には，スウェーデン人が進出していた。そのほか，フランス人，ドイツ人，アイルランド人，スコットランド人などが，イギリス植民地にぞくぞくと入ってきていた。

　ごく大ざっぱにいうと，大西洋沿岸地域のこういうイギリス植民地が，地の利やヨーロッパの状況，その他さまざまな条件に助けられて，しだいに大きな勢力になった。そして独立前にもうフランスの広大なルイジアナ領土の半分をもぎ取り（1763年），独立後には残りの半分を買い取り（1803年），さらにはスペインから独立していたメキシコを負かすことによって南西部地域を奪い取った（1848年）。こうして，イギリス人の植民地建設開始後わずか241年，独立後わずか65年で，アメリカ合衆国は太平洋岸まで達する大陸国家になったのである。

　さてこの広大な国土にちらばった植民者，独立後の呼称に従えば移民たちは，多様な人種からなるとはいえ，西欧や北欧の出身者が主であった。ところが1880年代のなかばから，南欧や東欧出身の移民がすさまじい勢いで流入するようになった。イタリア人，ハンガリー人，ボヘミア人，セルビア人，あるいはポーランドやロシアから来たユダヤ人などがそれである。彼らは，従来のいわゆる「旧移民」の主勢力がプロテスタント系のキリスト教徒だったのに対して，多くはカトリック信者やユダヤ教徒で，生活は

貧しく，風俗習慣も異なっていて，「新移民」と呼ばれ，「旧移民」との間にさまざまな軋轢(あつれき)を生じた。

こうしてアメリカ合衆国は，ヨーロッパ大陸がすっぽり入ってしまうだけでなく，ヨーロッパの人種もそっくり入ってきて，それぞれの文化活動をする国となってきた。しかも加えて，19世紀中頃からは中国人，ついで日本人も入って来た。彼らもまた，歓迎の時期を過ぎると排斥の対象になる。それから，第二次世界大戦後には，世界のさらに多くの国々から大量の移民があり，不法入国とされる人たちも加わって，合衆国はあらゆる人種のいりまじる国となっているのだ。

問題は，こういういわばてんでんばらばらの状況の中で，いかにして「アメリカ」の文化はつくられてきたか，ということである。一つにまとまった「アメリカ文化」などはない，という意見もありうる。「アメリカ」が多様な文化を包み込んでいることは，すでに述べてきた通りだ。しかもなおかつ，この「未開」の大陸に「文明」を建設する過程で，人々は「アメリカ的」経験を積み重ね，「アメリカ的」と呼びうる文化をつくってきたのではないか。少くとも，いま現にそういう文化がこの国にあり，世界中の人々をひきつけているのは，まぎれもない事実だ。もしそうとすれば，その有様をさぐり，検討を加えることは，アメリカ文化史の仕事の最も重要な部分につながるということになるだろう。

「二つのG」

植民地建設の当初に立ち戻ってみよう。まだ正体不明の新大陸に向けて小さな船で大洋を渡ることは，いのちがけの冒険だった。人間をそういう冒険に駆り立てる力を，私は冗談まじりで「二つのG」と呼ぶことがある。一つはGodつまり神を求める思い，宗教的な情熱である。もう一つはGoldつまり金に代表される富への欲望だ。1492年に始まるコロンブスのアメリカ大陸「発見」の4度の航海も，この「二つのG」への思いに根ざしていた。彼は新世界にキリスト教（カトリック）をひろめる先駆けとなろうと思い，同時にその地に黄金郷があると信じて，その富を持ち帰ることを

計画していたのだ。その志をうけついだスペイン人は南米からメキシコまでをあっという間に征服し，おかげでスペインがヨーロッパの強国となったことは周知の通りである。

　イギリス人もそれに習うところがあった。ヴァージニア植民地を建設した一行は，「二つのG」のうち明らかにGoldを求めていた。彼らはヴァージニアに上陸すると，すぐに黄金を求めてあたりを探検している。そして黄金は見つからなかったけれども，ここに良質のタバコが栽培できることを知り，黒人奴隷を使って大農園を経営し，富をたくわえていった。プリマス植民地や，その直後にマサチューセッツ植民地を建設した一行は，Godを旗印とした。彼らはイギリス本国で斥けられていたピューリタニズムの信仰をこの地で打ち立てようとし，「バイブル共同体」を実現していく。

　多くの国や民族が，それぞれの形で「二つのG」を求めていることはいうまでもない。しかしアメリカでは，広大な未開の土地に，しかも短い期間に，そのための活動を展開した。植民者も移民もさまざまな夢をもってアメリカに渡り続けたが，そういうAmerican Dreamの中心部分にSuccess Dream，つまり富の実現の夢があった。そのために彼らはあらゆるチャンスを求めて，大陸の奥地へも果敢に進出していった。フロンティア・スピリットというのがそれだ。Godを求める気持も，単なるタテマエではなかった。しかもこの行動の先頭に立ったのが，ひたすら「純粋（ピュアー）」な信仰を追求するピューリタンであったことは，この土地の文化の形成に強烈な宗教的色彩を加えることになった。「二つのG」への情熱は，たがいに入り組みながら，アメリカ文化を引っ張る力となるのである。

統合の理念

　アメリカのすべてのお金には，"In God We Trust"（神をわれら信頼す）という言葉がしるされている。私はこれまた冗談に"In Gold We Trust"（金（かね）をわれら信頼す）の誤植じゃないかということがある。しかし，Godへの思いを強調することがアメリカ文化の展開のエネルギー源になってきたことは，

明らかだろう。独立戦争も，南北戦争も，さまざまな社会改革や道徳運動も，神の名をふりかざすことによって行なわれてきた。

ただし，このGodの意味するものが時代によって大きく変わってきたことにも注意しておかなければならない。信仰の自由を求めて来たはずのピューリタンは，まさにその「純粋」さのゆえに，自分たちの神だけしか認めず，他の宗派を厳しく弾圧した。しかし，世界中の人がアメリカに集まってくれば，他の宗派に寛容にならざるをえず，神についての考え方も普遍的なものになっていかざるをえない。貨幣にしるされたGodは，いまでは，プロテスタントもカトリックも，ユダヤ教徒や仏教徒やイスラム教徒も，信頼しうる神だといえよう。

だがともあれ，そういうGodへの信頼を公言することによって，多様なアメリカ人が精神的に一つになることが期待される。少くともそういう期待にもとづいて，貨幣の言葉があるわけだ。

アメリカのお金のうち，すべての硬貨にはもう一つ，"E Pluribus Unum"（多数からなる一）という言葉も刻まれている（以前は紙幣にも刷られていた）。これは独立戦争が始まった1776年に，これからつくる国のモットーとして採用された言葉である。広い国土に多様な人種が多様な社会や文化をつくってきているのだから，そういう多様さを乗り越えて一つにまとまっていく努力が何よりも必要だ。その思いが，この文句には盛り込まれていた。

Godへの思いは，そういうアメリカ統合の理念の要（かなめ）であったといえる。しかしそれがいかに普遍性を強めてきたとはいえ，宗教的な理念だけでは国はまとまらない。Goldを求める精神をも含めて，多様な人々をまとめていく社会的な理念もなければならない。アメリカの独立宣言は，冒頭に「すべての人間は平等に造られ…」とうたっている。また合衆国憲法は，前文で「自由の祝福」をこの国の目的として打ち出した。自由Libertyとか平等Equalityとかという理念も，その後，アメリカを統合する力として活動し続けてきている。独立後半世紀たった1830年代には，デモクラシーDemocracyという言葉が，広範なアメリカ人の心をとらえるものとなった。

これはもちろん政治的な言葉ではあるが，自由・平等を具体化した理念でもある。

　さて，この自由とか平等とかいう理念も，はじめはかなり限定された中身のものであった。早い話が「すべての人間は平等」といった時，そこに黒人とインディアンは含まれていなかった。女性もまた，現実には除外されていた。それでも，こういう理念が国を束ねる力として強調される過程で，少しずつ実質をひろげ，普遍性を強めてきたこともまた事実であろう。

　God, Liberty, Equality, Democracy といった理念は，いまも虚妄の部分をたっぷりかかえこんでいるが，それでもこういう強力な理念がないと，アメリカは立ち行かないのかもしれない。そのためでもあろうか，これらの理念は強調されるあまりに，しばしば独善的にもなりやすい。これらの理念をふりかざして他の人種や民族や国々に強圧的に振舞う傾きをも，この国はもってきているのである。

国土をつなぐ交通

　アメリカを統合する理念を眺めてみたので，こんどはもっと現実的にこの国をまとめる文化現象を見てみよう。広大な土地に人間が散らばり，都市といえるものは数えるほどしかなかったアメリカでは，人々の居住地をつなぐ交通手段が，文化の最も重要な推進力だった。そしてそれがアメリカをまとめる力にもなるのだ。

　はじめは水路が大きな役割を果たしていた。大西洋沿岸地域に発達した植民地の都市間の交通は，おもに海上交通が受け持った。河川の交通も発達し，運河も早くから建設された。1825年に完成したエリー運河が，ハドソン川と一緒になってニューヨークを合衆国の奥地とつなぎ，その経済的発展に絶大な寄与をしたことはよく知られている。19世紀を通して，オハイオ川，ミシシッピー川，ミズーリ川などは，西部開拓の道筋となるとともに，北部と南部をつなぐアメリカ文化の大動脈ともなった。

　地上の道路も，非常な発達をとげる。トレイルというのはもと「踏み分け道」の意味で，先住民の通り道を「インディアン・トレイル」と呼んだ

りしていたが，しだいに意味がひろがって，西部開拓時代には，カウボーイが牛の大群を追って移動した「キャトル・トレイル」，幌馬車の列によってできた「ワゴン・トレイル」なども生まれてくる。さらには，開拓の拠点のミズーリ川沿岸と西部を結ぶサンタ・フェ街道(トレイル)，オレゴン街道(トレイル)なども出現した。ともにワゴン・トレイルの発達したものである。軍隊や駅馬車などの利用する道路も縦横にのびた。

　19世紀の中頃から鉄道が発達すると，こういう長距離道路は一時衰退した。しかし20世紀に入り自動車が発達すると，従来とは違う堅牢な道路が必要となり，それが全国に張りめぐらされることとなった。地の果てまでのびていくようなインターステイト・ハイウェイの壮観や，インターチェンジなどでそれが何層にもなって見せる曲線美は，アメリカならではの文化風景といってもよいだろう。

　鉄道の発達ぶりには，ほとんど国民的な熱気がこもっていた。イギリスに遅れること5年，1830年に全長わずか13マイルで発足したアメリカの鉄道だが，土地の広さに呼応して，たちまちのうちにイギリスをしのぐ長さにのびた。1860年までに，鉄道はもうアメリカで最大のビジネスになっていた。そして1869年には，ついに最初の大陸横断鉄道の完成を見る。これによって，アメリカは大西洋岸と太平洋岸が文化的にも結ばれることになったのである。

　アメリカの鉄道は，1916年に総延長25万マイルに達し，ピークを迎えたが，その後は自動車および飛行機が交通手段の主役となってきた。アメリカにおける自動車の発達は，1908年のヘンリー・フォードによる大衆車「モデルT」の出現など，幾多のドラマを生みながら，人々の生活スタイルを根本的に変えてきた。飛行機もまた，1903年のライト兄弟による最初の飛行成功以後，まさに飛躍的に発展し，てんでんばらばらの国土と住民をつなぐのに不可欠な手段となっている。

情報への情熱

　交通と同様，巨大な空間と多様な人間をつなぎ合わすものとして，さま

ざまなコミュニケーションの手段もアメリカでは大いに発達してきた。雑多な人間が忙しく動いている国では，人は自然に自立志向を強め，個人主義が発達するが，同時に人間関係はいつも緊張状態にあり，孤立感も強まらざるをえない。それを乗り越えるコミュニケーションへの願望や意欲は，アメリカ人の間ではことさらに強く育ってきた。そういう思いは，広い国土を背景にして，情報伝達のメディアを大いに発達させる要因となってきた。

　新聞は，1690年にボストンで出た小型3ページ（4ページ目は空白）の *Public Occurrences*（『公的出来事』）を嚆矢とし，植民地時代にはそれぞれの中心地で貧弱な体裁のものが出ていたが，独立戦争を経て発展し，デモクラシーの隆盛とともに大衆相手の記事を売るようになって飛躍的に発行部数を増やし，19世紀末には，アメリカは世界に冠たる新聞大国となった。しかし広い国土に都市は点々と散らばっているだけだから，アメリカの新聞は基本的には地方新聞である。大西洋岸と太平洋岸で時差が4時間もあると，全国新聞は育ちにくいという事情もある。

　アメリカでは雑誌の方が全国的なひろがりを見せてきた。1741年発刊のベンジャミン・フランクリンによる *General Magazine* を事実上の嚆矢として，人々の関心がよその土地にまでひろがった18世紀のなかばから増え始め，やはり独立戦争を経て大いに発達した。雑誌は，はじめのうち，さまざまな専門分野の知識人をおもな読者対象としていたが，デモクラシー時代を迎えると，広範な一般読者に情報や読物を提供するものが主勢力となってきた。そして19世紀の末頃には，派手な体裁，多彩な内容，豊富な挿絵，上質な印刷などによって，今日見るような雑誌文化を花咲かせていたのである。

　情報や意志の伝達，あるいはそれを受け止めることへの欲求は，電話や映画などの発達ともつながった。発明王といわれるトマス・エジソンがまず鉄道で新聞売子となり，それから鉄道の電信技師となり，電信・電話の技術改良をぞくぞくと行い，活動写真の発明へと進んでいったことは，アメリカにおけるコミュニケーションの進展の有様を象徴的に示しているよ

うな気がする。

　アメリカの電信電話会社の広告に，かつて，"Reach out and touch someone"（手を伸ばして誰かに触れよ）という文句があった。外へ伝達をひろげて人間同士の接触をせよ，の意味だろう。まさに，孤立しがちなアメリカ人の心をよくとらえた文句ではなかろうか。

　アメリカ映画もまた，一般人の心に広く触れることを目指し，普遍性を育ててきた。映画は20世紀の初頭にストーリーをもってスクリーンに上映される現在の形のものになったが，アメリカと並んで映画産業の先進国だったフランスでは，新しい芸術を志向する姿勢が強かったのに対し，アメリカでは，移民やその子供たちといった貧しく雑多な庶民を相手にする娯楽を志向した。アメリカ映画は，そこでまず，誰にも分かる表現を追求した。どんな文化的背景をもつ人でも登場人物の思考や感情が手に取るように分かる表現である。それを見事に実現したのがチャップリンであろう。それから内容も，教育や教養に関係なく理解も共感もできるものを目指した。いわば普遍的なモラルの追求である。「ハリウッド映画」はこのようにして生まれた。そしてそれは，たとえばフランス映画好きの芸術派には軽蔑されながらも，世界の映画界を支配する勢いを養ってきたのだった。

　ラジオ，テレビといった電波メディアも，あるいは近年のIT（情報技術）革命も，衆目の認めるところアメリカを先頭にして展開してきたといえるだろう。これまた，積極的に「手を伸ばして誰かに触れる」ことを必要とするアメリカ文化の成り立ちを考えれば，ごく自然なことに思われる。

アメリカ文化のダイナミズム

　広大な「未開」の荒野に，世界中の人々がどっとなだれ込んで来てつくったのがアメリカ文化であってみれば，「二つのG」という目当てがあり，崇高な理念をたかだかとふりかざし，交通網や情報網をはりめぐらせて「アメリカ的」な精神や生活を発展させてはきても，この国が渾然と一つにまとまった文化をつくっているとは，なかなかいえないのが当然であろう。

　人種の成り立ちにあらためて目を向けてみても，そのことは明瞭だ。多

様な人種がこの国土で一つに融け合って「アメリカ人」という新しい人種をつくるというのが、この国の発展を願う人たちの夢であり、アメリカは「人種のるつぼ」だという説が、長い間もてはやされてきた。しかしなかなかそうはならない現実は否定しようがなく、さまざまな修正意見が出て、いまでは多人種によるそれぞれ独自の文化的主張を積極的に肯定する「多文化主義」Multiculturalism が幅を利かせている。だがまた、他方で、それはアメリカの内部分裂を助勢するだけの説だとして、統合の道をさぐる意見も根強く展開している。

　問題は、だから、果てしなく続くことになる。しかしこれは、結局、アメリカ文化がまだ建設途上であることのあらわれだともいえよう。アメリカでは社会も、従って文化も、まだ熟成していない。まだ若い青年の一途さがある。そして、青年らしい実験を重ねているのではないか。

　考えてみれば、未知の大陸に God の世界を実現しようとしたピューリタンの運動にしてからが、じつは大きな文化的実験だった。デモクラシーもまた、政治的な掛声であるだけでなく、民衆本位の新しい文化への挑戦の部分が大きい。多文化主義ということになると、大きな期待と同時に非常な危険もはらむ実験であるような気がする。もっと身近な文化現象そのものに焦点をしぼっても、摩天楼の林立するモダンな都市生活の推進とそのまったく逆の自然生活の尊重、厳しい一夫一婦主義とその逆の性革命への突進、フェミニズム運動とそれを押しつぶしそうな宗教的保守主義の展開、禁酒運動とその失敗の後の禁煙運動、といったことから、文学、美術、音楽、演芸などの活動にいたるまで、アメリカではさまざまな実験が試みられ続けている。空間が広いことは、そこに生きる人々の精神の空間も広くしているかもしれぬ。そこに集まる（あるいはそこに散らばる）さまざまな人種の人間が、のびやかに（あるいは激しく）自己主張をすることにもなる。ともあれこういう文化的実験の果敢さは、アメリカ文化のかかえる難しい問題が、そのままアメリカ文化の活力源になっていることを示すともいえそうだ。

　こういう文化的実験が、すべて成功してきているわけでは決してない。

むしろ失敗することが多い。ただし，失敗したり，弊害が生じたりすると，また新しい実験を試みるのだ。外から見ていると，アメリカ文化は大きな振幅をもって揺れ続けている。しかしこういう「揺れ」の大きさが，そのままアメリカ文化のダイナミズムにもなっている。

　まことに大ざっぱな言い方だが，歴史は古く，国土は小さく，人種的にも比較的まとまってきた日本の文化は，これに比べると，はるかに円熟している。ただしそれだけに，安定を好み，「揺れ」を恐れ，実験には尻込みする傾きが強いのではなかろうか。個々の日本人を見ても，自己主張よりもむしろ協調の方を重んじる傾きが目立つ。それもまた尊重すべき文化の伝統ではあるが，これに新風を吹き込み，これを活性化する努力も決して無駄ではないだろう。そのためにも，アメリカ文化のダイナミズムは，じっくり観察し，検討し，場合によっては吸収する価値があるように思われる。

本書について

　本書はアメリカ文化史のさまざまな時代や局面を13章に別けて，分かりやすく語ることを主眼としている。アメリカ植民地の建設から現代まで，章ごとに時代を追って記述するようにしているが，いくつかの章では特定の局面について時代を越えた歴史的な記述をすることもある。それぞれの章は，概観的な展望と，筆者がとくに関心をもつ問題について多少ともつっこんだ，あるいはこまかな考察をすることとを，あわせて行うように努めている。つまり，アメリカ文化史についての「入門」であると同時に，興味深い読物ともなって，豊かな奥行きと広がりをもつこの研究領域に読者がさらに足を踏み入れていただけるよう，誘いの水となりたいのである。

　第1章と第2章は，植民地時代を扱う。第1章は植民地建設が始まった最初の1世紀（17世紀）が中心で，この序文で述べた「二つのG」追求の原初的な有様が，ヴァージニア（あるいはその周辺をふくめたチェサピーク植民地）とニュー・イングランドを舞台にして語られる。第2章は18世紀に入り，近代市民社会が形成されて合衆国の独立にいたるまでの文化の展開がテーマになる。ベンジャミン・フランクリンを筆頭とする文化的巨人た

ちの活躍も紹介される。

　第3章と第4章は，建国から南北戦争の頃までを扱う。第3章は西部開拓の有様がテーマだが，この序文で述べた大陸にのびるいろんな道路を舞台にして，開拓に従事した民衆の生活や感情を色濃く反映させ，いわば文化史的ドラマをくりひろげて見せる。フォーク・ソングなどの紹介は，しばしば単に勇壮に語られる西部開拓神話に，豊かな陰影をそえることになるだろう。第4章はアメリカ文化の最初の隆盛期といわれる「アメリカン・ルネッサンス」の有様を，音楽，絵画，文学，演芸，宗教，思想など，多方面に語りながら，なおかつ民衆の「歌声」を全体にひびきわたらせる記述をする。

　第5章は南北戦争後，19世紀末までのいわゆる「金めっき時代」，第6章はそれに続く19世紀末から20世紀初頭にかけての文化の姿を扱う。「金めっき時代」は文字通りGodよりもGoldが公然と追求された時代で，大衆本位の文化も発達したが，同時にさまざまな文化的「不協和音」を生むことになった。そして世紀末には摩天楼そびえ立つ都市文化がはっきりと姿を現わしたが，その華かさの裏に「悪魔」が跳梁する様相も呈してきた。この二つの章で示唆されるアメリカの問題は，そのまま20世紀のアメリカ文化が取り組まなければならない問題になる。

　第7章は20世紀に入ってアメリカ大衆文化の華となった映画を，第8章はやはり世界をリードすることになったアメリカ文学におけるモダニズムの問題を扱う。第7章は1915年の作品『チート』を中心にして，いささか専門的な内容になっているが，ここに語られることは，人種関係，男女関係，金銭関係，その他，社会や文化のきわどく微妙な問題を，基本的にGold追求のハリウッド映画産業がどのように処理してみせたかということのケース・スタディだといえる。第8章はこれと無関係ではない性表現の問題を，形骸化したGod本位のモラルやそれにひきずられた検閲と，それに抵抗した文学者たちの努力を中心にして語り，現在も続くアメリカ文化の「揺れ」を浮き彫りにする。

　第9章と第10章は，やはり世界をリードする展開を見せてきた新聞・雑

誌，およびラジオ・テレビ・IT 革命をテーマとする。それぞれの章がこういうメディアの歴史的な跡づけをして，まさに「アメリカ的」文化現象の生き生きした展望になっていると思う。

第 11 章と第 12 章は，女性の文化，および多人種社会であることから生まれてきた多文化主義を取り上げる。ともに最も今日的な問題を文化史的に展望し，アメリカ文化の将来を探ろうとする人にも示唆するところが大きいだろう。

最後に第 13 章は，「アメリカの世紀」といわれた 20 世紀を終えて，さてこれからどうなるかということをめぐる論者の自由な発想を求めたものである。フロンティアを宇宙空間にひろげてきたアメリカ文化の可能性と問題点とが，前衛的な小説や映画を材料にして自在に語られている。

文化という言葉はあいまいで，定義のしようがなく，従って文化史の扱う範囲も，いわば伸縮自在だろう。本書でも，さらに取り上げるべきテーマがたくさんあることはいうまでもない（巻末の「年表　アメリカの文化」には，そういうテーマがたくさん収められている）。ともあれアメリカ文化史上の重要な，あるいは興味深い局面の，いくつかの様相を読者が本書から受け止められ，これを刺激として，さらに多方面の探求をされることを望みたい。

（亀井俊介）

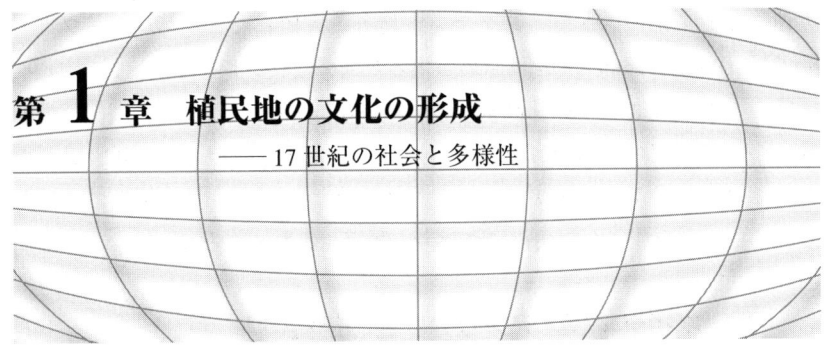

第1章 植民地の文化の形成
―― 17世紀の社会と多様性

　「アメリカ文化史」を語る場合，どの時点をスタートとすべきか，どの地域を包括すべきかについては議論があり得る。ヨーロッパ人によって「発見」された南北アメリカという新大陸にはおよそ2万5千年も前からネイティヴ・アメリカン，インディオが住み，彼らの歴史があった。一方，新大陸へ進出したヨーロッパ人の出身国も，大きな集団を送り出したスペイン，フランス，イングランドだけでなく，オランダ，スウェーデン，時代を少し下ってドイツ，スイス，スコットランド，アイルランドなど多数であり，進出の目的，宗教的関心など，その異なる多様な文化的背景と動機をひとことで語るわけにはいかない。

　しかし，現在あるアメリカ合衆国の文化的背景という観点から考えると，どうしても中心に据えないわけにいかないのは，独立国家としての基礎を創り上げることになった初代大統領ジョージ・ワシントンを代表とする建国の父祖（Founding Fathers）の文化であろう。アメリカ社会におけるアングロサクソン系プロテスタントの白人，WASP（White Anglo-Saxon Protestants）の文化的な支配力は依然として存在するといわれるが，イングランド系の建国の父祖はまさしくその典型である。そして現代のアメリカ人は彼らによる建国について，幼い時期からいろいろな事実と神話とをとりまぜて語り聞かされているのである。

　WASPの創った神話の登場人物には，主に経済的動機から南部チェサピーク湾沿岸の植民地に入植した建国の父祖の祖先の他，宗教的な動機から

大西洋岸北東部のニューイングランド地方に入植したピルグリム・ファーザーズ（Pilgrim Fathers）をはじめとするピューリタンがいる。

　そこで本章では，これらの WASP の集団によるアメリカ合衆国文化の形成について現実の生活をも見ながら追うこととする。その際，新世界へのあこがれやネイティヴ・アメリカンとの出会いや対立，また後世には伝わりにくい文字を介さない文化についても視野に入れることにしたい。

1. ネイティヴ・アメリカンとの出会い

　ヨーロッパ人がやってくるはるか以前から南北アメリカ大陸に住んでいたネイティヴ・アメリカンは，その広大で多様な自然環境に取り囲まれた土地に散在する多様な集団である。平原に住む部族，海沿いに住む部族，森林に住む部族といったグループにより生活環境・習慣は大別できるが，部族ごとに言語や伝統は異なっている。それを念頭におきつつ，この節ではヨーロッパ人と対峙したそれらの多様なネイティヴ・アメリカンをひとまとめにして述べることにする。

ヨーロッパ人の新世界探検

　15，16世紀のヨーロッパでは，スパイス，財宝，金といった「東方の富」を得るため，科学技術の進歩と国王の強い財政力に後押しされて数多くの探検がなされた。1492年にクリストファー・コロンブスが西回り航行を成功させ西インド諸島に到着して以来，一攫千金を得る夢は現実のもののように思われた。以来，南北のアメリカ大陸をめぐり，主にスペインとイングランドとで競争が繰り広げられた。スペインは16世紀に入ってすぐアメリカ大陸へ本格的に進出し，フロリダ及びメキシコ，ペルーなどの中米諸国を獲得した。そのほか16世紀半ばにはフランスがカナダに進出，16世紀後半にはオランダがハドソン川流域に植民活動を始めた。

　それに対してイングランドは，1497-98年の探検でニューファウンドランド，ラブラドル，ノヴァスコシアの領有権を主張した。しかし本格的な

植民活動がはじまるのは約一世紀後，エリザベス女王治世下のことで，ハンフリー・ギルバート卿とその異父弟ウォルター・ローリー卿が計画を推進したことがきっかけとなった。その活動は，彼らの計画の支持を訴えるために地理学者リチャード・ハクルートが『西方植民論』に著したように，経済的利潤が主たる目的であった。対スペイン政策として新大陸にあるはずの金の獲得と市場の確保を目指すだけでなく，イングランドにおける雇用問題を植民活動によって解消させるという主張であった。

　1585年，エリザベス女王から特許状を得たローリー卿はロアノークアイランド（Roanoke Island），現在のノースカロライナ北部に上陸した。この探検のようすはトマス・ハリオットによる『新しく発見された土地ヴァージニアの真実についての短い報告』に記録されている。ロアノークに住んでいたネイティヴ・アメリカンの生活を紹介したこの本には同行した画家ジョン・ホワイトの絵にもとづく木版画が豊富に使われている。ネイティヴ・アメリカンの風習を視覚的にとらえることのできるこれらの木版画からは，イングランド人がネイティヴ・アメリカンをヨーロッパ化して描いているのがわかる。筋骨隆々とした，ミケランジェロ作のダビデ像とも重なるイメージである（図1-1）。すなわち，イングランド人は自分たちのいわば眼鏡を通してネイティヴ・アメリカンを観察し，理解したいように理解していたといえよう。その後の展開においても両者の関係は双方の理解と誤解の中間点，あるいは妥協点ともいえるところで結ばれていった。

出会いが与えた影響

　ローリー卿によるこのロアノークアイランドにおける植民活動は結果的

図1-1　ロアノーク族の王の木版画
（Thomas Harriot, *A Briefe and True Report of the New Found Land of Virginia*（1590），p.[46]）

に全て失敗に終わった。同様にヨーロッパからやってきた他の人が実際に新大陸に定住するにはまだしばらく時間が必要であった。

しかしヨーロッパ人との接触はネイティヴ・アメリカンに確実に影響を及ぼしていた。その一つは病原菌である。アジア・アフリカ・ヨーロッパという地続きの地域で昔から人びとが悩まされてきた伝染病に対してネイティヴ・アメリカンはまったく免疫を持たなかったため，天然痘，インフルエンザ，麻疹，水疱瘡などで村全体が壊滅状態に陥ることが多々あった。一方，ヨーロッパから馬が入ると，平原にすむ部族の生活の糧となるバッファロー狩りにはそれまでの犬に代わり馬が使われるようになった。さらに，ヨーロッパからの大型の家畜はネイティヴ・アメリカンの食生活を変えていった。また，武器としてネイティヴ・アメリカンは弓矢を使っていたが，ヨーロッパから銃が入り狩猟の主な武器は銃に代わっていった。

逆にアメリカ大陸からヨーロッパに渡ったものもあった。病気では梅毒が挙げられるが，1493年にヨーロッパで大流行したのはコロンブス一行が持ち帰ったものといわれる。食糧ではアメリカ大陸原産のトウモロコシやイモ，スクオッシュなどがヨーロッパの食卓を変えた。その他，ヨーロッパに渡って全世界で現在でも嗜好されているタバコが重要である。もともとはネイティヴ・アメリカンが儀礼や医療に用いていたものだが，イングランド人の植民地で栽培されるようになった。そしてこのタバコが，イングランドとアメリカ大陸と西アフリカを結んだいわゆる三角貿易の中で砂糖と共に主要な輸出品目としてチェサピーク植民地の経済を支える主要産物となっていったのである。

2．チェサピーク植民地

北アメリカ大陸東海岸の南部に位置するヴァージニア植民地とメリーランド植民地は，ともにチェサピーク湾に面し大西洋を挟んだイングランドとの交易で大きな経済発展をとげたことから，あわせてチェサピーク植民地とよばれる。

ヴァージニアで1617年にタバコという重要輸出品が発見され栽培に成功して以来，チェサピーク植民地は大きな発展を遂げた。プランテーションとよばれる一種か二種の輸出作物を集中的に栽培する大農場において，土地所有者であるプランターが経済的に隷属状態の労働力を利用するという生産システムが作られたのである。イングランドの王政復古までにプランター層となる人びとがヴァージニアに多く移住し，後の植民地の政治に大きな力を発揮した。メリーランド植民地はカトリック教徒の避難地として入植が始まったが，やはりタバコのプランテーション栽培で大きく発展した。

チェサピークでのプランテーションの成功の一端を担っていたのは，労働力として使われた白人年季奉公人および黒人奴隷であった。とくに特異な形の強制移民である奴隷が後のアメリカ社会に重大な影響を及ぼすことは誰もが知っている通りである。この節ではこのようなアメリカ合衆国の土台づくりに大きく関った植民地について見てみることにする。

チェサピーク植民地の建設とタバコ

新世界の植民地獲得によって多大な利益が得られると考えたイングランドの商人たちと地主であるジェントリー層の中でも裕福な者たちは，1606年に植民事業を目的としてヴァージニア会社を設立し，ジェームズ1世から特許状を得た。それは農耕作業を行う定住型の植民地となる初の計画であった。彼らは1607年に上陸し，その開拓地を国王の名にちなみジェームズタウン（Jamestown）と名付けた。

新しい土地での生活はたいへん厳しく，イングランドを出たときに144人だった一行は上陸時に104人，翌年には38人にまで減った。入植した人びとの多くが肉体労働に不慣れな紳士で，祖国の服装や習慣を守り適応しようとしなかったためであった。それでも生き延びられたのは，その土地に以前からいたネイティヴ・アメリカンのポーハタン連合のおかげが大きかった。イングランドからもたらされた鋼鉄製のナイフ・銃などとの交換にポーハタンからトウモロコシや食糧をもらったのである。1614年，植民

地はポーハタンと正式な条約を結び平和関係を保った。

　こうした共存関係の中でネイティヴ・アメリカンとの力の均衡がくずれたのはタバコの栽培が成功したためであった。タバコの生産量・輸出量は飛躍的に伸び，ヴァージニア会社や植民地の人びとが求めていた換金できる商品が生まれた。タバコの生産には広大な土地が必要であったため，植民地では利用できる土地を求めて開拓が進められた。ネイティヴ・アメリカンの土地にも進入することになり諍いも増した。1622年にはポーハタン連合からの蜂起を受けた。反撃により崩壊は免れたもののヴァージニア会社は倒産し，特許状は取り消されて王領植民地となった。しかしその後の争いの結果，ネイティヴ・アメリカン側は1646年にイングランド側に従属することを正式に認めることになった。

　ヴァージニア植民地への入植には人頭権があったために大プランターが発達した。それは入植する者に50エーカーの土地が与えられるシステムであったが，渡航費を立て替えた者にはその人数分だけの土地が与えられた。裕福なジェントリー層にとっては，大勢の労働者を雇って広大な農場を経営することによる大成功のチャンスが生まれた。この状況も手伝い，ヴァージニア植民地には比較的裕福でイングランド時代の伝統を引き継いだ人びとが多く移住することになった。さらには男子の土地所有者に議会の代表を選出する資格が与えられた。つまり，資金があれば新しい植民地で土地と選挙権を同時に持つことができたのであった。

　一方，メリーランドはイングランドで迫害を受けていたローマ・カトリック教会の信徒の避難地としてボルティモア卿ジョージ・カルヴァートが建設した植民地である。しかし，二代目のボルティモア卿はカトリックの信徒が少数派になるのをおそれ信教の自由を打ち出した。この点でイングランド国教会が唯一の公の教会であるヴァージニア植民地とは異なっていた。また，北部ニューイングランドの植民地と比較しても他教会に対する寛容はたいへん珍しかった。

　メリーランドでも1640年に人頭権が導入されると，ヴァージニアと同様に大プランターが発達していった。労働力に投資して土地を獲得し，タバ

コの生産によって利益を上げ，さらにその利益で投資をして経営を拡大させていったのだった。

黒人と年季奉公人

　このようにして拡大を続けたチェサピーク植民地のタバコ・プランテーションの労働力には，黒人奴隷と白人年季奉公人という二つの可能性があった。奴隷については，1619年にオランダの私掠船が20人以上の黒人をヴァージニアに連れて来たのが最初となった。その後，アフリカや西インド諸島から連れて来られる奴隷は年々増えたが，チェサピーク湾においてはたかだか人口の5パーセント程度であった。

　むしろ労働力の大部分を占めたのはイングランド出身の白人年季奉公人であった。プランターに渡航費用を負担してもらうのと引き替えに4年から7年，そのプランテーションで働くという契約を結んで，多くの年季奉公人がチェサピークにやってきた。年季の明けたときには衣類や道具や家畜などとともに土地をもらえる可能性があり，奉公人の大部分を占めていた15歳から24歳の男性にとってはたいへん魅力的な選択肢であったのだ。

　しかし実際の労働条件はたいへん厳しく，祖国イングランドよりもはるかに暑いところで週6日10時間以上も働くことになった。さらには主人が奉公人に制裁を加えたり，奉公人を売り飛ばしたりする可能性もあった。また主に熱帯性の伝染病による死亡率もたいへん高く，奉公人の40パーセントが自由を得る前に死亡した。その代わり無事に年季が明けた者にとっては，自分自身がプランターになったり，また植民地の公職についたりできるチャンスが開かれていた。

プランテーションでの生活

　植民地での生活はプランターにとってもたいへん苦しいものだった。それは主として伝染病と栄養不足によるが，タバコの生産が最優先であったために自ら住環境を整えたり工業製品を作ったりということにエネルギーを注ぐことがあまりなかったためでもあった。タバコ生産及び輸出で得た利益を用

いイングランドから必要なものを輸入し，生活の最低基準を保っていた。

　家族に目を向けると，もともと入植者に男性が圧倒的に多く，その上入植後の過酷な労働と高死亡率が重なったため変則的な構成であった。女性奉公人は妊娠を避けるために年季中は結婚できず，また男性奉公人も女性が少なすぎるためほとんど結婚できなかった。自由な成年女性はすでに結婚しており，未亡人になってもすぐに再婚をするのが普通であった。そのため女性が一生涯に生む子供の数の平均は，イングランドと比べて少なかった。その子どもも1歳までに3-4人に1人が亡くなり，20歳まで生き延びるのは約半分であった。このような状況下でチェサピークの人口増加を支えていたものは，植民地における家族の再生産というよりも常に入り続けてきた移住者，年季奉公人であったといえる。

　このように，土地に根付いて代々生活を続けていくという意識をあまり持てないでいたチェサピーク植民地では，イングランドからやってきたジェントリー層がいわゆる文化を担っていた。彼らの関心は新しいものを創り出すことよりもイングランドでの生活を新しい土地でも続けることにあった。簡単な例を挙げれば，子どもの約半分にイングランドの王や騎士たちや聖書以外の聖人に因んだ名前が付けられていたという。宗教的にもイングランド国教会の信徒が多く，イングランドの文化を守るという姿勢が強かったのである。

　こんな中，1607年のヴァージニアの建設に加わり総督も務めたジョン・スミスは植民や探検にかかわる記録をたくさん残した。中でも有名なものは『ヴァージニア，ニューイングランド，およびサマー諸島通史』である。これにはヴァージニアにおける最初の建設や探検したニューイングランド地方の記録，現在のバーミューダ諸島あたりのことが書かれている。とくに興味深いエピソードは，スミスがポーハタン族の捕虜になったときに王の娘ポカホンタスが命乞いをしたことによって助けられたという逸話である。これが事実だったかはわからないが，白人がアメリカで新しい社会を創ることを美化した建国神話として後の世に語り継がれていった。

■ **ポカホンタスとキャプテン・ジョン・スミス** ■

　1607年，ジェームズタウンの設立を指揮したキャプテン・ジョン・スミスはその地に住んでいたネイティヴ・アメリカン，ポーハタン連合の捕虜となり殺害されそうになった。そのとき，王の娘ポカホンタスがスミスを殺すなら自分をまず殺して欲しいと嘆願し，その結果，スミスの命は助けられた。その後，ポカホンタスとスミスは結婚して幸せになった。……これは白人がネイティヴ・アメリカンと友好的に新しい社会を創り出したことを象徴するアメリカ合衆国の建国神話の中でも有名なものだが，実際にはスミスによる創作ではないかと考えられている。

　実際のポカホンタスは当時11歳ぐらいで，白人からの侵略に対し武力で対抗するネイティヴ・アメリカンが多い中，白人文化を受け入れることに積極的な少数派であったという。上の神話が生まれた素地となったのは，白人と関わったために送った彼女の数奇な人生であろう。1613年，策略により白人社会の捕虜となった彼女は，父である王が解放の悪条件を受け入れたにもかかわらず条件に応じないと信じ込まされ，白人社会で生きることを選択した。身柄をあずけられた宣教師の教会でジョン・ロルフと出会い，洗礼を受け，結婚した。1616年から17年にかけてロンドンによばれ，国王や貴族の間やイングランド教会などでもてはやされるが，帰国の途中で息を引き取った。

　ポカホンタスの結婚によって，ネイティヴ・アメリカンと植民地との間には一時的に平和が訪れたが，ポカホンタスの死後，白人の武力行使に対してネイティヴ・アメリカンの激しい抵抗が繰り広げられた。

3．ニューイングランド植民地

　アメリカ社会にはピューリタニズムの伝統があると今でもいわれることがある。その伝統をひとことでいえば，ピューリタンが神から選ばれた民であるという使命感を持って神の国である植民地を建設したということである。これを政治的レトリックとして極端にまで押し進めると，アメリカ合衆国は世界の覇権国家であるという言説をも生み出しうる。この節では

アメリカにおいて宗教と政治とがいかに結びつきやすいかを理解する上でも重要な，アメリカ社会の原型ともいえるピューリタンが建設した植民地について見てみることにする。

イングランドの宗教改革とプリマスの建設

1534年にヘンリー8世が離婚問題でローマ・カトリック教会から離れたことを機にイングランドでは宗教改革が始まった。この改革で生まれたプロテスタントの一派がピューリタンである。しかしメアリーの即位後，カトリックへの復古政策の中でプロテスタント信徒は迫害を受けたため1553年にピューリタンはジュネーヴに避難した。そのときにピューリタンはジョン・カルヴァンの説いたカルヴィニズムの影響を強く受けた。その後，中庸政策を採ったエリザベスの時代に帰国し，ジェームズ1世の時代にはケンブリッジ大学を中心に勢力を広めていった。

1618年から19年にかけてオランダのドルトで開かれた宗教会議により，ピューリタンの信条の骨格ができあがった。頭文字をあわせて"TULIP"とよばれるが，生まれつきの人は善をなしえないこと（Total depravity），人が救済されるかは神が無条件的に予定した定めによること（Unconditional election），キリストの贖いはその定めによる限られた人びとのためにあること（Limited atonement），恩寵としての救いに対し，人は抵抗することができないこと（Irresistible grace），そして最後に，いったん回心した聖徒は常にキリストを信頼し，救いに与っていること（Perseverance of the saints）である。

チャールズ1世が即位する頃にはイングランド教会に忠誠を求める動きが生まれ，ピューリタンもまた迫害されるようになった。それを避けるためにイングランドでの地下活動を続けてピューリタン革命を起こしたグループもある一方で，新天地を求めて大西洋を渡り，先の信条に基づく理想的な教会を建設しようとしたグループもあった。後者が自分たちの渡った大西洋沿岸北部地方をニューイングランドとよび，それに対して昔の土地をオールドイングランドとよんだ。

新天地を求めたのはピューリタンの中でも急進的な，イングランド教会

■ 最初の感謝祭 ■

　毎年11月第4木曜の感謝祭（Thanksgiving Day）は，日本の正月のように家族が集まって過ごす，アメリカ全土で盛大に祝われる祝日である。詰め物をした七面鳥の丸焼きを家長が切り分け，クランベリーソースとグレイヴィーをかけて食べる。パンプキンパイも欠かせない。この祝日の起源はプリマス植民地に上陸したピルグリム・ファーザーズが最初の収穫に対し神に感謝を捧げたものだと広く信じられている。厳しい冬で半数の人を失ったものの，翌年にはささやかな収穫をえることができたため，援助の手を差し伸べたネイティヴ・アメリカンを招いてともに祝ったというのである。

　しかし実際に行われたものに宗教的な性格は薄く，白人の数に対して圧倒的多数のネイティヴ・アメリカンが参加した，緊迫感の漂う収穫のお祭りであったようだ。この形のものも最初の2年だけで，その後は独立戦争のサラトガの戦いで勝利したときのような国家的行事に対する感謝として時折守られているにすぎなかった。

　これが現在の形の祝日に制定されたのは南北戦争まっさなかの1863年秋のことだった。リンカーン大統領が南北の分裂に心を痛め国家を統一するような象徴を必要としたこと，その際，アメリカ合衆国の起源をニューイングランドに求めようとしていた文化的な背景があったことが契機となった。こうしてプリマス植民地で行われた最初の感謝祭は国家的象徴として読み替えられたのであった。

　なお，プリマスにある博物館「プリマス・プランテーション」（Plimoth Plantation）では，当時の建物や畑を復元した敷地で学芸員たちが服装やことばづかいもそのままに17世紀の生活を再現している。

から分離して自らの信仰を突き詰めようとした分離派の人びとであった。彼らが巡礼父祖，ピルグリム・ファーザーズ（Pilgrim Fathers）とよばれる。1620年，オランダに亡命していたウィリアム・ブラッドフォードはその一員としてメイフラワー号で大西洋を渡った。目的地はヴァージニア植民地であったが，北にはずれて船は進み，ケープ・コッドに到着した。彼がそこに建設したのがプリマス植民地であった。今でもプリマスには"1620"と書かれた石があり，上陸の第一歩が踏み出されたという「プリマス・ロッ

ク」として観光名所になっている。

　後にプリマスの総督となるブラッドフォードがこの航海から植民地生活の中で書き留めた日誌『プリマス植民地について』は，たいへん貴重なニューイングランド建設の歴史の記録である。そこには常夏の楽園のような新天地を夢見ていたものの，実際には厳しい自然に囲まれた生活に苦労して，神の恩寵を願うようすが見て取れる。

　この『プリマス植民地について』には有名な「メイフラワー盟約」という，市民が政治団体を形成する際の心構えを書いた，いわば契約書が記載されている。メイフラワー号で海を渡った集団 102 人には実は 2 種類の人がいた。宗教的新天地をもとめた「聖徒」(Saints) といわれる人と，「よそ者」(Strangers) とよばれる，植民地の建設に必要な作業をするためにヴァージニア会社が雇った人がほぼ半々であった。後者の目的が主として一攫千金であったために，両者の分裂の危機を回避する目的で上陸前に協力の契約書が必要だったわけである。祈りの形を取るが，法律文書に使われる文言を多用して成人男性 41 人の署名を集めたこの文書は，契約を重んじるアメリカ社会の原型を示しているといえる。

マサチューセッツ湾植民地の建設とニューイングランド文化

　ニューイングランド文化の主流を形成したのは，しかしプリマス植民地ではなかった。1630 年，チャールズ 1 世の特許状を携えた総督ジョン・ウィンスロップがピューリタンのより穏健な一派である会衆派を率いてボストンに上陸し，マサチューセッツ湾植民地を建設した。それ以降，多くの移住者が入植するが，後にプリマス植民地がマサチューセッツ湾植民地に吸収されることもあり，ボストンがニューイングランド文化の中心となった。

　ボストン上陸にあたってウィンスロップは船上で新しい植民地を作る心構えを込め説教を行った。『キリスト教徒の慈愛のひな型』というその説教では，新しい土地をマタイによる福音書の中の「丘の上の町」(a city upon a hill) にたとえ，迫害を避けモーゼに導かれてエジプトを脱出したイスラエルの民に自分たちの姿を重ねた。これはアメリカが神によって選ばれた民

によって建設されたというイメージを後世に伝えているといわれる。

　このように，アメリカに新しい神の国をつくるという使命感を持っていたピューリタンは神と人間とが契約関係にあるだけでなく，神と植民地とが契約関係にあると考えていた。このことによって人びとは契約を結び，契約に従って教会やタウンといった制度を整えていった。つまり神の元で人びとがつくった共同体を契約を遵守して運営するという考え方であった。

　土地の分配方法もその共同体を発達させる上で有効であった。個人で人頭権を得たチェサピーク植民地とは違い，マサチューセッツでは家族がいくつか集まって一つの単位となり，タウンを形成するための土地譲渡を申請した。チェサピークのような大プランター主導の独身者が多数である集団とは異なり，有機的に成長していく家族単位のコミュニティが生まれていったのだった。実際に家族数は多く，家族の規模も大きく，寿命もチェサピークよりも長かったことが知られている。ニューイングランドにおいてはほとんどの男子が結婚し，移住してきた女性は平均20歳で結婚，子どもを多く生むことになった。

　チェサピークともう一つ大きく異なる点は宗教が生活に与えた影響であった。たとえば前節との比較で子どもの名前の例を見てみると，約90％の名前が聖書の登場人物からとられていた。また教会員である成人男性のみが公民として認められ選挙権を持っていた。ニューイングランド植民地のすべての政府はピューリタンが支配していたが，公の教会は会衆派であり，ロードアイランドをのぞき信仰の自由はなかった。つまり，会衆派の教会と政府が一体であったといえる。

　従って，公民である教会員を育てることが植民地の繁栄のため重要であった。17世紀の主たる教育形態である教理問答と説教は，家庭と教会において男女の両方に施されていた。17世紀半ばには公の学校教育が各タウンで施行され，読み書きやラテン語の教育が始まった。高等教育は1636年に牧師を養成するための大学ハーヴァード・カレッジが設立された。大学へは男子のみが受け入れられたが，基本的な教育はほぼ全員に行われていたといえる。

ニューイングランドではこのように宗教と生活とが密接につながっていたが，それでも世代が進むにつれて世俗化が進んだ。入植当時のような神の国の実現に熱心な信徒の数が減り，教会員の数自体も減少し，共同体の存続すら危ぶまれるようになった。そこで教会側は教会員となる資格を緩めざるを得なくなった。この大きな転換点が中途契約（halfway covenant）といわれる制度を導入する1662年の決定である。ドルトでの宗教会議で信仰の要件として明示された回心体験を得られない人であっても，信徒としての聖書知識や生活態度に問題がなければ，その子どもに洗礼を授けて限定的に教会に迎え入れることにしたのである。教会員の減少がどれほど切実な問題であったかは，選挙権を有する公民の資格が1664年に教会員という条件から，ある一定の財産の所有者という条件に緩められたことからもわかる。

ピューリタンの文学

　世俗化という問題はあっても，宗教が生活に大きく関わって存在していたニューイングランドでは精神性の高い文学が発達した。ただし，新しい土地において生活は苦しく，ネイティヴ・アメリカンに囲まれ危険と常に隣り合わせという状況では美的なものを愛でる余裕はない上，信仰の邪魔になるという理由で装飾的な要素は排除されていた。

　まず特徴的なものとして歴史書が挙げられる。先に挙げたピルグリム・ファーザーズの指導者ウィリアム・ブラッドフォードによる『プリマス植民地について』以外にも，ジョン・ウィンスロップがマサチューセッツ湾植民地の建設と日々の暮らしを書き留めた『ニューイングランドの歴史』がある。この2人のような為政者だけでなく，牧師たちもニューイングランドでの神の栄光をたたえて歴史を描いている。例を挙げれば，博学な知識を持つ牧師コットン・マザーの『アメリカにおけるキリスト教の大いなる御業』がある。これにはニューイングランドが文化的・宗教的にいかに優れているかをイングランドに示そうとしている姿勢が現れている。

　ジョン・ウィンスロップの『ニューイングランドの歴史』は彼が克明に

書き留めていた日記が元となっているが，ピューリタンの書き残したものの中でそのような日記の存在も大きい。ピューリタンたちは日々自らの行いを反省して神の道を歩んでいるかを調べるため，そして身に起きた事柄に神の意思を読みとるために日記をつけていたのである。ウィンスロップ以外では，セーラムでの魔女騒動の際に予審判事を務めたサミュエル・シューアルの日記がよく知られている。

　そのほか，教会で行われる説教もピューリタンの文学の大きな部分を占めている。毎週教会で牧師によって話される説教のうち，優れたものは説教集として出版されて広められた。説教では聖書に出てくる寓話を用いて神の御業を解説するだけでなく，植民地やイングランドで起こった事件や災害などの時事問題を取り上げ，そこに神の意思を読み解くこともあった。教会内で教義をめぐる議論が起きたとき，ネイティヴ・アメリカンから身の危険を感じたとき，魔女騒動が起きたときなど，さかんに説教を通じて人びとに善い行いが奨励された。また追悼説教も数多く残っている。

　この他，詩も重要である。牧師のマイケル・ウィグルズワースは『審判の日』においてニューイングランドにおける信徒の勝利という宗教的モチーフを長い叙事詩の形式で描いた。それ以外にもアン・ブラッドストリートの詩がよく知られている。ブラッドストリートはウィンスロップに続く2代目総督トマス・ダッドリーの娘で，夫はやはり後に総督になるサイモン・ブラッドストリートという，マサチューセッツ湾植民地の支配者層に属する女性だった。彼女が日々書きためていた詩が1650年，ロンドンで『最近アメリカに生まれ出た十番目の詩の女神』として発行された。これはアメリカの女性としてだけでなく，アメリカ人として初めて発行された詩集であった。彼女の代表的な詩「我が愛するやさしい夫に」では，夫に対する愛がおおらかに，直接的に，しかし神への愛と重ね合わせることを忘れずに表現されている。

　このように，ニューイングランドにおける文芸活動はピューリタニズム，信仰を守る姿勢と切り離して考えることはできない。聖書の言葉がすべてという思考的な枠組みの中での創造性が奨励されていたことは間違いない

■　魔女裁判　■

　1692年1月，セーラム村の牧師サミュエル・パリスの9歳になる娘ベティに，引きつけを起こしたり突然無反応になったりという異変が起きた。そしてその現象は他の少女たちの間にも広がっていった。これを悪魔の仕業であると考えたパリスをはじめとする牧師たちは，憑依にあった少女たちの告発を信用し，魔女であると名指しされた主として年配の女性たちを捕えて裁判にかけた。約10ヵ月後にこの騒動が沈静化するまでに絞首刑になった人が19名，圧死した人が1名，投獄された人は150名を数えた。

　このセーラムでの事件はアメリカで起きた最大の魔女騒動であり，また最後のものでもあった。魔女裁判自体は異端審問の性格を帯びつつ中世よりヨーロッパ各地で起きていたが，17世紀ニューイングランドにおいても，何か合理的に説明できないことが起きたときにその原因を悪魔の仕業であると考える傾向があった。セーラムでのこの事件の社会的な要因としては，植民地が1691年に王領化された直後で政治的秩序のない状況，ネイティヴ・アメリカンとの戦争，宗教的・経済的な社会の急激な変化などと考えられている。

　この事件は少女たちの魔女告発の内容がますます大胆になったことで信憑性を問い直す動きが出てきたことや，告発を正しいと認める要件が理性的ではないと主張する人びとが増えてきたこと，そしてなによりも政治安定が確保されると急速に収まりを見せた。

　魔術・魔女騒動はナサニエル・ホーソーンをはじめ，多くの作家の創作意欲をかき立ててきたが，とくに有名なのは劇作家アーサー・ミラーである。このセーラムでの裁判記録を元にした1953年初演の戯曲『るつぼ』はトニー賞を受賞した。発表当時に国民を恐怖に陥れた，マッカーシズムによる共産党員の告発強要の状況を映し出している。

が，他方，そのような制約の中でも個人的な思いや信仰の喜びの内に存在する人間的な感情がかいま見られる作品も生まれた。

4．印刷文化と「モノ」文化

　新大陸に渡った人びとの識字率は高かった。ピューリタンであれ，イングランドの国教徒であれ，植民地の人口の多くを占めるプロテスタント信者は男女を問わず，自分で聖書を読む必要があったためである。そのため，植民地で印刷されたものとロンドンから送られたものなど多数の印刷物が流通していた。印刷文化は植民地を特徴づける一つのキーワードでもある。

　その一方で，印刷物以外の史料も見逃すことはできない。歴史という道に足跡を残す人びとは，通常，文字を操り記録を残す人である。後の世に生きるわれわれが手にする史料には圧倒的に文字史料が多いからである。しかし現実には書く作業以外のところに生活の大部分はあったはずである。この節では印刷物を通じて見えてくること，そしてそれ以外の一般的には文字を持たぬ人びと——ネイティヴ・アメリカンと女性——の残した「モノ」を通して当時の生活を考えることにする。

印刷物と非文字文化

　1639年，マサチューセッツ湾植民地のケンブリッジに北米で最初の印刷所ができた。最初の印刷物は植民地に対する誓約書，暦，詩編であったと，総督ウィンスロップは日記に書き残している。その後，前節で触れたような説教集，また子ども向けの教育書，ハーヴァード大学の卒業論文集などの印刷物が発行されるようになった。木版による装飾があるものや赤字の入った二色刷りのものも早くから出回った。またニューヨークやフィラデルフィアにも印刷所が作られ，出版物の数も種類も増えていった。

　出版言語も多様であった。英語に比べるとかなり少数ではあるが，ラテン語，アルゴンキン語，スウェーデン語，フランス語，オランダ語，スペイン語によって出版された。ラテン語は説教以外にハーヴァードでの論文集や教科書が多く，アルゴンキン語はネイティヴ・アメリカンへのキリスト教伝導に熱心だった牧師ジョン・エリオットによる聖書や教理問答の翻

訳である。フランス語とスペイン語は英語の説教の翻訳版で，スウェーデン語やオランダ語は移住者のための宗教書である。このことからはその言語の読者が多数いたことが想定される。当然のことだが，多くの出身国の移住者からなる植民地社会は多言語の社会であったといえよう。

　一方，文字文化を持たないネイティヴ・アメリカンには大昔から各部族に伝わるさまざまな神話がある。それらはもちろん書物として後世に伝わるものではない。しかし，人びとは神々や自然に対して歌や祈りで語りかけていた。ことばに力が宿ると信じ，口承でその文化を伝えてきたのだった。これらの歌や祈りは部族ごとに言語が異なることもあり膨大な数に上ったと考えられるが，ヨーロッパ人と接触することによって失われてゆき，現在では少なくなったといわれる。

　文字に代わってネイティヴ・アメリカンの間で重要な役割を果たしたものがワンパム（wampum）であった。それは貝殻を削って作ったビーズで，ワンパムをつないでベルト状にしたものはその部族の伝統に則したメッセージを伝えるものであった。実用的にも部族間でワンパムを交換することで通貨の役割を果たし，白人との交易においてもワンパムは貨幣の代わりに使われた。

　ネイティヴ・アメリカンは住む地域によって生活様式が異なる。海岸近くに住む部族は漁業で生活し，森林や草原に住む部族は狩りをする。籠や壺など伝統的な工芸品を食糧と交換している部族もある。これらさまざまな部族の使うカヌーや工芸品などは博物館で見ることができる。

針とペン

　文字文化を持ち識字率の高い白人であっても，女性で実際の書く作業に時間を費やすことができる人は少なかった。女性の手はペンではなく，針を持つものと考えられていたからである。針で縫い，編み針で編んだもの，それは日常生活における必需品であり，また着用・再利用等で摩耗し消費されるものであった。従って，現在まで17世紀の日用品が残っている可能性は限りなく小さい。

図1-2　メアリー・ホリングワース・サンプラー ▶
　　　（1665年頃）
　　　花柄や幾何学模様，下段にはアルファベットが
　　　縫い取られている。
　　　（セーラム，またはボストン；絹と麻；$25 \times 7^{1}/_{2}$ インチ）
　　　(Paula Bradstreet Richter, *Painted with Thread: The Art of Embroidery*（Salem: Peabody Essex Museum, 2000), p.9.)

　そんな中，一つの例がサンプラーとよばれる刺繍の基礎縫い練習布に見られる。裁縫は衣類や家庭用品の布を将来作ることになる女性に対して施された教育の重要な一項目であった。その一環でアルファベットや模様を縫い取ったり，神への賛美のことばやイメージを描いたりしていた（図1-2）。

　実際に女性はどのような仕事をしていたのだろうか。針仕事以外にも，掃除，洗濯，調理といった家の中の仕事，男性と一緒にする屋外での野菜などの栽培・収穫のほかに，出産・子育てなどで忙しく一日が過ぎていったと考えられる。その一例として18世紀後半と時代は下るが，産婆・ヒーラーとして自分の家族だけでなくコミュニティの人びとにも癒しの手を差し伸べていたマーサ・バラードという人物がいた。彼女の日記を元に構築した研究書とビデオ *A Midwife's Tale* は，女性のさまざまな用事と産婆という仕事で女性がいそがしく働いていたようすを克明に描いている。

　女性の役割の本質は針を動かし，神の教えを守った温かい家庭を作ることであったが，実際にペンを握ることができた恵まれた環境の女性もいた。その多くは植民地の支配者層に属する白人男性の妻であった。前述の詩人アン・ブラッドストリート以外にも，たとえばマサチューセッツ湾植民地総督ジョン・ウィンスロップの妻，マーガレット・ウィンスロップは自分の魂の庇護者である夫にあてた，神の愛にあふれる手紙を残している。

また，ネイティヴ・アメリカンに捕えられ，約3ヵ月間，移動しながら生活を共にした白人女性メアリー・ローランドソンによる手記も残っている。白人キリスト教の「文明」社会から引き離され「野蛮人」「異教徒」の間で試練にあい，最後に「救済」される物語である。白人社会に戻って来たことに対して神に感謝を捧げ，そのような試練にあった信徒としての意味を問うものであった。これはベストセラーになり多くの版を重ねた。それは彼女の夫が牧師であり，彼女の身を守った聖書と裁縫の技術を織り込みつつ，神が白人社会の栄光を示した物語として描かれているからこそ許されたものである。このように，女性がペンを持つのが許されるにはあくまでも神と夫の庇護の元であることが必要であった。
　これらと好対照をなす存在が，アンティノミアン論争という宗教論争を引き起こし，マサチューセッツ湾植民地から1638年に追放されたアン・ハッチンソンである。彼女は裁判において有罪となる証拠が不十分であったにもかかわらず，夫や牧師や植民地の統治者をないがしろにしたと結論づけられ罰を受けた。女性らしさをわきまえていなかったハッチンソンの声が支配者である男性に取り上げられることはなかったのだった。
　女性が公の場で耳を傾けられた最初の機会は1692年のセーラムで起きた魔女騒動であるといわれる。女性の主張が通ったわけではないが，少女たちの魔女を見たという証言を裁判官や牧師がまともに取り上げたのであった。書物においてだけでなく公の場でも，17世紀の女性が姿を現わすことはほとんどなかったということの証明になるであろう。
　また，チェサピーク植民地で働いていた黒人奴隷や白人年季奉公人の間でも文化的な営みがあったはずだが，彼らの「声」を聞くには18世紀を待たねばならない。

　以上，17世紀の北米植民地文化の形成を概観したが，ヨーロッパから現在アメリカ合衆国とよばれる地域への入植を試みた国，目的や方法は多様であったうえ，そもそもヨーロッパ人よりもはるか昔から暮らしていたネイティヴ・アメリカンの部族やその文化・生活も多様であった。そのよう

な背景において，チェサピーク湾沿岸とニューイングランド地方という二つの地域に入り込んだ WASP の人びとは，安定した社会を徐々に築きあげ独立国家としてのアメリカ合衆国の基礎を創り上げていく。

　チェサピークにおいてはイングランドのジェントルマンの気質を受け継いだ文化が生まれ，一方のニューイングランドにおいてはピューリタニズムの信条を基本とした精神的な文化が生まれた。これら英語圏・イングランド系の文化は，えてして新天地アメリカにおける文化の優位性を唱えており，後世に覇権国家としてのアメリカ国家の神話として伝わってゆくものであった。

　しかしそれだけではない現実も文字には残らないものや部分的に見つかる女性の声からは浮かび上がってくる。WASP が基礎作りをしたように見えるアメリカ社会には，当初から実に多様な文化が存在していたといえよう。

参考文献

池本幸三『近代奴隷制社会の史的展開——チェサピーク湾ヴァージニア植民地を中心として』ミネルヴァ書房，1987 年。

大西直樹『ニューイングランドの宗教と社会』彩流社，1997 年。

大西直樹『ピルグリム・ファーザーズという神話——作られた「アメリカ建国」』講談社選書メチエ，1998 年。

亀井俊介『アメリカ文学史講義1　新世界の夢——植民地時代から南北戦争まで』南雲堂，1997 年。

富田虎男『アメリカ・インディアンの歴史』第3版，雄山閣，1997 年。

藤本茂生『アメリカ史のなかの子ども』彩流社，2002 年。

和田光弘『紫煙と帝国——アメリカ南部タバコ植民地の社会と経済』名古屋大学出版会，2000 年。

メアリー・ベス・ノートン他著，本田創造監修，白井洋子・戸田徹子訳『アメリカの歴史①　新世界への挑戦——15 世紀 - 18 世紀』三省堂，1996 年。

Meinig, D. W. *The Shaping of America: A Geographical Perspective on 500 Years of History*, vol. 1. Atlantic America, 1492-1800, New Haven and London: Yale University Pess, 1986.

St. George, Robert Blair, ed. *Material Life in America, 1600-1860*, Boston: Northeastern University Pess, 1988.
http://www.dohistory.org/
http://www.plimoth.org/

(荒木純子)

第2章　近代市民社会の形成
　　　——フランクリンと「アメリカ」の独立

　18世紀，アメリカはまさに激動の時代を迎える。独立戦争（1775-83年），独立宣言（1776年7月4日），そしてパリ平和条約締結（1783年9月3日）——こうして，イギリスの植民地であったアメリカは，今日われわれがイメージする「アメリカ」への第一歩を踏み出すことになる。しかし，18世紀が激動の時代だったのは，なにもアメリカに限ったことではない。そもそもアメリカ独立革命の背景には，ヨーロッパにおいてデカルトやヴォルテール，ロックやニュートンの啓蒙主義思想が花開き，宗教が近代科学に，信仰が理性に，神が人間に，主役の座を明け渡し，人びとの視点や価値観が大きく変化したという事実があったことを忘れてはならない。アメリカ独立革命と同時代に，イギリス産業革命，フランス革命（1789-99年），ハイチ革命，が連動して勃発し，大きな価値観変動のうねりが18世紀末の世界全体を覆ったのだった。

　アメリカ独立革命は，ヨーロッパからの啓蒙主義思潮流入とともに，商人階級の出現や厳格なピューリタニズムの衰退により，富や自由を謳歌する社会へと18世紀アメリカが変わりつつあったことにその端緒を求めることができるだろう。人口が急増し，都市が発達し（コラム p.38），経済的に繁栄し始めた植民地アメリカに対してイギリスは，1733年糖蜜法，1765年印紙条例，1767年ガラス・紙・茶などの湾税を設けてしめつけを図った。一方，植民地側は，有名な「代表なければ課税なし」という理論で，課税反対を主張した。1765年の「ヴァージニア決議」において，植民地の人び

■ **人口の急増** ■

　植民地の人びとの健康状態が改善したことや，移民の増加によって，1700年には25万人といわれた人口が，1730年にはその2倍以上に，1775年には250万人に，1790年代には350万人に膨れ上がった。これは世界史上でも稀にみる急激なスピードである。また，1775年には黒人・白人合わせて総人口の約半数が16歳未満という驚異的に「若い」国であったことも特筆すべきであろう。

図2-1　母イギリスと娘アメリカの対立
独立戦争を母親（イギリス）に抵抗する娘（アメリカ）として表したもの。

とは「自由に生まれたイングランド人」であり，「尊厳と自由の点ではイギリス人と平等」であるべきだということが確認され，パトリック・ヘンリーの「われに自由を，しからずんば死を」が歴史に残る名言として記憶にとどめられることになる。当時，このようなイギリスのアメリカに対する圧制は，横暴な親とそれに苦しめられる子，という比喩でしばしば語られた（図2-1）。子は親に隷属するものではなく，自立して自由を獲得すべしという，当時すでに流通していた啓蒙思想と，新興商人階級の利潤追求の欲

望が相乗りし，輸入拒否も行われたが，ついに1773年にボストン茶会事件が勃発。急速に独立へとアメリカは動き出す。

　本章では，はじめに，18世紀アメリカを代表する3人の人物を通じて，当時アメリカが経験していた変化がどのようなものであったかを考察する。次に，18世紀のアメリカがどのようにして「言語」によって独立を可能にし，合衆国を形成していったかを，当時勃興した印刷メディアを手がかりに語ってみたい。

1．3人のアメリカ人

　これからとりあげる3人のアメリカ人——ウィリアム・バード，ジョナサン・エドワーズ，ベンジャミン・フランクリン——は，同時代を生きたという点を除けば，まったく異なる環境で，異なる人生を送った。しかし，3人はともに，前世紀のピューリタンの思想や生活が変化しつつあったことをよくあらわしている。3人の生き方は，イギリス植民地の住人から「アメリカ人」への転換を体現しているといえるだろう。

ウィリアム・バードの秘密の日記

　ジョン・ウィンスロップ，サミュエル・シーウォール，コットン・マザーなど，ニューイングランドの生活は入植当初から日記によって伝えられてきたが，植民地時代の南部プランテーション生活の個人的記録は長きに渡って存在しないと思われていた。ところが20世紀になり，ウィリアム・バードの秘密の日記が発見され，南部プランターの生活が活き活きと詳細に解き明かされることとなった（図2-2）。

　ウィリアム・バード二世は，1674年5月28日，ヴァージニアのリッチモンドで生まれた。父ウィリアム・バード一世は裕福なヴァージニアの農園主であった。アメリカで最も古い，最も規模の大きいプランテーションが広がる南部ヴァージニアは，時代の潮流に飲み込まれていたアメリカ北部とは，すこし違う時間が流れていたようだ。18世紀に入っても，依然とし

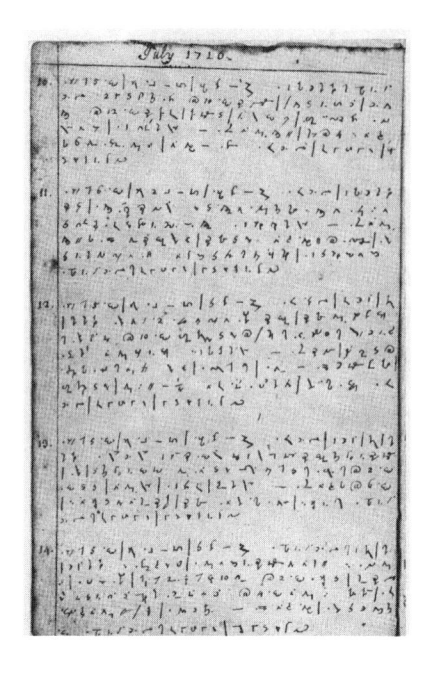

▲図 2-3　ウイリアム・バード

◀図 2-2　秘密の日記

てヴァージニアのプランテーションでは,「ジェントルマン」がイギリスの田園地域さながらの生活様式を保っていた。バードはその代表的な人物だといえよう。

　バードは 7 歳のときにイギリスの母方の親戚のもとに渡った。名門フェルステッド・グラマースクールで学んだ後,ミドルテンプル法学院で法学を修める。1696 年には英国王立協会のメンバーにも選ばれるが,父の死によりアメリカに戻ることを余儀なくされ,ヴァージニアの首都ウィリアムズバーグから西へ 50 キロほど離れたウェストーヴァにある,4,700 エーカーのプランテーションの統治をすることになる。さらに,父の跡を継いでヴァージニア議会の議席も得て,地方政治家としても活躍する。1728 年には,ヴァージニアとノースカロライナの境界測量調査に出かけ,『境界線の歴史』(1728 年,出版は 1841 年) を執筆。と同時に『境界線の秘密の歴史』(1728 年,出版は 1929 年) も残している。『秘密の歴史』は同行者たちのジョ

ークや飲酒や性的冒険もあますところなく書いているため，アメリカ哲学協会（アメリカ最古の学会であり，後述するベンジャミン・フランクリンの呼びかけで1743年に設立された）の勘気を蒙り，出版が後回しになったといういわくつきの記録である。だが，バードが書いたものの中で，今日もっとも注目されているのは，その秘密の日記であろう。

　これまでに発見されている日記は，1709年〜12年，1717年〜21年，1739年〜41年，の3時代に区分されるが，分断されている間も，バードは毎日日記をつけ続けていたと推察される。これが「秘密」の日記と呼ばれるゆえんは，イギリスのウィリアム・メイソンが考案した速記法（1707年の改訂版）を利用して，簡単には読み解けぬように書かれているからである。さまざまなジャンルの書物を網羅した膨大なバードの蔵書に（その数3,600冊以上，コットン・マザーに続く植民地時代最大の蔵書数といわれる），なぜかメイソンの本は，ない。どうしても日記の内容を読まれたくないというバードの意図がここにも読みとれるかもしれない。そこまでして読まれたくない理由は，むろん，その赤裸々な記述にあると思われる。たとえば最初の妻が亡くなった後，1719年9月にロンドンを訪れたバードは，複数の女性たちと遊び，関係を結び，その性交の回数までそれぞれ克明に記録している。バードにはとてつもない記録癖があったことは間違いない。朝はたいてい5時か6時に起床，ヘブライ語，ギリシャ語，ラテン語，フランス語，イタリア語，オランダ語，などを読み，ホメロス，ルキアノス，ヘロディアノス，ペトロニウス，サルスティウス，といった古典を堪能する（さらにときには英語に翻訳する）。それから朝の祈りを捧げ，ミルクの朝食，「マイ・ダンス」と自らよんでいる体操，が日課として反復される。その後は客が訪ねてきたり，プランテーションを見回ったり，議会に出向いたり。日記の終わりはたいがい「健康で，健全な精神とユーモアの一日，神に感謝」と結ばれている。果てしなく決まりきった日課の続く生活であるが，そこには南部大農園主の政治・経済・女性などに関する見解が垣間見られる箇所もあり，興味深い。論より証拠，以下にバードの日記からすこし抜粋してみよう。

1709年10月6日「6時起床，朝の祈り，朝食にミルク。それからウィリアムズバーグに出かける，万事良好。議会に赴き，掃除のため部屋に若い娘をよぶ。そこで，彼女にキスをしたり，彼女を触ったりした。神よ，お赦しください。（中略）。今日は健康だったが邪心を抱いてしまった。神よ，お赦しください。」

1709年11月2日「（前略）。バレット博士を妻といっしょに訪問する。チズウェル夫人と義姉のカスティス，そのほかご婦人方も来ていた。（夜）11時ごろまで話したあと，一同寝室にひきあげる。私はチズウェル夫人と——で戯れ，ベッドでキスをするが彼女は怒り出す。妻も穏やかではなくなり，みながいなくなると泣き喚めき始めた。祈るべきだったのに祈りを捧げるのを忘れた。ひとの女房に欲情した罪の許しを乞うべきだったのに。」

1710年2月26日「（前略）。牡馬が牝馬に3回またがるのを見物。（中略）妻は馬の性交などという不潔な場面を見物しに出かけた我々におかんむり。（以下略）。」

1711年2月5日「（前略）。妻が眉毛をぬくことについて口論。もし抜いてはいけないのならウィリアムズバーグには行かない，と妻はおどしをかけてきたが，私は拒絶し，彼女を論破し，権威を保った。（以下略）。」

これらの記録からは，禁欲的なピューリタンとは程遠いバードの生活が読みとれる。不貞の罪を犯したあとも，神に祈りその許しを乞えば，またけろりと忘れて次の罪を重ねるバードの姿には，ピューリタンの厳格な「神」とは違う，もっと温かくおおらかな神への信仰や信頼感がうかがえる。日記には，たびたび女性を単なる性的対象とみなしているような箇所もあるが，妻に関しては，その健康を慮り人間的な関係を築いているようでもある。とはいえ妻を自立した個人として認めているとも言い難く，どこか子どものような扱いをしている感もある。ここに，同時代の男性の女性観を読み込むこともできるだろう。

また，日記には，夢が現実になることについての記述がある。たとえば

1709年4月8日「インディアンの女が夕方死んだ，昨夜私が見た夢の通りだ」と書かれている。バードは測量にも出かけ，科学の力で自然を把握しようとする近代的な思想の持ち主であったが，夢のお告げを信じる姿からは，近代と前近代的が交錯する18世紀という時代を感じさせる。奴隷制度については，日記ではその是非がとくに明示されてはいない。たとえば1709年4月19日の日記には，バルバドスから隷船が到着したニュースを耳にしたときのことがそっけなく書かれているばかりである。奴隷に対する扱いも，ソファに水をこぼした奴隷を打つ（1709年9月3日），寝小便をしたユージーンを鞭打ちに，それを隠したジェニーも同様（1709年12月1日），その2日後には，「ユージーンがまたしても小便をもらしたので，私は1パイントの小便を飲ませてやった」（1709年12月3日），とあるように，罰としての鞭打ちのような，今日的視点からいえば「虐待」ともいえる行為が行われていたことがわかる。しかし，晩年の日記では奴隷たちとよくふれあい，その健康を気遣う文章がたびたび書かれていることから，プランターとして成熟したバードの姿を読み取ることができるかもしれない。

こうして，バードの秘密の日記は，南部農園主，という植民地時代のアメリカ白人男性のひとつのタイプをあますところなく伝えてくれるのである。

ジョナサン・エドワーズの説教

ピューリタンの神政政治の支配力は，植民地の人口の増加と経済的繁栄により徐々に弱体化し，17世紀後半には商人を中心とする新興階級が台頭し始め，その結果ピューリタンの信仰生活も大きな変化をとげた——このような変化の流れを押しとどめようとしたのが，「大覚醒」と呼ばれた信仰復興運動である。

ジョナサン・エドワーズ（図2-4）は，後述する同時代人のベンジャミン・フランクリンとは「聖」と「俗」，「闇」と「光」の如くに対照的な人物として論じられることが多い。しかし，ふたりはともに言論によって人心を掌握し，アメリカを動かしたという共通点がある。エドワーズはコネ

図2-4　ジョナサン・エドワーズ

ティカットの牧師の息子として生まれ，イエール大学在学時代は，ジョン・ロックの『人間悟性論』に大いなる影響を受けたという。忘れられつつあったカルヴィニズムの厳格さを再び唱えたエドワーズだが，その思想の背景には，啓蒙主義的理性尊重主義，合理主義の影響が見え隠れする点も見逃してはいけないだろう。エドワーズはカルヴィニズムという「過去」を再現しようとしたのではなく，近代的思想によってその正当性が裏付けられたカルヴィニズムによって，アメリカの「未来」を生み出そうとしたともいえるのである。

　エドワーズといえば，あまりの恐ろしさに失神者が出たという説教，「怒れる神の手の中の罪人」(1741年7月8日) で有名である。

　　　「神は邪悪な人類をいまにも地獄に突き落とす力を持っている。神が立ちはだかったならば，人類は無力である。最も強いものであっても，神に抵抗する力をもたないし，その御手から逃れられるものもだれひとりいない。」

　目にも鮮やかな比喩が頻発するエドワーズの説教は（そのもっとも有名なものは，燃えさかる地獄の炎の淵で，神によってつまみあげられている虫けら＝人間であるが），後述するフランクリンの警句と同様に，平明かつ豊かなイメージに満ちた名文である。彼の代表的著作のひとつである，自分の回心への道のりを記録した『個人的説話』(1740年頃執筆) は，エドワーズの卓越した文章力をよく表している。フランクリンと同様にエドワーズも，その言葉の力で人びとを動かしたのである。

　「大覚醒」という名で知られるエドワーズの信仰復興運動（リヴァイヴァル）は，1734年ごろから始まり東部各地で広まったといわれている。1738年からイギリスの宣教師ジョージ・ホイットフィールドが東海岸一帯の主

要都市で行っていたセンセーショナルな説教が大きな反響をよび始め，エドワーズはホイットフィールドを自らの教区であるノーサンプトンに招き，いよいよリヴァイヴァルが本格化する。リヴァイヴァルは，18世紀に入りさまざまな価値観が変動するとともに，宗教にまで「自由」が横溢するようになったピューリタン社会に警鐘をならし，厳格な信仰を取り戻そうとする，ある意味では時代に逆行する運動だともいえる。しかし，それは懐古趣味的な運動ではなく，アメリカに「千年王国」が到来することを待望する未来志向の思想であった。ここにもまたエドワーズが，未来を常に思考したフランクリンと同時代人であることを感じさせる共通点があるのではないだろうか。

　時代の潮流に抗って教会員選別制度の復活を唱えたエドワーズは，結局教会から追放されることになる。その後は，ストックブリッジで先住民宣教に尽力し，『意志の自由』(*Freedom of the Will*, 1754)，『原罪の教義の弁護』(*The Great Christian Doctrine of Original Sin*, 1758) を執筆した。1758年にニュージャージー大学（のちのプリンストン大学）に学長として招かれるが，ほどなくして種痘から天然痘を発症し死亡。エドワーズの死後，「大覚醒」のブームも過ぎ去っていく。しかし，アメリカの未来にこそ救いと希望を見出した「大覚醒」運動は，一般信徒による宗教的権威への反抗という新しい平等主義と民主主義の風を教会に吹き込んだ。エドワーズの言論は，アメリカ独立革命にも，革命後の共和国の精神にも，大いに影響を与えたといえるだろう。

ベンジャミン・フランクリンの自叙伝

　ベンジャミン・フランクリン（図2-5）は，レオナルド・ダ・ヴィンチと比較されることもあるほどに，多様な顔をもった才人である。ボストンの貧しく名もない子沢山（17人の兄妹！）の蝋燭屋に生まれたフランクリンは，やがて「建国の父」の代表的存在となり，「アメリカン・ドリーム」の伝道者として，「セルフ・メイド・マン」の体現者として，今日までアメリカ人の文化や精神に影響を与え続けている。12歳になると兄の印刷屋兼新聞社

図2-5　ベンジャミン・フランクリン

で修行，16歳で兄と喧嘩をしてフィラデルフィアに移動。このふたつの事実を抜きにして，フランクリンの成功を語ることはできないだろう。なぜなら，当時，唯一の，そして最も重要なメディアであった新聞／印刷物を自在に操り，アメリカの言論の中心人物になったことが，アメリカを代表する人物へとフランクリンを押し上げたことは間違いないからである。また，ボストンとは違うフィラデルフィアの自由闊達な雰囲気や先進的な文化が，フランクリンの自在な思想や独立独歩の精神をはぐくんだことも想像に難くない。

　フランクリンは，『ペンシルヴェニア・ガゼット』を改良し，1732年から『貧しきリチャードの暦』を出版。気の利いた「今日の格言」が掲載されているこの暦は，大人気を博することになる。「天は自ら助くる者を助く」や「時は金なり」といった有名なことわざはもちろんのこと，「トゲを恐れてはバラを摘むことができぬ，ツノを恐れては立派なカミさんを持つことができぬ」とか，「恋するジャックにジルの醜美は判断不可能」など，風刺が効いてユーモラスで生活に根ざしたことわざが，広く人心を魅了した。

　印刷物というメディアを利用して，アメリカの言論をリードし，人気と知名度を上げたフランクリンは，やがて植民地議会の議員に就任し，政治家としてアメリカをリードすることになる。植民地課税権をめぐる英国政府との折衝を果たし，アメリカ独立宣言に署名をし，独立宣言後には9年間にわたってフランスに外交官として赴任し，アメリカ国家誕生に貢献した。また，凧を使っての雷の実験，フランクリン・ストーブの発明など，科学者としても比類なき才能を発揮し，英国王立協会の会員にも選ばれた。こうして，名もない貧しい出自のフランクリンは，アメリカを代表する人

物として同時代に，そして後世に，名をとどろかせることになった。フランクリンの手による『アメリカに移住する人びとへの情報』(1784)には，アメリカという国は，家柄よりも「能力」が大事で，手に職のある者ならば農民でも職人でも尊敬を勝ち得ることができるのだ，とまるで自らの生き方をそのまま書いたような一節がある。この一節に励まされ，あるいは，フランクリンの『自伝』や『富に至る道』に刺激を受けて，「自分にもチャンスがあるかもしれない」と夢や希望を抱いた若者が，同時代ばかりでなく後世にも大勢いたのである。だが，フランクリンが伝播した「アメリカの成功の夢」は，産業革命が台頭し近代市民社会が設立されようとしていたアメリカを突き動かす原動力になった一方で，やがては人びとに悪夢や幻滅としてのしかかっていったことも，たとえば20世紀のアメリカ文学〔『アメリカの悲劇』，『華麗なるギャッツビー』など〕によく現れている。

　フランクリンの成功への道のりをまとめた『自伝』の白眉は，なんといっても「13の徳目」であろう。フランクリンが，実行しやすいものから順に並べたという，成功のために守るべき13の美徳——節制 Temperance, 沈黙 Silence, 規律 Order, 決断 Resolution, 節約 Frugality, 勤勉 Industry, 誠実 Sincerity, 正義 Justice, 中庸 Moderation, 清潔 Cleanliness, 平静 Tranquility, 純潔 Chastity, 謙虚 Humility ——ここに，人間はだれしも努力によってよりよく変化することができるという信念や，楽観的ともいえるほどの未来志向を読み取ることができるだろう。それはまさに18世紀という価値変動の時代の産物なのである。

2. 言語による国家

　3人のアメリカ人は，ともに自らの言語でアメリカの在り様を示そうとしたといえるかもしれない。バードは『境界線の歴史』でアメリカの国土を，エドワーズは説教でアメリカの信仰を，フランクリンは自叙伝でアメリカの国民性を，言語化することによって規定した。18世紀のアメリカは，言葉で形成されたといっても過言ではない。たとえばフランスで生まれ，アメ

リカに渡り，独立革命までアメリカ女性と平和な農民生活を送ったミシェル＝ギョーム・ジャン・ド・クレヴクール。彼の手による『アメリカ農夫からの手紙』(1782) は，アメリカ人が「あらゆる国々から来た人びとが融合してできた新しい人種」で，アメリカとは平等で自由な理想の国だと，アメリカのイメージをヨーロッパに伝えた。人びとが，「言葉にすること」「書き留めること」そしてそれを人びとが「読むこと」によって，共通のイメージを構築し，アメリカという国を作ろうとしていたといえる。

アメリカ国家を語ること

18世紀は不確かな宇宙や自然に法則を与える理性の時代であった。何事にも秩序を求める時代であった。それまでただ混沌たる闇の世界だった自然界や宇宙に，植物学や天文学が秩序を与えたように，とりわけアメリカでは，言語，文字文化，出版物や印刷物が，13州の利益が錯綜し混沌とする「アメリカ」に秩序を与え，理想の合衆国を形成していったといえるだろう。そもそも，アメリカは，「言葉」によって作られた国だとよくいわれる。メイフラワー・コンパクトも，独立宣言も，まだ目の前の形になっていないアメリカの姿を，あらかじめ言語化してしまうことによって形成してしまう行為ともいえる。あるいは，あらまほしき国家が言語化されることによってはじめて，「アメリカ」が人びとの前にその姿を表した，というべきだろうか。18世紀を通じて，人びとは，「アメリカ」誕生のために，アメリカを語り続けたのである。

たとえば1774年，イギリスからフィラデルフィアに渡ったトマス・ペインは『コモン・センス』(1776) という小冊子を発表し，アメリカのイギリスからの独立が植民地の人びとの幸福のためには「常識」であることを訴えた。出版3ヵ月で10万部以上売れ，1776年中に50万部読まれたといわれるこの一大ベストセラーの序文には，「アメリカの大義は，その大部分が，全人類の大義なのだ (The cause of America is in a great measure the cause of all mankind)」という歴史に残る一節がある。この一節は，アメリカ合衆国誕生に影響を与えたばかりでなく，イラク戦争に揺れる今日のアメリカ合衆

国をも支える「アメリカの精神」の基盤をなしているのではないだろうか。

『コモン・センス』の約半年後，やがて第 3 代アメリカ大統領となるトマス・ジェファソンの起草により発表された独立宣言は，次のようにアメリカを謳いあげる。

> 我々は以下の真理を自明のこととする。すなわち，すべての人民は平等に造られ，だれにも奪うことができない一定の権利を，神からいただいている，それは生命であり，自由であり，幸福の追求である。
> (We hold these truths to be self-evident, that all men are created equal, that they are endowed by their Creator with certain unalienable Rights, that among these are Life, Liberty and the pursuit of Happiness.)

ここでいわれる「我々」「すべての人民」とは果たして誰のことなのか？（白人男性だけを指すのであって，奴隷を排除していたばかりでなく，先住民も「無慈悲で野蛮」と名指しされ，女性もまた，同じ権利を許される存在ではなかった。）「真理」とか「自明のこと」とは，いったい誰がそう認めているのか？（イギリスはあくまでもアメリカを隷属する植民地だと思っていた。）そういった綻びはすべて不問に付したまま，この独立宣言は「アメリカはこのような国家である」と言語によって提示することによって，アメリカ合衆国を誕生させた。とはいえ，言語でできた国家は，あくまでも他者からの承認によってその実存を確認できるのであり，アメリカはその後も「アメリカ合衆国」の存在を他者から承認してもらうために，さらに言語を費やして国家形成の作業を続けていった。

独立宣言に続いて，イギリスから独立を果たした 13 州の最初の憲法 Articles of Confederation（連盟規約）が 1781 年に批准された。さらに合衆国憲法制定によって，アメリカ合衆国は明白に言語化される。合衆国憲法は，1787 年 5 月 25 日，ロードアイランドを除く 12 州から 55 人の州代表者がフィラデルフィアに結集し，4 ヵ月の議論を経て作成されたものである。独立宣言は "The unanimous declaration of the thirteen united states of America"（「13 の連合アメリカ諸邦の全員一致の宣言」）と銘打っていたものの，実際には言語で国家を統一することの難しさを露呈したのが，この 4 ヵ

月間の会議であった。のちにアメリカ合衆国第4代大統領となる，共和党のリーダー，ヴァージニアのジェイムズ・マジソン（1751-1836）は，北部と南部の利益があまりに違いすぎるため，ひとつの憲法で合衆国を統制できるかどうかについて，不安を抱いていたほどである。

　当時，北部と南部の最大の葛藤は奴隷制度にあった。1787年に，黒人はアメリカの人口の20パーセントをしめていたが，その黒人の90パーセント（65万人以上）が南部の奴隷だった。各州選出の上院議員は2名ずつと決まっていたが，下院議員は州の人口に比例する。しかし，黒人奴隷を人口と数えてよいのだろうか？　北部の議員は黒人奴隷を人口と数えることに異議を唱え，南部の議員はもちろんそれに反発する。そこで，ペンシルヴァニア州のジェイムズ・ウィルソンが妥協案をもちだした。黒人は，「5分の3」人として数えればよいのではないか？　その後，さまざまな議論があったが，結局黒人5人を自由白人3人として数えることで，南北が合意した。続く奴隷貿易についての議論も果てしないものだった。結局，南部は奴隷1人の輸入につき10ドルを上限とする税金を支払うことに合意し，北部は，自由州にもぐりこんだ逃亡奴隷を南部がつかまえる権利を認めることになった。いずれも妥協のたまものである。また，この頃までには13州のうちノース・カロライナ，サウス・カロライナ，ジョージアの3州を除くすべての州が，奴隷貿易を違法としていたが，奴隷貿易を禁止されるくらいなら，憲法作成に参加しないと，3州は主張した。そこでまた，次なる妥協案が提示されることになる。奴隷貿易を許可する，ただし1808年以降は禁止とする，と。

　こういった妥協のすえ，1787年に完成した憲法は，各州に持ち帰られ，承認を経て1789年に発効された。1791年には10の修正条項が組み入れられ，国民の権利も定められた。しかし，われわれがイメージするアメリカの姿，すなわち，合衆国生まれのすべての人間に市民権が与えられ，法のもとで平等に保護される，という条項は，実のところ憲法制定から1世紀近くも経った1868年の第14修正でようやく実現したものである。憲法制定から1世紀経たぬうちに南北の決裂は回避不可能なものとなり，1861年

に南北戦争勃発。国家統制のために大いなる妥協を経て作り上げたアメリカ憲法では，その言語による統治では，南北社会の実情を治めきることは不可能だったのである。

憲法制定後も，憲法の批准を求めてアレグザンダー・ハミルトン，ジェイムズ・マジソン，ジョン・ジェイらが書いた85篇の論文集『ザ・フェデラリスト』(1787-1788)のように，世論を動かし，新しい共和国のあるべき姿を内外に示した政治的文書が18世紀末に多数発表される。こうして，植民地アメリカが「アメリカ」として確立する過程では，さまざまな言語がその外郭を固めていったのである。

3. 「アメリカ」の活字文化

これまで見てきたとおり，「アメリカ」誕生の背景には言語が大きな役割を果たしてきたわけだが，その言語を流通させることを可能にした印刷技術の向上も，独立革命とは切っても切れない関係にあった。そもそも，1765年印紙法（イギリス議会がアメリカ植民地に対し，本国と同様に証書・新聞紙などに印紙税を課することを定めた法律）に対する反感が，独立を求める大きな原因のひとつとなった。18世紀になり印刷技術が飛躍的に向上したおかげで，ペインの『コモン・センス』のような独立を推進する言論が印刷物として流通したことで，民衆の間に独立を求める機運が高まった。また，独立宣言がもっぱら新聞紙面を通じて人口に膾炙したことも忘れてはならないだろう（図2-6）。政治文書ばかりではない。1783年に出版されてから19世紀の後半にかけて百数十万部も売れたというノア・ウェブスターの『スペリング・ブック』も，ほぼ同時期に『コネティカット・ジャーナル』に掲載されたエーベル・ビュエルの地図（1784）も（図2-7），アメリカの「独立」を支えた印刷文化の例として挙げられるだろう。こうしてみると，言語が新しい合衆国「アメリカ」を構築した一方で，その言語の記録や流通を可能にした印刷技術の向上と活字文化の隆盛が，新しい国家の構築を支えたこともまた明らかである。

図2-6　コネティカット・クーラント掲載の独立宣言
大陸議会が独立宣言を交付から11日後に新聞紙上で掲載

図2-7　ビュエルの地図の新聞広告
独立戦争後，パリ条約による国境を示した新しい合衆国の初めての地図の宣伝。

　マサチューセッツで1639年に印刷所が開設されて以来，1763年までには，13州すべての植民地で出版活動が行われていた。法律関係その他の公文書を印刷する必要があったことが，印刷所の開設をうながしていた。そのほか1750年以前の植民地では，新聞が主要な出版物であったが，18世紀後半には新しい新聞（1800年までには約200紙）や雑誌（1800年までには91誌）やパンフレット（時事・政治論文が掲載された小冊子）がさかんに刊行された。この時代の出版事情については，第9章でくわしく述べられることになる。

リテラシーと教育

　では，植民地の人びとはどれくらい読み書きできたのか？　この問いについて，いろいろな研究がなされているが，読み書き（とりわけ書くこと——書くという作業は，読むことよりも，仕事に直結する，男性の領域とみなされていた）ができない白人女性は18世紀初頭のとくに農村部において，相当多かったのではないかと推察されている。黒人奴隷に読み書きを学ぶことを禁じた理由は，黒人に教養という「力」を与えないためであったが，長

きに渡って読み書きの世界から遠ざけられていた女性たちは，それだけ無力な存在だったともいえよう。植民地時代のニューイングランドで，遺言書にサインをしている男性は1660年代に60パーセント，1760年に85パーセント，1790年代にはおよそ90パーセントにも上っている。一方，女性の場合，1670年以前は31パーセント，1790年代でも46パーセントしか名前をサインしていなかった，とする研究もある。あとの女性はみな，署名のかわりになにかマークのようなものを書いていた。遺言書の署名研究は，女性の「書く能力」は男性よりはるかに下回っていたと結論づけている。

　しかし，このような状況も，18世紀になると改善されていく。リテラシーはある種のステイタスとみなされ，少しでも余裕のある家庭は息子を地元の牧師のもとに通わせて勉強させるようになる。世紀も半ばを過ぎると，男子ばかりでなく女子も読み書きを学ぶ機会が増えた。たとえばメアリ・フィッシュ・シリマン（1736-1818）は，牧師の娘としてコネティカット州南東のストーニングトンに生まれ，主婦として18世紀の変動を生き抜いてきた女性だが，彼女の日記や手紙を読めば，東部の都市に住む白人女性が受けた教育や教養水準の一端をうかがうことができる。メアリは，自分が受けた庭訓について，次のように記している。「両親は，なにごとにおいても私たち子どもを常に見守ってくれました…ストーニングトンで一番いい学校に早くから通わせてくれましたが，学校だけに頼っていたわけではありません。朝の祈りを家族ですませるや否や，父は毎日書斎に私たちを呼んで，私たちが朗読するのを聴き，その日のアドバイスを与えてくれました。また，毎日聖書を読むことを命じました」。とりわけ，独立後の共和主義思想は，公民の公徳心育成を謳っており，女性が家庭で子どもたちに教育を施すことを重要視した。そこで，教養あふれる「共和国の母」育成を目指して，女子教育にも力が入れられることになったのである。ベンジャミン・ラッシュは1787年にフィラデルフィアで「若き貴婦人アカデミー」を開き，1年で約100人の学生を集めた。その後10年間で，ニューイングランドの各地に同種の学校が設立され，19世紀初頭には南部にも広がっていた。

　18世紀全体を通じて，日記や，手紙や，詩や，歴史を書きとめていた女

性がいたことも事実だが，とくに世紀後半になると，ジュディス・サージャント・マリーによるフェミニズムの先駆ともいえる女性論「性の平等について」(1790)，マーシー・オーティス・ウォレンの歴史書『アメリカ革命の歴史』(1790)，黒人のフィリス・ホイートリー (1753?-84) の詩集『宗教，道徳など，さまざまな主題の詩』(1773) など，19世紀に大勢出現する女性作家たちの活躍を予感させるような出版物がいくつも発表された。

「アメリカ」文学の勃興

　18世紀のボストン，ニューヨーク，フィラデルフィアの人びとは，チャップブックという小さな本を行商人 (Yankee Peddler) が売りに来るのを楽しみにしていた。8.5センチ×16センチほどの小さな薄い本にまとめられた『ロビンソン・クルーソー』や『イソップ童話』，『ガリバー旅行記』の物語が，挿絵とともに読者を喜ばせた。イギリス感傷小説，とくに作家サミュエル・リチャードソンの『パミラ』(1740-41) と『クラリッサ』(1747-48) も，18世紀半ばごろからアメリカで多大な人気を博していた。新聞・雑誌には政治文書や愛国的な詩などのほかに（コラム p.56），扇情的な犯罪や捕囚のナラティヴ，小説，といったより幅広いジャンルの文章がこぞって掲載され，出版されるようになった。

　この活字文化の急激な氾濫に，生まれたばかりの共和国は恐怖心を抱いていた。活字文化は識字率上昇という恩恵をアメリカ社会にもたらす一方で，その影響力の大きさがアナーキズムのような社会悪をもたらすのではないかと危険視されたからである。とりわけ，ピューリタンの精神にもとづき，フィクションは忌避され続けてきた。読者がフィクションを通じで抱く感傷は社会の秩序や理性的判断を乱し，フィクションによって搔き立てられたファンシー（空想）は人間を堕落させるのではないかという恐怖感が，18世紀になっても依然として残っていた。とりわけ演劇と小説に対する懐疑的な視線は，19世紀になるまで続いていた。では，そのような中で誕生した「アメリカ」の文学とは，いったいどのような文学だったのだろうか。

独立戦争後，リチャードソンの作品によく似た形式やプロット（若い純情な娘が，プレイボーイに誘惑され，純潔を守り通せば幸せに，失えば不幸になるという教訓的書簡体小説）を借りたアメリカの感傷小説が立て続けに出版された。アメリカ最初の小説とよばれているウィリアム・ヒル・ブラウンの『共感の力』(1789)，イギリス生まれのスザンナ・ローソンの『シャーロット・テンプル』(1791 イギリス，1794 アメリカ)，そしてハナ・ウェブスター・フォスターの『コケット』(1797) などである。たいてい作品の冒頭は「合衆国の若き乙女たち」あてに，「この作品を教訓に美徳の大切さを学んで欲しい」といった献辞が掲げられていた。これは，「役に立つこと」を重んじていた当時のアメリカでは，たとえ「小説」であっても読者の「教訓」になるのなら，風当たりが弱まることを見越しての作者の機転とも推察できる。さらにピューリタンの小説批判に対する免罪符として，「事実に基づく話」「真実の物語」と（ほんとうは，フィクションであるにもかかわらず）その扉に銘打っていた。物語の中では，小説に耽る女性登場人物が人生に失敗したり，女性の小説熱が批判される描写があり，フィクションでありながらフィクションを否定するというねじれた構造もうかがえる。同時代のアメリカの読者，とりわけ女性たちは，ヒロインが両親や社会通念に逆らって，誘惑の甘言にそそのかされ姦通の罪を犯し悲劇的な末路を迎える姿に，涙を流しながら自らに投げかけられた道徳的教訓を読みとっていたといわれる。

作品のあらすじから判断すれば，アメリカのセンチメンタル小説はイギリスのセンチメンタル小説の模倣に過ぎず，独立戦争を経てもまだ文化的には植民地化されたままだった，とみなされるかもしれない。しかし，当時アメリカでセンチメンタル小説が発表され，ベストセラーとして年齢・階級・性別を超えた読者から多大な支持を得たという事実をかんがみれば，それらの小説には同時代のアメリカ人に強く訴えかける，アメリカならではの問題が描かれていたと思われる。「親のいいつけに背いて誘惑され破滅する娘」は，単なる感傷的なヒロインではなく，読者の共感を呼び起こすリアルな存在であったに違いない。

■ 愛国詩人フィリップ・フリノー ■

　ニューヨーク生まれのフリノーは，詩人であり，政治ジャーナリストとしても活躍しながら，独立を唱え続けた。「独立革命の詩人」とよばれる。愛国心あふれる詩を多数発表し，フェデラリストに対抗して，『ナショナル・ガゼット』紙を創刊し，ジェファソニアン・デモクラシーを支えていた。自然をロマン主義的に歌い上げた「野生のすいかずら」"The Wild Honye Suckel"（1786）などが代表作。

　たとえば第二代アメリカ大統領に就任するジョン・アダムズは，革命に揺れるアメリカ国家を感傷小説のヒロインになぞらえて，「デモクラシーはラブレース（クラリッサを誘惑し犯す若い貴族）で，アメリカの民衆はクラリッサだ。女誑しの手練手管が無垢で愛らしい少女を破滅と死に追い詰める」と嘆いたという。同時代の風刺画には，ずるがしこいフランスにかどわかされるアメリカ娘の姿を描いたものもある。感傷小説の読者たちは，「親」であるイギリスからの独立によって，ある意味で根無し草になってしまったような不安を抱えていたであろうし，独立戦争後の大きな社会変化の渦の中で，いかにしてアメリカ人として自立し，アイデンティティーを獲得すればよいのか模索していたに違いない。愛や自由や自立を求めるがゆえに，親と決別し苦しい人生を彷徨するヒロインに，同時代のアメリカ人は自らの姿を重ねあわせていたのではないだろうか？　実際，ヨーロッパの感傷小説が前面に押し出していた性的な誘惑との葛藤が，アメリカの感傷小説では背景にまわり，むしろ親子の葛藤が物語の主軸となっている点にも注目すべきだろう。このように，単なる感傷的な乙女の教訓物語を超えた，時代の産物としてのアメリカ感傷小説は，19世紀に入るとすこしずつ形を変えながら，大ベストセラーを連発する文学ジャンルとして確立する。

　18世紀末には，感傷小説のほかにも，アメリカ文学史に残る作品が発表された。「アメリカ最初の職業作家」，「アメリカ小説の父」として知られるチャールズ・ブロックデン・ブラウンは，フィラデルフィアのクェーカー教徒の家庭に生まれ，『ウィーランド』（1798），『エドガー・ハントリー』

(1799),『オーモンド』(1799) など立て続けに 6 篇の小説を発表した。その作品は，ヨーロッパで流行していたゴシック小説のスタイルを踏襲しつつも，アメリカならではの設定がほどこされ——古城のかわりに暗黒の荒野，幽霊のかわりにインディアン—— 19 世紀以降のアメリカ作家に影響を与えた。しかし，独立後まもないアメリカでは売れ行きが思わしくなく，ブラウンは 39 歳の若さでこの世を去る。フランス革命（1789）とその血の粛清の記憶がさめやらぬアメリカでは，混沌としたブラウンの作品世界に不安を覚えたのかもしれない。

演劇に目を向けてみれば，1700 年にペンシルヴァニア植民地が演劇の上演を禁じたことからもわかるように，18 世紀に入っても，ニューイングランドの植民地各地では，公衆の面前でのパフォーマンス，たとえばダンスなどは下品で不道徳なものとみなされていた。演劇はわいせつで不潔な茶番に満ちており，人心をかどわかすものだといわれ，役者は病気や堕落やシラミの感染源だといわれていた。しかし，18 世紀末になるとこのような演劇への偏見や反感が，とくに都市部で薄れていき，ロイヤル・タイラーはアメリカを舞台にしたアメリカ初の演劇『対照』を 1787 年に発表する。この作品は，ヨーロッパ的価値観をもつ男性と，独立戦争の軍人とのコントラスト（対照）を描いたもので，時宜にかなって成功を収めた。しかし，小説であれ演劇であれ，18 世紀のアメリカ文学は，イギリスの作品の形式を借りた感は否めず，「アメリカ」のオリジナリティを楽しむためには，19 世紀の到来を待たねばならない。

18 世紀は，「イギリスからの独立」そして「合衆国誕生」というアメリカの歴史上もっとも大きな変化が訪れた時代である。その変動を支えたのは，言語の力であり活字文化の隆盛であった。しかし，独立を経ても 13 州の統合は容易には実現しなかった。イギリスからの課税に反対して立ち上がったにもかかわらず，独立後は州の間で関税をかけ，自ら市場をせばめて財政困難に陥った。独立戦争で財政的に逼迫したため，民衆に厳しい課税を課した結果，各地で暴動も発生した。そこで真に「統一」を求める人びと

の心が，1789年初代大統領として，独立戦争の総司令官であったジョージ・ワシントンをピルグリム・ファーザーズに代わる新たなアメリカの「父」として掲げることになった。こうして，さまざまな価値変動に揺れながらも，生まれたばかりの共和国「アメリカ」は，近代社会への第一歩を確かに歩み始めたのである。

参考文献

フランクリン著，渡辺利雄訳『フランクリン自伝』中公クラシックス，中央公論新社，2004年。

ハミルトンほか著，齋藤眞・武則忠見訳『ザ・フェデラリスト』福村出版，1993年。

大西直樹著『ニューイングランドの宗教と社会』彩流社，1997年。

（田辺千景）

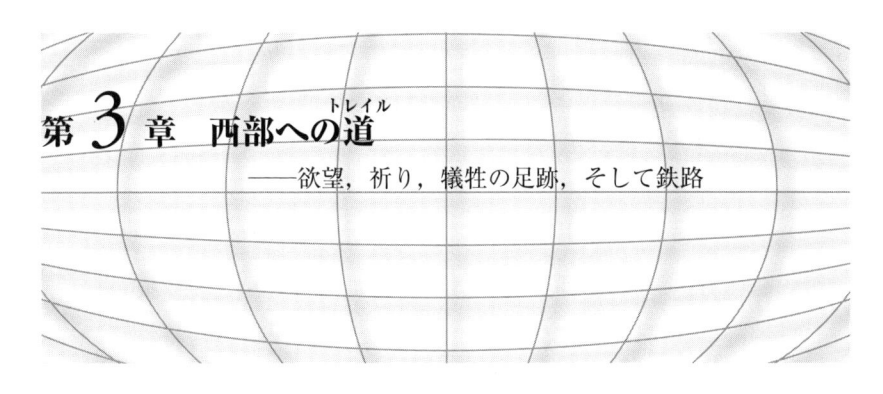

第3章　西部への道(トレイル)
―― 欲望，祈り，犠牲の足跡，そして鉄路

　アメリカ人は動き続けた。北米大陸東側で植民が開始された17世紀初めから19世紀まで，西へ移動するのが彼らの定めであるかのように。そして，その移動の道筋や先鞭をつけた人物について虚実織り交ぜた物語が残された。開拓者は英語でパイオニアズともいうが，多くの場合フロンティアズメンと呼ばれる。荒野と文明の境界にいる人のことである。先住民が独自の文化をもって住んでいた土地を，文明の光があたらぬ荒野と呼ぶのが適切かどうかは大いに議論の余地ある問題だが，少なくとも辺境開拓者(フロンティアズメン)はそこを荒野と思った。そして彼らは西へと移動し続けた。

　西部への道は，最初は辺境開拓者が行く踏み分け道であった。それが19世紀中葉までには，驚くべきエネルギーで新開地になだれ込む人びとを迎え，街道となった。ニューヨーク市のジャーナリストだったジョン・L・オサリヴァンは1840年代の激しい膨張気運を扇動，1845年のテキサス併合を正当化してマニフェスト・デスティニー，「明白な天命」だと言った（図3-1）。この表現が象徴するように，1840年代から60年代にかけてアメリカ人の西への関心は熱狂的だった。何百という幌馬車が街道に列をなして移動したときもある。そして，ついには鉄道が大西洋と太平洋を結んだ。辺境開拓者はもう存在しえなくなり，彼らについての神話的物語が残った。

　この章では，西部への道のうち文化的意義の大きい七つの街道(トレイル)を解説する。人びとがどんな望みを持って西へ向かったか，また移動のために払われた犠牲を概観する。その時代に誕生した英雄譚や伝説は，後のアメリカ

図3-1　「明白な天命」のイメージ：アメリカ合衆国を擬人化した女性（コロンビア）が文明を西へと導いている。
（John Gast の "American Progress"（1872））

にとって活力源となったことも述べる。そして西漸運動の原動力であった富への期待が，大陸横断鉄道完成時に誰のもとに実現していたかを明らかにしよう。

1. 踏み分け道から

荒野の道（Wilderness Road）——西部開拓の光と影

　マサチューセッツ湾周辺に植民した人びとは，1630年代にコネティカット川まで生活範囲を広げていたが，開拓民がさらに西のアパラチア山脈を越えるまでにはほぼ150年を要した。1775年，ダニエル・ブーンはヴァージニアの東側から険しいカンバーランド峡谷を越えて，現在のケンタッキー

図 3-2　荒野の道
（Harry Fenn（1874））

州奥地まで続く道を発見した。先住民や動物の踏み分け道を知ったのだった。これは後に「荒野の道」と呼ばれ，アパラチア地方をわたる重要な道路となる（図3-2）。ブーンはここを通って人びとを西へ導きケンタッキーに定住地を建設，それがブーンズ・ボロと名づけられた。

　ダニエル・ブーンは町の名前に記憶されているばかりではない。ケンタッキー州にはダニエル・ブーン国定公園があるし，ダニエル・ブーン公園道路という山間の高速道路もあった（2002年にハル・ロジャーズ公園道路と改名）。ブーンを主人公にした子ども向けのテレビ番組もあり絵本も多い。伝記や研究書もまだ新刊が発行されている。こうして国民に親しまれているダニエル・ブーンの英雄像には二つの側面がある。一つは荒野と孤独を愛する自然人としての彼，もうひとつは先住民（インディアン）と勇敢に戦い勝利する彼である。

　自然人としてのブーン像は，初期アメリカ人の典型的イメージといって

いい。彼は自然の恐怖と恵みを知り尽くし，煩わしい人間社会を避けて荒野へ向かい続ける。イギリスのロマン派詩人バイロンは『ドン・ジュアン』でブーンを称え，「活動的な隠遁者」「自然の子ども」などと彼を呼んだ。バイロンの詩では，辺境の森に住むアメリカ人は心安らかな静寂と孤独を楽しみ，悪とは無縁の生活をしている。アメリカの作家フェニモア・クーパーも，彼の代表作である一連の『皮脚絆物語』にブーンをモデルにしたともいわれるナッティ・バンポーという人物を登場させた。ナッティ・バンポーは西部なまりで話し，その素朴さや無骨さにヨーロッパ人との違いを明確にしている。ナッティは，アメリカやアメリカ人に直接ふれることのないヨーロッパ人に「アメリカ人」をイメージさせる代表的人物となった。

　ダニエル・ブーンは，先住民との衝突において多大な犠牲を払いつつもひるまず道を拓いたことでも知られる。ジョン・フィルソンは，ブーンと先住民の戦いを中心にした伝記『ダニエル・ブーン大佐の冒険』を書き，これによってブーンは生前から英雄的人物とみなされるようになった。以下はその一部で，語り手はブーン自身になっている。

　　1773年9月5日，友人に別れを告げケンタッキーへ向かう。五家族を引き連れて出発し，当時の入植地から150マイル離れたパウェル谷でさらに40人の男が加わった。（中略）10月10日，隊の後部が相当数のインディアンに攻撃され，6人が死亡1人が負傷した。私の長男もこのとき命を落とした。

感情的な記述を省き事実だけを述べる語り口は，語り手に設定されているブーンの度量の大きさや沈着冷静さを感じさせ，彼の偉大さを巧みに伝達する。フィルソンはまた，ブーンの勇気や優れた判断力を物語る出来事を叙述し，ブーンをアメリカ奥地という新しい舞台で冒険する英雄にしたのだった。

　ブーンの英雄像が大きくなるためには先住民の人非人的な残虐さが描写

第 3 章　西部への道　63

■　もう一人のフロンティア・ヒーロー，デイヴィ・クロケット　■

　デイヴィ・クロケットは開拓者としても優れていたが，自らを「半身は馬，半身はワニ」と称するなど西部独特のほら話的な表現に巧みで，大衆に人気があった。同時に，メキシコからのテキサス独立を支援してアラモの要塞で戦死したことでも知られる。彼についての伝説や「自伝」はほぼ全部が創作で，それらは西部文化の一つの重要な要素となっている。そこで，クロケットについてのほら話をひとつ。

　…ある冬の夜明け，寒すぎて太陽が氷にはさまれてしまったんだよ。地軸も凍って地球が回らなくなっちゃった。朝日は山の頂あたりで凍り付き，黄色い氷柱(つらら)みたいになって地面にボトリボトリと垂れてるしまつ。デイヴィ・クロケットは夜の猟を終えて帰るところだった。デイヴィは賢いやつだからね，地球がくたばりそうなのを見て，さっと行動に出たわけさ。今さっき殺したばかりの熊をかついでいたんだけどね，太陽を固めている氷にそいつをぶちつけたんだよ。じきに，熊からまだ熱い脂肪が流れ出てきて，氷が解け始めた。そこでデイヴィは太陽をひと蹴りしてエンジンをかけてやったのさ。太陽の熱が地球を溶かして自転が再開した。やれやれってわけで，デイヴィは太陽でパイプに火をつけ，熊をかついだ。朝日の氷柱(つらら)が溶けないうちにそれを滑り降りて，ちょっとばかり日光をポケットにつめてうちに帰ったんだってさ。

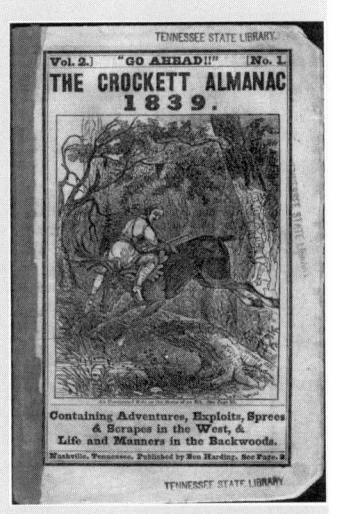

『デイヴィ・クロケット暦』の表紙
クロケットは，『暦』シリーズで民話のヒーローになっていった。

されねばならなかった。19世紀の歴史家ライマン・コプランド・ドレイパーには次のような記述がある。ジェイムズ（ダニエルの長男＝「若い方のブーン」）が殺されたときのことである。

若い方のブーンは腰を撃たれ，弾が左右に貫通して動けなくなった。彼はインディアンの中にビッグ・ジムがいるのに気づいた。このシャーン族の戦士は，ご馳走になりによく父ダニエルの家に出入りしていたのだ。(中略) ジェイムズ・ブーンはビッグ・ジムの名を呼んで命乞いをした。しかしかつての友情も，恩義も，彼の惨状も，血に飢えたこの男のこわばった心を動かすことはなかった。インディアンたちは若いブーンの手足の指の爪を抜いて拷問し，ブーンがビッグ・ジムに思いをいたすも束の間，息の根を止めてしまった。

ドレイパーの著作は 1998 年まで出版されなかったが，類似の，あるいはこれよりずっと刺激的な読み物を通して，荒野に文明の光をもたらす英雄としての辺境開拓者像と，文明の進入を阻もうとする悪役のインディアン像が固定していく。その単純な図式は，東部の人びとに先住民に対する恐怖と排除意識をぬぐいがたく植え付けた。こうした恐怖や排除意識が，19世紀の国家的インディアン政策に影響していることは疑いない。特記すべきは，ブーンの時代には植民者と先住民との対立で双方に犠牲が出たのに対し，19世紀には白人と先住民の武力差が圧倒的になり，犠牲が先住民に集中してくることである。

涙の街道（Trail of Tears）——わが土地を追われて

西部開拓が進むにつれ，先住民の追い出しは激しさを増した。「涙の街道」とは，1838 年に 1 万 5 千ものチェロキー族の人びとが，ジョージアからオクラホマまで徒歩で強制移住させられた道筋をさす。

先住民の西への強制移住と隔離政策は，第三代大統領トマス・ジェファソン（在任，1801-1809）が最初に提唱したことであった。1816 年から 40 年までに先住民諸族と合衆国の間に 40 以上もの条約が結ばれ，先住民らは土地を奪われた。七代大統領アンドリュー・ジャクソン（在任，1829-1837）は先住民を西部開拓の障害として敵視し，1830 年にインディアン強制移住法を制定した。これによって，30 年から 50 年までの間に約 10 万人が故郷を奪

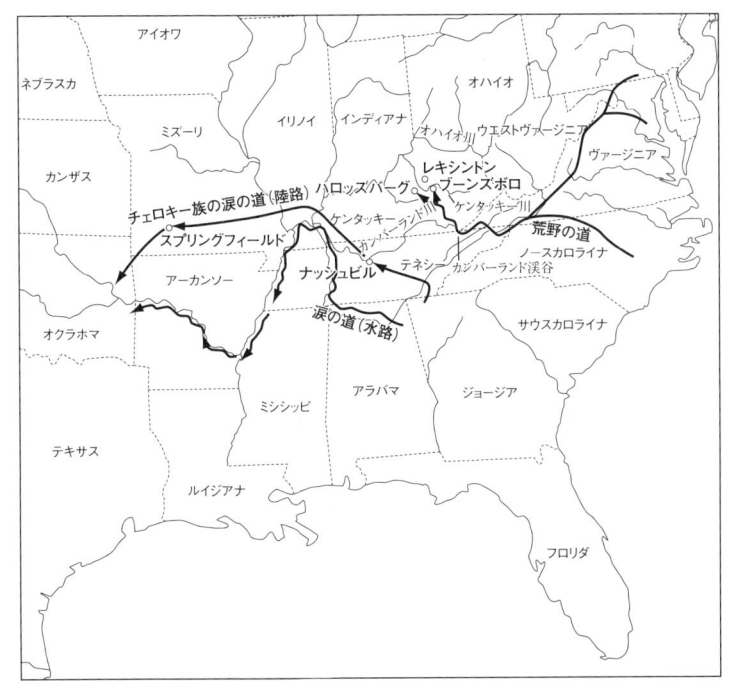

図3-3　荒野の道と涙の街道

われた。軍隊が率いる強制移住の旅の途中で先住民は容赦ない扱いを受け，多くの命が失われた。

　ジョージアに住んでいたチェロキー族は，「文明化」した先住民民族として知られる。ヨーロッパ人が大陸に来てからは，彼らと交易をし人種間結婚も進んでいた。ヨーロッパの習慣を取り入れた農業社会を作っていたが，チェロキー族へのヨーロッパ人の侵略は止まらず，1721年から1819年までに土地の90％以上を譲り渡したといわれている。しかしチェロキー族は1820年代には法文化された政治体制を整え，32年には，ジョージア州政府が彼らの権利を剥奪したのは不当だと訴えた。この訴訟では，最高裁でチェロキー側が勝訴している。それにもかかわらず，ジャクソン大統領のインディアン敵視政策は彼らを居住地から追い出したのだった。ジャクソン

は次のように告げた。「諸君はそこにとどまることはできない。状況からして（中略）諸君が文明化された共同体の中で繁栄するというようなことは，到底無理である。」これに対し多くのチェロキー族の人びとが大統領命令に従わず土地にとどまったため，軍隊が導入された。軍は，あたかも家畜を囲い込むように人びとを狩り立てた。先住民の住居は焼き払われ，オクラホマへの集団移動が実行されたのである。

　旅は38年の秋に始まる。ナッシュヴィルを通ってケンタッキー，イリノイ，ミズーリを渡りながら陸路でオクラホマを目指す北回りと，テネシー川，ミシシッピ川，アーカンソー川を利用する水路回りの2ルートがあったが，一般的には，おびただしい犠牲者が出た陸路の方を「涙の街道」と呼んでいる（図3-3）。800マイルの旅は116日を要した。内陸部の厳しい寒さの中を飢えと闘いながら，病人や体力の弱った者も休まず歩かされた。移動した人口の約四分の一，チェロキー族全体の五分の一にあたる4000人もが行き倒れになったという。

　先住民の命がいかに軽んぜられていたかは，さまざまな伝説や伝承に読み取ることができる。西部では馬泥棒が殺人者より厳しく罰せられたので，人の命は「馬より安い」といわれていたが，先住民の命はもっとも「安い」と考えられていた（B.A.ボトキンはこれに例外をつけて，独立直後のテキサスにおけるメキシコ人と，定住が始まったころのカリフォルニアにおける中国人は，さらに命の「安い」人びとであったとしている。）。南北戦争時の北軍将軍フィリップ・シェリダンは，「良いインディアンは死んだインディアンだけ」という言葉を残したし，あるからかい話では，外から帰ってきた一群の男たちに，家人がこう尋ねるくだりがある。「やあ，みんな。全部（インディアンを）殺してきたかい。それとも種の保存のために少しは残しておいたのかい。」涙の街道と先住民にまつわる19世紀の言説は，アメリカ文化の暗部を象徴的に示している。

2. 産業道路

サンタ・フェ街道（Santa Fé Trail）——インディアンとの交流

　古い街道には，物資の流通によって発展したものがある。アメリカ合衆国が西部に覇権を持つ前から，南西部では多くの人びとが富を求めて街道を往来していた。そうした古い街道の一つがニュー・メキシコ州（旧メキシコ領）のサンタ・フェとミズーリ州のインデペンデンス（厳密には，オールド・フランクリン）を結ぶサンタ・フェ街道（Santa Fe Trail）である（図3-4）。1821年にメキシコが独立し，サンタ・フェではアメリカ人とメキシコ人との交易が正式に始まった。このときから鉄道が敷かれる80年ごろまで，街道は商人の交易道として大いに栄えた。アメリカ側からは金属製の道具などがもちこまれ，メキシコ側からの毛皮や貴金属，陶器などが買い入れられた。サンタ・フェ街道はアメリカ人が西へ向かう一方向的な道ではなく，西と東を往来するための道であった。

　サンタ・フェ街道を拓いた商人ウィリアム・ベックネルの日誌や，猟師であり先住民との通訳であり，ジョン・C・フリーモントの道案内人および偵察兵でもあったキット・カーソンの自伝を読むと，この街道を行く人びとと先住民の関係は，かならずしも敵対関係ばかりではなかったことがわかる。小競り合いや略奪の話も出てくるが，しばしば商隊は土地に関する先住民の知識を頼り，旅を続けるのに先住民の助けを必要とした。それに，彼らは先住民との交易で利益を得ていたのだ。先住民といっても部族はさまざまで，友好的な部族とそうでない部族があり，案内人はそれらの状況を熟知している必要があった。敵対関係と共存関係の混在を示す一例を挙げよう。1829年にカーソンの一隊はナヴァホ族の村を通り襲撃を受ける。カーソン側に犠牲はなかったが，その後も夜ごとに略奪などがあり苦しめられた。一方で，同年の別の旅ではモハーヴェ族から食用に馬を買って食料不足の危機を乗り越えている。また，カーソンの最初の二人の妻はいずれも先住民であった。

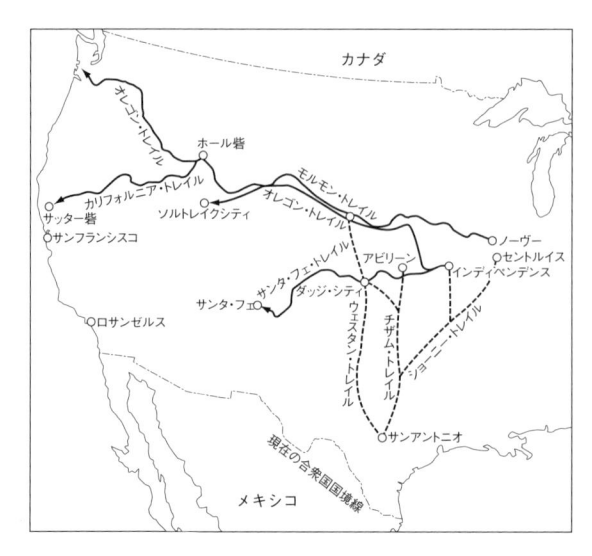

図 3-4　幌馬車道と牛の輸送路
　　　　──── 幌馬車道，-------- 牛の輸送路

　ブーンの「荒野の道」とは異なり，サンタ・フェ街道には友好的でカラフルな印象がある。サンタ・フェ街道を行く人びとは，定住（土地の取得）を求めるよりは交易による富を求めていたので，相互利益的な関係と盛んな物資交換による開放的雰囲気が，そうした印象を作り出したと思われる。一方，ブーンに続いてカンバーランド峡谷を越えていった人びとは定住地の確保を目的とし，それは先住民の利権奪取に他ならないから，両者間に激しい摩擦が生じたのだった。
　この二つの街道の違いには他の歴史的背景も影響している。サンタ・フェをスペイン人が統治し始めたのは1607年で，街道が使われるようになった1820年代には白人統治が定着しており，白人と先住民の力が競り合うような戦いはすでに終わっていた。さらに，統治する民族の性質も北西部とは異なっていた。先にも述べたように，サンタ・フェはスペイン領を経て1821年にメキシコ領になり，それが最終的にアメリカ合衆国の領土になったのは1848年である。1607年からほぼ240年間も，開放的気質のラテン系民族

が統治していたため,統治民族と先住民との人種間結婚が少なくなかった（他方ニュー・イングランドなどのイギリス領土では，人種間結婚はほぼ皆無であった）。これらのいきさつが，サンタ・フェ街道の多文化的なイメージを作る要因となっているのだ。

　サンタ・フェ街道は1880年に完成したアッチンソン＝トペカ＝サンタ・フェ鉄道の基盤となった。この鉄道は当時人気のあった大陸横断鉄道で，最初サンタ・フェ街道と同じくインデペンデンスとサンタ・フェとを結び，1890年にはセントルイス＝サンフランシスコ鉄道やコロラド＝ミッドランド鉄道とも連結して，一時は世界一の長さを誇った。「ムーン・リヴァー」を作詞したジョニー・マーサーは，映画用に「アッチンソン＝トペカ＝サンタ・フェ線で」という歌を作り，「このあたりの人間は，アッチンソン＝トペカ＝サンタ・フェ線の汽笛で時刻を知るのさ」と，この鉄道が人びとに歓迎されているさまを描いた。

　一方，サンタ・フェ鉄道の完成は，サンタ・フェ街道繁栄の終焉を意味した。同じく，次に述べるチザム街道も，サンタ・フェ鉄道の開通とともにその役割を終える。

チザム街道（Chisholm Trail）——牛の大移動

　テキサスの牧場からカンザスやミズーリの鉄道駅まで牛を移動させるカウボーイが活躍したのは，南北戦争後の1866年から南西部に鉄道が開通するまでの約20年間であった。チザム街道はサン・アントニオとアビリーンを結んだ（図3-4）。テキサスからオクラホマを縦断しカンザスに至る道で，現在の81号線がほぼこれにあたる。南北戦争が終わったとき，テキサスには数万頭の牛が放置されていた。一方，北部の市場では食料が不足していた。そこで始まったのが牛の大移動である。カウボーイたちはチザム街道を通って千頭近い牛をカンザスのアビリーンまで移動させ，そこで牛を売って利益を得たのだ。牛は鉄道でシカゴに運ばれ，缶詰などに加工された。

　牛追いの火付け役はジョセフ・マッコイである。テキサスの余剰家畜に目をつけた彼は，アビリーン駅に家畜置き場とホテルを建設した。それか

らカウボーイたちに牛追いの話を持ちかけ，現金払いを保証したのである。戦後の荒廃に苦しんでいた南部の男たちは勢いづいた。それから短期間に，アビリーンは大金を手にしたカウボーイでにぎわうブームタウンになった。酒と賭博と売春が町を覆う一方で，床屋や衣料品店など，長旅を終えたカウボーイの身の回りを整える店もあった。1867年から1872年までの5年間で，300万頭以上の牛がチザム街道を移動して行ったといわれている。

　カウボーイは西部劇映画などに登場するとき，粗野で乱暴ながら刺激的で華麗でさえあるが，それは牛追いが行われなくなった後にできた多分に架空のイメージにすぎない。マッコイはその著書『西部，南西部における畜牛取引』で，カウボーイの生活は「毎日が同じことの繰り返しで退屈」だと書いている。食事はいつも同じで，壊血病を防ぐための野菜が少ない。牛は何千頭といるのに，牛乳もバターも食べられない。その理由はただひとつ，カウボーイは「不精でエネルギーがない」人びとだから，という。

　　彼らは毛布を1枚敷き，もう1枚の毛布を掛けて眠る。テントは使わないし，調理器具もほとんど持たない。野外生活用のコンロもない。小さな川のぬるい水や溜まり水を飲むのだが，それはアルカリやほかの毒成分で黄色くなっていることがよくある。

　こうした生活の結果，カウボーイの健康状態は極めて悪く，生活は「半文明的」だとマッコイは述べる。「野蛮なインディアンたち」と肩を並べるほどウィスキーにおぼれているとも書いている。一方，カウボーイ自身は次のような歌を残している。

　　Some folks say that we are free from care,
　　Free from all other harm;
　　But we round up the cattle from morning till night,
　　Way over on the prairie so dry.
　　俺たちが気楽だという人もいるけれど

■　**鉄条線の発明**　■

　砂漠やそれに近い乾燥地帯，あるいは大平原といった広大な土地で，所有の境界をどう示すのか。放牧してある家畜がどこかへさまよい出たまま帰ってこなくなるのをどう防ぐのか。それは西部の大問題だった。家屋を作る材木さえ欠乏し日干し煉瓦を使っているのだから，広範囲に柵を作る材料はもちろんない。それを解決したのが，ジョセフ・グリッデンの発明した鉄条線だった。絡み合わせた針金の途中に等間隔で棘状の短い針金を咬ませてある鉄条線は，1867年から試験的に作られていたが，最終的にグリッデンが特許をとって，74年に量産が始まった。以後，鉄条線はもっとも効果的な農地の囲いとして用いられ，カウボーイによる牛の長距離移動を極めて困難にした。

　家畜をひどく傷つけるので「悪魔のロープ」とも呼ばれた。牛の放牧や自由な移動を求める人びとと，農作物や豚や羊などの保護を求める人びととの間で，鉄条線の使用をめぐって殺し合いの戦いも起きた。最終的には農家側が，鉄条線を勝手に切ると重罪になるという法律の制定を勝ち取り，争いは終結したのである。

　　世の中の害から自由だとも言われるけれど
　　俺たちは　この乾いたはるかな大草原で
　　朝から晩まで牛を追いかけている

　牛追い道は，チザム街道のみではなかった。前述したサンタ・フェ街道も牛追いに使用され，途中のダッジ・シティ（カンザス州南部）は，アビリーンと同様カウボーイや仲買人，賭博師や売春婦であふれる町だった。付け加えると，ダッジ・シティは牛追いの終点になる前はバッファロー狩りの拠点として栄えた。平原のバッファローを撃つ猟師がたむろし，剥がされたばかりのバッファローの皮が山積みにされる，血なまぐさい町であった。

　1880年代には鉄道が南部に敷設され，長距離にわたる牛追いの必要性がなくなってくる。同時に，農民の定住が進み土地が鉄条線で囲まれてしまうと，牛の放牧や自由な移動が困難になった。テキサス熱と呼ばれる病気も流行して牛追いは急速に下火になり，90年代には終息した。単調な生活に耐える下級労働者としてのカウボーイが，人びとの視界から消えていったので

Denise Lewis Patrick, *Ronald Reagan: From Silver Screen to Oval Office*（*Times for Kids Biographies*）表紙

ある。一方このころ，バッファロー・ビルが「ワイルド・ウエスト・ショー」という大掛かりな見世物を始めた。野外で競馬や射撃競技を行い，駅馬車の襲撃と救援のシーンを繰り広げるのである。インディアンとの戦いやカウボーイによる短銃射撃といった番組の中で，現実とは異なるカウボーイのイメージが作り上げられていった。

　カウボーイのロマンティックなイメージは，1930年代にカントリー音楽奏者たちがカウボーイの衣装で歌った頃に始まっている。先駆けは，ラジオを通して流行歌手となり後に西部劇映画で国民的な人気を得たロイ・ロジャーズ（Roy Rogers, 1911-98）である。彼は「カウボーイの王」（'King of the Cowboys'）と呼ばれた。「君といっしょにいれば，空が曇ってもかまわない。歌おうよ。太陽が出てくるから。君の行く道が楽しくありますように。また会える日まで」と甘くソフトに歌い，聴く人の心をとらえた。そうしてカウボーイは国民の憧れに変身していったのである。

　1939年の西部劇映画『駅馬車』を皮切りに，「公爵」（'Duke'）とあだ名された俳優ジョン・ウェインの活躍が始まる。カウボーイこそアメリカにおいて高貴な英雄なのだという意識が国民に定着した。カウボーイの「野生的でタフで素朴で無垢な正義の味方」としてのイメージを，政治の指導者が自分のイメージ作りに利用することもある。かつて西部劇映画の俳優だったロナルド・レーガン第40代大統領（在任，1981-1989）はその代表例で，ジョン・ウェインとの親交も前面に出していた。カウボーイはアメリカの独自性や強さを感じさせ，アメリカ人の愛国心を刺激する。

図 3-5　西部移住をする家族，素足の子どもたち

3. 国民の大移動

オレゴン街道（Oregon Trail）——連なる幌馬車

　1803 年に，合衆国はミシシッピ川からオレゴン領（1848 年までイギリスと共同領有）に至る広大な土地をフランスから購入した。1840 年代になると，この土地を通って太平洋へ至る本格的な西部移動が始まった。カンザスとミズーリの境界にある町インデペンデンスからオレゴンまでの約 2000 マイル（3200 キロ）を西へ，人びとは家族ぐるみで馬車を連ね移動していった。まさに，オサリヴァンが「明白な天命」と呼んだ動きである。1843 年にほぼ 1000 人が移住していったのを皮切りに，25 年間で約 50 万人がオレゴン街道を通って西へ行ったといわれている。成功の夢を胸に移住した者もあれば，健康に良い気候を得ようと移動した者もあった。モルモン教徒は迫害を逃れて集団移住した。49 年にカリフォルニアで起こったゴールド・ラッシュに乗じた者も多数あった。

　オレゴン街道が通る内陸部には乾燥地帯やロッキー山脈が延々と広がり，大自然の脅威を見せつける。移動には力の強い雄牛やラバが荷物を運ぶ動

> ■ キャサリン・セイガー・プリングルの手記
> 『1844年,大平原を渡り』から ■
> 　8月1日,一隊はプラット川北側の美しい木立で昼休みをした。このころには,子どもの私たちは動いている荷馬車を乗り降りするのにすっかり慣れていて,その午後も私はその早業をしようとしたのだった。が,スカートのすそが車軸の柄に挟まり,私は車輪の下敷きになった。父が隊列を止めたときには,すでに足を轢かれた後だった。父は私を抱き起こし,傷のひどさを目の当たりにした。轢かれた足が宙にぶる下がっていたのだ。(中略)ララミーを過ぎると砂漠に入った。病気が蔓延した。父もほかの男たちも病気になり,しかたなく,私の足を治療してくれたドイツ人の医者に運転を頼んだ。彼は牛の扱いに慣れておらず,しばしば病気の父たちが手伝わなければならなかった。ある日,四頭のバッファローが荷馬車隊の間に走りこみ,もう一頭が後ろから追ってくるという事件があった。父が銃を取ってバッファローを散らしたが,すっかり消耗して死期を早めてしまった。「かわいそうに！ お前たちはいったいどうなるんだろう」と言って,父は泣いた。もう望みのないことを知り苦悩でいっぱいだったのだ。妻は病気,子どもたちは幼く,そのうち一人は二度とまともに歩けないかもしれない。親戚もいないし,更に長い旅が待ち構えているというのに。

力として使われたが,徒歩で旅をした人も少なくなかった。10人に1人が死んだといわれ,4ヵ月から6ヵ月かかる過酷な旅であった。

　国土が広くなると,それぞれの土地を特徴付けた笑い話が語られるようになった。開拓の遅かった地域の人びとが田舎者とみなされて笑いの対象になった。次のジョークはたわいもない言葉遊びだが,各地域の気候の違いと,合衆国の一部として認められたいという後進地域の心のうちをよくとらえていて面白い。

> 　カリフォルニアの暑さは「乾いた」暑さだと,オレゴンの人は教えられた。モンタナの寒さは「乾いた」寒さだとも教えられた。それでそのオレゴンの人は,いばってみんなに言ってやりたくなったそうだ,「オレゴンに降る雨は,ほんとに,乾いた雨なんだぞ」とね。

生活に余裕がない西部では深遠な文学が生まれにくかったが，笑い話やほら話など，口づてに楽しむ言語文化は豊かだった。普段きわめて単調で孤独に暮らしていた開拓地の人びとは，旅人の持ち込むうわさ話や大げさなほら話を心から楽しんだ。その文化的土壌に，マーク・トウェインが大成したようなアメリカ特有のユーモアが育ったのだった。

モルモン街道（Mormon Trail）——約束の地はどこに

　モルモン教はアメリカで発生したキリスト教の新派であるが，「モルモン書」という独立した経典を持つなど他のプロテスタント諸派と大きく異なる点があり，迫害を受け続けた。1830年，ニューヨーク州でジョセフ・スミスが教会を設立，その後信徒の生活共同体はオハイオ州，ミズーリ州，イリノイ州と移住を続けた。1844年に教祖のスミスが殺害され，後継者となったブリガム・ヤングは，激しさを増す迫害に合衆国からの脱出を決心して，当時メキシコ領であったグレイト・ソルト・レイク地帯（現在のユタ州）に集団移住を決行する。1847年であった。同年の9月までに566台の幌馬車と1500人の信徒が移住，50年までには1万1千人が新しい約束の地を目指して移動していったといわれる。

　彼らの通った道は，ほぼオレゴン街道に重なっている。ミシシッピ川沿いの町イリノイ州ノーヴーを出てミズーリ川を渡り，プラット川沿いに進んでからロッキー山脈を越えつつ，北のオレゴンへは向かわずにソルト・レイクへ向かったのだった。この地方は砂漠気候で生活はたいへん厳しかったが，信者らは土地を灌漑し農業中心の定住地を作り上げた。しかし，一夫多妻を唱えるモルモン教に合衆国からの風当たりは依然として強く，1857年にはブキャナン大統領の命令で2,500人の軍隊が「モルモン問題」の解決に派遣され，緊張が高まった。暴力的な合衆国のやり方に反抗して，次のような歌が作られた。曲はフォスターの「キャンプタウン競馬」を使っている。

Old Sam has sent, I understand,
Du dah! Du dah!
A Missouri ass to rule our land,
Du dah! Du dah day!
But if he comes, we'll have some fun,
Du dah! Du dah!
To see him and his juries run,
Du dah! Du dah day!

アンクル・サム*は送ったそうだよ,
ドゥダ,ドゥダ。
ミズーリの馬鹿**が俺たちの土地を支配するようにと,
ドゥダ,ドゥダ,デイ！
そいつが到着したら,かわいがってやろうじゃないか,
ドゥダ,ドゥダ。
そいつと手下が逃げ出すのを見物しようじゃないか,
ドゥダ,ドゥダ,デイ！
（*合衆国を擬人化したキャラクター　**連邦司令官のアルフレッド・カミングをさす）

一方次のような歌も残っており，モルモン教徒が合衆国との和解と合衆国への従属を同時に受け入れたことを示している。

We've been long enough in leading-strings and can't with patience wait,
But we'll make our bow to Uncle Sam and ask to be a State;

私たちはずっと指導監督を受けてきたのです。
もう我慢できません，待てません。
アンクル・サムに頭を下げて,
州のひとつに加えてもらいましょう。

ヨーロッパで迫害を受けた清教徒が大西洋を渡ってアメリカ大陸へ移住し，合衆国の歴史が始まった。そこで迫害された新派のモルモン教徒が，陸路をさらに西へと移住し続けた。西の荒野は，新たな聖地あるいは神に約束された土地という象徴的意味ももっていたのである。ソルト・レイク・シティは現在ユタ州の州都である。

カリフォルニア街道（California Trail）——黄金を求めて

オレゴン街道を利用して西へ向かった別種の集団は，ゴールドラッシュに加わった人びとであった。1848年1月，サンフランシスコの近くにあるサクラメント郊外で，川の中に砂金が見つかった。あっという間にニュースは広がり，第11代大統領ジェイムズ・ポーク（在任，1845-1849）の耳に届いた。このときポーク大統領は，メキシコとの戦争後カリフォルニアおよびニュー・メキシコを合衆国に割譲させたことをめぐり，戦争を拡大した責任と土地の割譲に費やした1500万ドルについて，世論の批判を浴びていた。それで早速このニュースにとびついた。黄金が産出されるとなれば，カリフォルニアを手に入れたのは賢明な判断だったということになるからだ。同年12月に彼がニュースを公表するやいなや，人びとが黄金目当てにカリフォルニアに殺到する。49年には8万人が動いたという。彼ら「49年」者（フォーティナイナーズ）の多くはインデペンデンスで旅の支度を整え，斡旋人が世話する幌馬車隊に加わってオレゴン街道を西へ向かった。ソルト・レイク・シティ北のホール砦でオレゴン街道から分岐し，サンフランシスコに向かう道をカリフォルニア街道と呼んでいる。

ゴールドラッシュ組にとっても大陸横断は容易ではなかった。不潔な水を飲用するため下痢やコレラが蔓延し，その他の感染症，壊血病，栄養失調などに苦しめられたのは，すべての西部開拓者やカウボーイと同じである。バーナード・リードの記録によれば，インデペンデンスには多くの斡旋業者がいて，甘い話で人びとをカリフォルニアへ誘っていた。リードも金を払って幌馬車隊に加わったが，同様に旅を始めた120余名のうちサクラ

メントにたどり着いたのはたったの8人だったという。

インデペンデンスではゴールドラッシュにつけこんだ商売も盛んになった。たとえば，旅行準備品のひとつに砂金を塊にして売るための鋳型があった。この鋳型を使って金塊を一個作るのに必要とする地金は1000ドル分であるが，一日の稼ぎはせいぜい5ドルくらいなのだから無用の長物である。しかも鋳型は2キロの重さで，命がけの旅に携行するような必需品ではまったくなかった。そうした物が売れたのも，人びとがオレゴン街道の旅の現実を知らず，ゴールドラッシュが現実離れした国民的騒動だったせいだろう。

49年にカリフォルニアへ殺到したのは男たちであった。サクラメントやサンフランシスコは突如として繁華な街に変身した。51年になると男相手の商売をする女たちが増えた。中国人も黄金を掘りに渡米し，中には，鉱夫相手の洗濯屋などを開業して成功する者も少なくなかった。博打も盛んであった。鉱夫たちは砂金を集めて手に入れた金を，値が高騰した物資の購入，賭博，酒，買春などに使ってしまうことが多かった。しかし例外もあった。土佐沖で漂流しアメリカの捕鯨船に助けられアメリカで生活していたジョン万次郎こと中浜万次郎は，日本への帰国費用を稼ごうとゴールドラッシュに加わり，600ドルを手に入れて苦労の末に帰国を果たしている（当時日本は鎖国中だ。万次郎はゴールドラッシュに加わった唯一の日本人である）。

新たな農地や可能性を求めて進んだ西部開拓が，ゴールドラッシュの勢いに乗って一気に最西端のカリフォルニアまで進んだというのは，西部開拓が実は人びとの物質的欲望を推進力にしていたのだということを象徴的に表している。一方で，西に新たな良きものを求め，物質的な豊かさのみでない人間社会の繁栄を信じるロマンティックな精神も確かに存在していた。詩人ホイットマンは，開拓地の広がった西部に鉄道が走り，人が自由に移動し物資が豊かに流通するアメリカの姿に夢をはせた。彼はそれを「世界一壮大な景色」と呼んだ。

物質的欲望と野心，遠く新たなものにあこがれるロマンティックな精神，そして異質な文化と障害を悪と見なして共存を拒否する植民地時代の強い征服傾向などが混在して，西部開拓は進んだのだった。歴史的な街道の

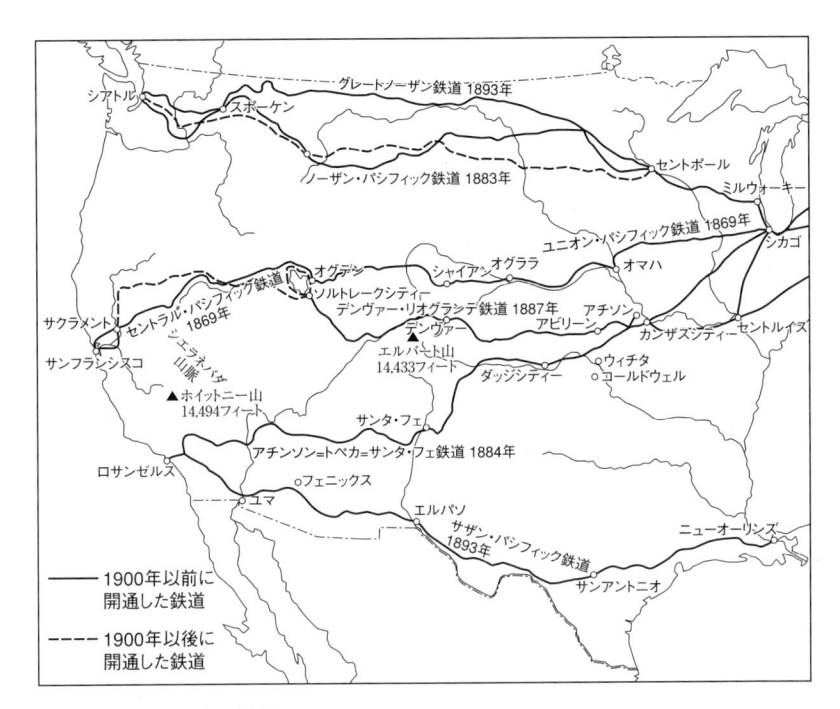

図3-6 東西を結ぶ鉄道

数々は，変動の時代の激しさをわたしたちに知らせてくれるのである。

4. 走る鉄路

　1862年，第16代大統領エイブラハム・リンカン（在任，1861-1865）のもとで大陸横断鉄道の敷設が決定する。ほぼ同じ時期に，開拓地を5年間耕作すれば一人当たり160エーカーを無償で払い下げるという自営農地法ができて，人びとの西部への夢は膨らんでいた。鉄道建設は東と西から同時に進められ，69年ソルト・レイク近くのプロモントリーで鉄路がつながった。ユニオン・パシフィック（東側）とセントラル・パシフィック（西側）からなるこの大陸横断鉄道は，オレゴン＝モルモン＝カリフォルニア街道とほぼ同じ方向に，ユタを通ってサクラメントまで建設されている。このほ

図3-7　大陸横断鉄道完成の瞬間（ユタ州，プロモントリーにて，1869年）

かにも，上述したアチソン＝トペカ＝サンタ・フェ鉄道や南を走るテキサス・アンド・パシフィック鉄道，北を走るノーザン・パシフィック鉄道など，いくつもの大陸横断鉄道が敷設された（図3-7）。これらの鉄道が完成したことによって，幌馬車や徒歩で行く街道は西部開拓のための役割を終えたのである。

　自ら移動することには野心を持たず，西へ向かう交通路建設に野心を持った人びとがいる。なかでもコーネリアス・ヴァンダービルトは，随一の成功者であった。働くために11歳で学校をやめた彼は，16歳のときニューヨークで渡し舟の運行を始める。その後蒸気船の所有者になり路線を開発。道路建設，海運，貿易と事業を拡大し続け，ゴールドラッシュ時には海と陸を組み合わせた交通路を開発し多額の富を得る。57年から鉄道建設にも積極的にかかわり，「鉄道王」と呼ばれた。水増し株の操作や不公正な経営によって世論の批判を浴び，ロバー・バロン（悪徳資本家，新興成金貴族）のひとりとされた。

　ヴァンダービルトは悪名も高いが，一方でダニエル・ブーンやデイヴィ・

クロケットなどとはタイプが異なる国民的英雄でもある。庶民の子に生まれ教育も十分に受けないまま，自分の才覚によって大金持ちになった。彼が一代で成した膨大な財産とアメリカの交通網発展に果たした役割は，到底無視できるものではない。

　上品に飾り立てたものを嫌い，声が大きく発言は率直かつ明快であると同時に，粗野な印象を与えることもあったという。しかし発言と行動は一致していたといわれている。それらはどれも，アメリカ人がアメリカらしさとして歓迎する特質である。彼は，能力次第でとてつもない成功が可能だという「アメリカの夢」を実現した代表的人物なのだ。西漸運動の原動力であった富への期待や成功への野心が，自らは西部移住をせずに人びとの移動手段整備をつかさどったビジネスマンのもとに巨大な実を結んだというのは，真に皮肉な成り行きではないだろうか。

5. 繁栄の時代へ

　ヴァンダービルトの出資で創設されたヴァンダービルト大学は，ブーンのいた「荒野の道」から遠くないナッシュヴィルにある。このことは，アメリカにおける辺境開拓者とビジネス開拓者がともに，西部への入口に夢かけたことを物語っている。

　憑かれたようにアメリカ人は西を目指した。土地を求め，自由を求め，富を求めて移動した。国土を広げ統治を強め，先住民を排し，バッファローを絶滅寸前まで乱獲し，新たな領土の資源を取り尽くす勢いで人びとは移動した。踏み分け道は街道となり，やがて鉄道が敷かれ，さらに多くの人と物資が移動した。そしてアメリカ合衆国は繁栄の時代を迎える。

　多大な犠牲が払われた一方で，「アメリカ人」という新たな国民性を自ら誇りを持って認識すべく，国を代表する英雄や伝説や歴史的事件が語られ，歌われるようになっていった。これらの文化は，西部開拓時代のアメリカが活気に満ちて輝いていたということと，粗雑に残酷でもあったということを，われわれに伝えている。

参考文献

越智道雄『カリフォルニアの黄金――ゴールドラッシュ物語』朝日新聞社，1990年。
亀井俊介『サーカスが来た！――アメリカ大衆文化覚書』平凡社，2013年（初版は東京大学出版会，1976年）。
川島浩平他編『地図で読むアメリカ――歴史と現在』雄山閣出版，1990年。
鶴谷壽『アメリカ西部開拓博物誌』増補版，PMC出版，1990年（初版はPMC出版，1987年）。
ディー・ブラウン著，鈴木主税訳『聞け，あの淋しい汽笛の音を――大陸横断鉄道物語』草思社，1980年。
中屋健一『アメリカ西部史』中央公論社，1986年。
ウェルズ恵子『フォークソングのアメリカ――ゆで玉子を産むニワトリ』南雲堂，2004年。

Billington, Ray Allen. *Westward Expansion: A History of the American Frontier*. 1960. Albuquerque: U of New Mexico P, 2001.
Botkin, B. A. ed. *A Treasury of Western Folklore*. 1951. Random House, 1990.
Cohen, Norm. *Long Steel Rail: The Railroad in American Folksong*. Urbana: U of Illinois P, 1981.
Dick, Everett. *The Sod-House Frontier, 1854-1890*. New York: D. Appleton-Century, 1937.
Dollarhide, William. *Map Guide to American Migration Routes*, 1735-1815. Bountiful, UT: Heritage Quest, 2000.
Draper, Lyman C., LL.D. Ed. by Ted Franklin Belue. *The Life of Daniel Boone*. Machanicsburg, PA: Stackpole Books, 1998.
Filson, John. *Adventures of Col. Daniel Boone*. (Full Text Online Library) http://filson.thefreelibrary.com/Adventures-Of-Col-Daniel-Boone (2015/08/08)
Fisher, Vardis and Opal Laurel Holmes. *Gold Rushes and Mining Camps of the Early American West*. Caldwell, ID: Caxton, 1968.
Gordon, Mary McDougall, ed. *Overland to California with the Pioneer Line: The Gold Rush Diary of Bernard J. Reid*. Urbana: U of Illinois P, 1987.
Holbrook, Stewart H. *The Story of American Railroads: From the Iron Horse to the Diesel Locomotive*. New York: Crown Publishers, 1947; Dover, 2016.
Lingenfilter, Richard E., Richard A. Dwyer, and David Cohen, eds. *Songs of the American West*. Berkeley: U of California P, 1968.
Lomax, John A. and Alan Lomax, cols. *Cowboy Songs and Other Frontier Ballads*. 1910. New York: Macmillan, 1955; HardPress Publishing, 2014.
Malone, Bill C. *Singing Cowboys and Musical Mountaineers: Southern Culture and the Roots of Country Music*. Athens: U of Georgia P, 1993.
McCoy, Joseph G. *Historic Sketches of the Cattle Trade of the West and Southwest*. Kansas City: Ramesey, Millett and Hudson, 1874.
Ridings, Sam P. *The Chisholm Trail: A History of the World's Greatest Cattle Trail*. Guthrie, OK: Co-Operative, 1936.
Thorp, N. Howard "Jack." *Songs of Cowboys*. 1908. Chester, CT: Applewood Books; Globe Pequot P, 1989.
Watson, Jeanne Hamilton, ed. *To the Land of Gold and Wickedness: The 1848-59 Diary of Lorena L. Hays*. St. Louis: Patrice, 1988.

（ウェルズ恵子）

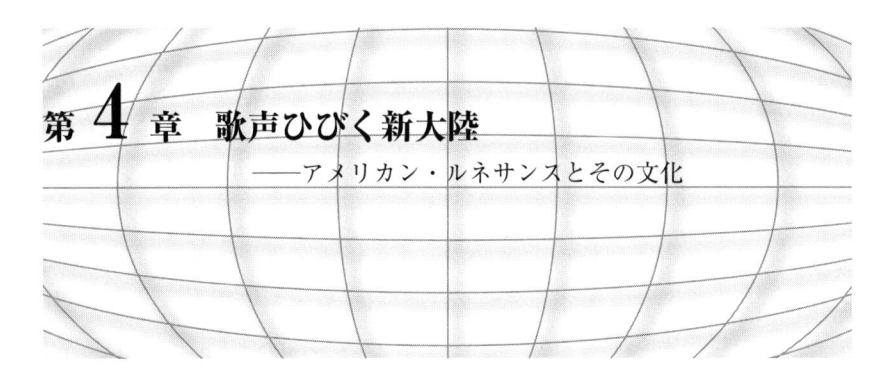

第4章 歌声ひびく新大陸
　　──アメリカン・ルネサンスとその文化

　1845年，ブルックリンでジャーナリストをしていたウォルト・ホイットマンは，ヴァーモント出身のコーラス・グループ，チーニー・ファミリーの公演を聴く。『草の葉』出版のちょうど10年前のことである。「月曜日の夜，はじめてわたしたちはすばらしいアメリカ音楽，うれしい驚きでわたしたちを圧倒するアメリカ音楽を聴いた」。ホイットマンは，彼らの「シンプルで新鮮，そして美しい」歌声のなかに「アメリカ音楽の新しい真なるもの」を見いだしたのである。
　他方，「お高くとまった外国人歌手たち」の歌など，ホイットマンにとって，「王侯たちの耳」を楽しませるための「反共和国的」な歌にすぎなかった。「声を震わせながら，盛りあげては，か細く消えゆく」彼らのうたい方は，あまりに「きざで感傷的でお上品」だった。じっさい，「スウェーデンのヨナキドリ」と呼ばれたジェニー・リンドが，稀代の興行師Ｐ・Ｔ・バーナムの招きで大西洋岸の諸都市を回って人気を集めたときも，ホイットマンの心は動かされなかった。彼女の歌があまりに技巧的に思われたからである。それは「アートの歌声」であって「ハートの歌声」ではなかった。
　けれどもホイットマンはアメリカ音楽一辺倒にはならなかった。やがてオペラに傾倒していったのである。当時，ヨーロッパのオペラ歌手たちがしばしばニューヨークを訪れ大衆的人気を得ていた。ホイットマンも，彼らの「透きとおって，引きしまり，すばらしく昂揚的な」歌に「ほかならぬ魂が震えてしまった」のである。それは「アート」と「ハート」を融合

させた歌だった。

　しかしヨーロッパかぶれにならなかったところもまことにホイットマンらしい。ホイットマンは「アメリカン・オペラ」なるものを思いえがく。「オーケストラに三挺か，それ以上のバンジョーを加え，ときにバンジョーだけでバリトンやテナーの伴奏をさせよう。」旧大陸と新大陸の音楽を溶かしあわせ，新しい音楽を作りだそうというのである。「ケンタッキーの丸太小屋作曲家」と自称したアンソニー・フィリップ・ハインリッヒや，のちのチャールズ・アイヴズ，ジョージ・ガーシュインらへと結びつく発想だ。

　ホイットマンはその詩作にも音楽を用いていた。たとえば「嵐の堂々とした音楽」(1869) では，古今東西のさまざまな歌声や音楽を鳴りひびかせながら，「ひびけ，注ぎこめ，ぼくはすべて残らず受けいれよう」とうたっていた。アメリカにあふれるその多様な音楽を一身に体現しようというのだ。このようにホイットマンは歌や音楽に強く惹かれていた。自身のことを，詩人（ポエット）よりむしろシンガーや吟唱詩人（バード）と呼んだのもそのためである。

　さて，19世紀前半のアメリカ文化にはこれまで多くの呼び名が与えられてきた。たとえばそれは「開花期」と称された。あるいは「黄金の」という形容詞が付せられた。けれども本章では「歌声ひびく」時代と特徴づけることにしたい。ホイットマンも証言するように，この時代は多様な歌をさかんにうたった時代だったと思われるからである。

　そこで本章では，19世紀前半の文化を，できるだけ歌や音楽とむすびつけて紹介しよう。もちろんすべての文化現象を歌と関連させて言及することはできまい。けれども「国民のもっとも微妙な精神さえ，音楽で表現される。同時に音楽は国民の魂そのものに影響を与える」とホイットマンがいうように，歌や音楽は文化と分かちがたく結びついてきた。それはとくに19世紀前半のアメリカでいちじるしかったのではないだろうか。

　なお本章の副題にある「ルネサンス」とは，「再生」を意味するフランス語に由来する。たしかにアメリカには，15世紀の西欧にあったような，「再生」すべき古典文化はなかった。けれどもアメリカの19世紀前半は，ヨーロッパのルネサンス時代と同じく，文化がのびのびと成長し，深い根をは

り，ゆたかな実をつけた時代だった。アメリカン・ルネサンスと呼んでも，けっして羊頭狗肉にはなるまい。

1．「バンジョーを膝にのせ」

アメリカ大衆音楽の誕生

　まずは19世紀の歌と音楽について簡単に紹介しよう。宮廷や貴族社会がないアメリカには，ヨーロッパのような本格的な音楽は発達しなかった。しかし，けっして音楽が不毛であったわけではない。そもそもピューリタンたちが信仰のために歌や音楽を重視していた（シェイクスピアの『冬物語』のなかに，ふつう踊りに使う「ホーンパイプに合わせて，ピューリタンは讃美歌をうたう」とある）。18世紀には，音楽に堪能な移民がヨーロッパ各地から集まってきた。いや，奴隷の身に拘束されながら，アフリカやカリブから躍動的なリズムと旋律を伝えた黒人がいた。アメリカで音楽が発達する素地は十分にあった。

　ただしアメリカ固有の音楽はなかなか生まれなかった。たとえば1812年戦争のさなか，フランシス・スコット・キーが詩を書き，のちに国歌（1931）になった「星条旗」（1814）でさえ，敵国イギリスの旋律「天のアナクレオンに」が使われていた。これはすでにアメリカで26編以上の愛国詩が付せられていた旋律だった。

　アメリカ固有の音楽が生まれたのは，労働や信仰という民衆の生活からだった。ここでは労働の歌のなかから，船頭や水夫たちがうたうシャンティを紹介しておこう。たとえば「シェナンドア」というシャンティがある。この歌ではシェナンドアが川の名前であると同時にインディアンの酋長の名前になっていて，川をなつかしむ想いと，酋長の娘への恋心がうたわれていた。海や川の荒くれ者たちや，その苛酷な労働から想起される曲調とはちがって，ゆったりと力づよく流れるきわめて美しい歌だ。このようなシャンティが，かけ声をかねてうたわれた。そういえばホイットマンの詩「アメリカの歌声が聞こえる」（1860）でも，聞こえてくる「さまざまな讃歌」

は,「大工」や「石工」や「船頭」のうたう,自信に満ちたたくましい労働の歌だった。こうした労働の歌がアメリカのフォークソングの大きな源泉になってゆく。

　音楽は娯楽にも使われた。たとえばダンスはピューリタニズムによって罪悪視されていたが,やはり社交のためには必要だった。そこで名目上ダンスではないプレイ・パーティという集いが考案された。そこでは,若い男女が「あの子にスキップ」のような子どもの遊び歌をうたいながらステップを踏んだ。相手の手を取ることは許されていた。しかし腰に手を回してはいけなかった。楽器も厳禁である（ヴァイオリンは悪魔の楽器だった）。もちろんアルコールもご法度。そのような条件のなか男女は節度をたもちながら楽しんだ。

　一方,宗教の制約が弱かった辺境の人びとは,公然とスクウェア・ダンスを踊った。そこではヴァイオリンやバンジョーが当然のごとく使われた。とくにヴァイオリンは辺境生活に不可欠の道具になった。音頭とりがアドリブを織りまぜながらうたう「オールド・ジョー・クラーク」などは,カントリー・ミュージックの起源のひとつになった。

　シンギング・ファミリーと呼ばれる,家族からなるコーラス・バンドが活躍したのもこの時代である。上述したチーニー・ファミリーもそのひとつだが,もっとも有名なものは,1842 年に本格的活動をはじめたハッチンソン・ファミリーだ。彼らはバラッドから社会改革運動の歌までさまざまな歌をうたい,メンバーを変えながら約 40 年も活躍した。シンギング・ファミリーの最盛期には約 50 ものバンドが全米を公演旅行していた。

　家族でうたって楽しむ家庭歌謡では「ホーム・スイート・ホーム」(1823) が最大のヒット曲だった。英国人ヘンリー・R・ビショップの曲にアメリカの劇作家ジョン・ハワード・ペインが詩をつけた歌である。同様の言いまわしは古くからあったが,「いかに粗末であろうと,わが家にまさる所なし」という名文句は諺のようになった。日本でも唱歌「埴生の宿」として知られる。少し時代は下るが,「大きな古時計」としてすっかり日本に定着したヘンリー・クレイ・ワークの「おじいさんの時計」(1876) も,この時

代の家庭歌謡を代表する歌だ。これらのように郷愁をさそう感傷的な歌が家庭で楽しまれた。

ミンストレル・ショー

　19世紀前半のアメリカ音楽に最大の影響を与えたものはミンストレル・ショーであった。ミンストレルとは本来，中世ヨーロッパの吟遊詩人をさす。けれどもアメリカでは，白人が黒い焼きコルクを顔に塗って黒人をよそおい，歌や踊りを披露するショーを意味した。白人が黒人を演じることはシェイクスピア劇の『オセロ』などでもおこなわれていたが，1830年ごろ，ケンタッキーの劇場でトマス・ライスがジム・クロウという黒人キャラクターに扮してエチオピアン・オペラ（オペラ・ハウス）というショーを始めたことが，ミンストレル・ショーの直接の発端になった。なお，このミンストレルや，オペラ・ハウス，エチオピアン・オペラなどの呼称は文化新興国アメリカらしい素朴な誇張である。

　ライスがどのように踊ったのか，よく分からない。しかし「まずはかかとでトン，お次はつま先でトン，くるっと回って，ジム・クロウ跳び」という歌が残されている。このショーは翌年にはセンセーションを巻きおこ

図4-1　ペリーの黒船で演じられたミンストレル・ショー

し，またたく間に多くの模倣者たちを生んだ。その後，ダン・エメットやエドウィン・P・クリスティらがショーの構成を完成させ，1860年代の全盛期には大小100もの楽団が各地を巡業していたという。浦賀に来航したペリーの黒船でもミンストレル・ショーが幕府の役人たちに披露（1854）されている（図4-1）。

クリスティに曲を提供して，その人気を支えたのがスティーヴン・フォスターである。フォスターはミンストレル(エチオピアン・メロディ)の歌だけでなく，家庭歌謡でも成功し，この時代最大のソングライターになった。たしかにフォスターは黒人音楽を正確に再現したのではなかった。たとえば黒人音楽に多用されるシンコペーション（弱拍であるべきところに強拍をおくリズム）が得意ではなかった。また黒人奴隷の実生活もフォスターはよく知らなかった。しかし彼の作曲は，文化の多様なピッツバーグでふれた多様な白人音楽を利用したものだった。「故郷の人びと（スワニー河）」（1851）などでは黒人を情感豊かなアメリカ人の一部として描いていた。

ミンストレル・ショーを批判することも簡単だ。それは黒人を類型的に戯画化して，笑いの対象にした。じっさいジム・クロウという言葉は，黒人をさす蔑称になり，さらに黒人差別制度を意味するようになった。しかしミンストレルは，貧しい白人と黒人との交流を通して，黒人「風」の歌と踊りを白人音楽と融合させたからこそ，新しい魅力あふれる音楽を創造することができた。同時に，この黒人「風」の音楽を黒人たちが逆受容して，新しい音楽の創造につなげていった。記者時代のホイットマンは「真なるアメリカの歌声」（1846）と題する記事を書いて，ミンストレルを，目立たぬ日用品をたくみに描く「天才的画家」にたとえている。

この融合の象徴のひとつがバンジョーだ。バンジョーは黒人によって西アフリカから伝えられた。1830年代，黒人からバンジョーを学んだ白人ジョール・ウォーカー・スウィーニーが，各地の劇場やサーカスで演奏して広まったといわれる。しかし急速に普及したのはミンストレルで使われるようになってからだった。フォスター最大のヒット曲「おおスザンナ」（1848）でも，アラバマを飛びだした語り手が「バンジョーを膝にのせ」ニューオリ

ンズまで恋人を捜しにいく。ミンストレル曲らしい黒人英語で語られたコミカルな歌だが，彼にとってバンジョーは単なる楽器ではなく，夢や希望を具現化したものだった。それは笑いの背後に隠された男の哀切な期待を象徴したものだった。だからこそフォーティナイナーズたちも，金鉱を探し求めるとき，この歌やその替え歌を愛唱したのだろう。

　音楽の流行は19世紀前半のアメリカを特徴づける大きな現象だった。それは宗教でも社会運動でも重要な役割を果たした。

2. 燃えあがる宗教熱

信仰復興運動

　17世紀のピューリタンたちの入植以来，アメリカは強固な宗教社会だった。世俗化の進んだ18世紀にも，大覚醒と呼ばれる信仰復興運動がおきて，宗教をふたたび生活に浸透させた。19世紀前半も同じだった。何度か信仰復興の炎が燃えあがり，人びとの心をとらえた。とくに1820年代から30年代の運動は，18世紀中盤の大覚醒に並ぶものとして，第二次信仰復興運動と呼ばれている。

　この運動の中心人物が，チャールズ・グランディスン・フィニーだった。1821年，とつぜん回心して説教を始めたフィニーは，各地で伝道集会を開き，選民だけではなく，改悛して神の福音に耳を傾けるものはだれでも救われると説いた。聴衆たちは歓喜の声をあげ，泣き叫び，卒倒したという。この信仰復興運動がとくに盛りあがったニューヨーク州西部は，宗教熱で「焼きつくされた地域」と呼ばれた。

　フィニーの運動はジャクソニアン・デモクラシーの時代にふさわしい運動だった。それは人間の平等を説き，個人の意志と努力を重んじた。宗派を越えた団結をうながし，キリスト教社会の民主化をはかった。さらには奴隷制問題や女性差別問題への関心を高めた。

　ところでフィニーは，大衆にうったえかけるため音楽を取りいれていた。チェロと歌が得意で，聖歌隊をひきい，音域の広い声を鳴りひびかせて説

教した。ちょうど17世紀や18世紀の聖職者が，平明体の説教を利用したように，フィニーは音楽を利用したのである。それは南北戦争後に歌をうたいながら各地で伝道集会を開いたドワイト・ライマン・ムーディやアイラ・D・サンキーなどの先駆になった。

一方，西部では，多くの宗派が信徒を獲得するため巡回伝道をおこなっていた。とくにメソジスト派はすでに18世紀から，巡回説教者という，馬に乗って巡回する伝道師を組織していた。19世紀の前半には，この巡回説教者たちが辺境の各地で野外伝道集会を開くようになった。なかでもピーター・カートライトはケンタッキーやイリノイで約1万4,000回の集会を開き，「地獄の火を想起させる」説教で評判を得た。ジャクソン将軍に悔悛をせまり，マイク・フィンクと格闘したという伝説もある。まさしく辺境にうってつけの牧師だった。なお西部の人びとにとって，野外伝道集会は福音を聞く集会であっただけでなく，最新の時事情報を知る機会でもあり，同時に日常の憂さをはらす貴重な気晴らしでもあった。

野外伝道集会は人種の混在に寛大だった。それゆえ野外伝道集会でうたわれた宗教歌は，しばしば白人と黒人の間で共有された。たとえば作者不詳の「人里はなれた渓谷」や「昔ながらの宗教」は，白人の賛美歌集にも黒人の霊歌集にもとられた。野外伝道集会によって，音楽の融合が進んだのである。

宗教歌の大衆化

19世紀前半には多くの聖歌が作られた。この時代に作られた歌のうち，半数近くが宗教の歌といわれている。たとえば音楽教育にも尽力したローウェル・メイソンの讃美歌集『ボストン・ヘンデル・ハイドン協会の教会音楽集』は，1822年に出版されて版を重ねた。現在でも讃美歌320番として知られる「主よ，みもとに」はとくに有名だ。

聖歌は教会の外でもうたわれた。とくに南部ではシェイプ・ノートという独特の記譜法で書かれた聖歌集が人気を集めた。この記譜法では，ド・レ・ミ・ファ・ソ・ラ・シ・ドの音をそれぞれファ・ソ・ラ・ファ・

図4-2 『南部のハーモニー』(1854)より「アメイジング・グレイス」冒頭部分

ソ・ラ・ミ・ファと読み，ファの音符を△，ソを○，ラを□，ミを◇で表記した。この楽譜を使って歌うことはファソラ唱法と呼ばれた。

このようなシェイプ・ノート聖歌集のなかからは，シンギン・ビリーの愛称で親しまれたウィリアム・ウォーカーの『南部のハーモニー』(1835)がベストセラーになった。現在でも人気の高い「アメイジング・グレイス」はこの本ではじめて現行のメロディが与えられた（図4-2）。同じくB・F・ホワイトの『聖なる竪琴(セイクリッド・ハープ)』(1844)は改訂を重ね，現在でも愛好者に利用されている。ファソラ唱法は，この書名からセイクリッド・ハープ唱法とも呼ばれる。

このようにファソラ唱法は，記譜法の工夫によって，聖歌を礼拝堂から解放し，音楽や音楽教育の民主化に貢献した。しかもそれは聞かせること(パフォーマンス)より，うたうこと(パーティシペイション)に重きを置いていた。ファソラ唱法はまことに19世紀前半にふさわしい音楽運動だった。

3. 理想の社会を求めて

禁酒運動

　前世紀の啓蒙主義と新しいロマン主義の波を受けていた19世紀前半のアメリカ人は，個人の可能性を強く信じていた。しかも，回心したものは神の愛を社会に還元すべしと説く信仰復興運動の洗礼を受け，個人の可能性を社会のために役立てなければならないと考えていた。この考え方が19世紀の人道的社会改革運動を引きおこした。

　そのひとつが禁酒運動である。当時のアメリカはいわば「アル中共和国」だった。西インド産の糖蜜を使ったラム酒醸造がニュー・イングランドの重要な産業になっていて，安価なアルコールが満ちあふれた状態だった。そこで禁酒運動家たちが立ちあがった。彼らは飲酒は貧困や病気など悪の根源であって罪であるとうったえた。

　各地の教会を中心に禁酒運動協会が作られた。1830年代には，全米で5,000以上の禁酒協会が設立され，50万人の会員を擁していたという。彼らは演説会を開き，「禁酒ホテル」という酒類を提供しないホテルを作った。飲酒癖のある人びとには「禁酒の誓い」を宣言させた。「禁酒軍」という子どもの組織を設立しては，子どもを啓蒙すると同時に予防活動にあたらせた。

　1840年には「改心した酔っぱらいたち」がワシントン禁酒協会を設立して運動を始めた。彼らはバンドをひきい，横断幕をかかげて行進した。あるいは自分の悲惨な体験を物語った。なかでもジョン・ホーキンズは2年間で2,500回もの講演をおこなったという。

　禁酒をとく小説も人気があった。30年代に出版された小説の12パーセントが禁酒運動をあつかっていたといわれている。とくにルシアス・マンリアス・サージェントの『母の金の指輪』(1833)は6年間で113版を重ねた。指輪が禁酒の誓いを見守るという，そのモチーフは，多くの禁酒小説に引きつがれていった。

禁酒運動家たちは演劇も利用した。たとえばティモシー・シェイ・アーサーのベストセラー禁酒小説『ある酒場の十夜』(1854) は 1857 年に劇化され，劇中に使われたワークの歌「お父さん，お家に帰りましょう」をヒットさせた。同様にウィリアム・ヘンリー・スミスの芝居『酔っぱらい』(1844) は説教や祈りをおりまぜて成功し，アメリカ初の 100 回連続公演を記録した。とくにアルコール中毒の主人公が幻覚を見て，うわごとを口走る場面や，最後に幸福をとりもどした一家が「ホーム・スイート・ホーム」を合唱する場面が有名だった。なおこの演劇は，芝居ではなく「道徳講演」と宣伝された。芝居に対する宗教的・道徳的警戒感が強かったからである。

ユートピア運動

19 世紀は，ユートピアをめざしたコミュニティが各地で建設された時代でもある。30 年代から 60 年代を全盛期として，100 以上のコミュニティに 10 万人以上が参加した。

アメリカの理想郷的生活集団は三つのグループに分けられる。まず，イギリス人社会主義者ロバート・オーウェンがインディアナ州に建設したニュー・ハーモニー (1825-27) など，経済理論を応用しようとした集団があった。第二は，特異な理想を求めた集団である。たとえばジョージ・リプリーらがボストン郊外に作ったブルック・ファーム (1841-46) は，知識人にふさわしい「頭と手の労働」の実現を目標にしていた。この運動は小規模であったが，ホーソーンなど当時の代表的文化人を巻きこんで注目された。

そして第三が宗教的理想郷の建設をめざした集団である。たとえば 1848 年，ジョン・ハンフリー・ノイズがニューヨーク州に作ったオナイダ・コミュニティは，原罪を否定して人間の完全性を説いたノイズの教義を実践する共同体だった。その実践のひとつが複合結婚である。これは男女がいわば多夫多妻で結びつくことだったが，いわゆるフリー・ラブとはちがって，きびしく監視されたものだった。なお，オナイダ・コミュニティは農業や銀器の生産によって経済的にうるおい，ユートピア運動のなかで最大の成功をおさめている。

時代はさかのぼるが，1774年，イギリスのシェイカーたちがアン・リーにひきいられて渡米し，ニューヨークなどに生活共同体を作っていた。キリストの再臨というリーはマザー・アンと名乗り，彼女たちは独身主義や簡素な生活を実践していた。このシェイカーの共同体も19世紀の信仰復興運動のなかで拡大した。19世紀中頃には19のコミュニティに6,000人のメンバーがいたという。シェイカーは経済的にも成功し，機能的な家具を製作することでも名高かった。土曜日の午後には「世間の人びと」と彼らが呼ぶ観光客を集める商才ももっていた。

　なおシェイカーは，積極的に歌や踊りを祈りに取りいれていた。信仰の歓喜をあらわすために，歌と踊りは最適の表現だった。じっさいシェイカーは，アメリカでもっとも多くの曲を作った宗派で，合計すると数千曲にも及ぶという。とくに1830年代から「マザー・アンの御業」という信仰復興運動が起こると，多くの曲が作られた。なかでも「簡素な贈り物」(1848ころ) が有名だ。「簡素でいることが神の贈り物」とはじまり，「回ることこそ我らの喜び／回ると正しいところに戻るから」と終わる。教義をうたった前半と，踊り方をうたった後半が，ひとつの歌にまとめられているところが興味ぶかい。

「すべての男女は平等に創られている」

　社会改革運動やユートピア運動の中枢では女性たちが活躍していた。彼女たちはこれらの運動をとおして，自分たちの不満を痛感し，政治運動の手法を学んでいった。じっさいアメリカの女性たちは，社交的には礼遇されていたが，法制的には冷遇されていた。こうして1840年代から，女性の権利拡充をうったえる運動が展開された。

　1848年，ルクレシア・モットとエリザベス・ケイディ・スタントンが中心になって，ニューヨーク州セネカ・フォールズで女性権利会議が開かれた。組織的な女性権利運動のはじまりである。男女約300人を集めたこの会議は，アメリカ独立宣言をもじった「意見の宣言」を発表，「すべての人間は平等に創られている」のではなく「すべての男女は平等に創られて

いる」とうたった。さらに女性の参政権を要求して議論を巻きおこした。1920年に女性参政権がみとめるまで，参政権獲得は女性運動の大きな旗印になっていった。

　女性運動も多くの歌を生んだ。たとえば1867年，女性参政権をめぐる全米初の住民投票がカンザス州でおこなわれたとき，ハッチンソン・ファミリーが「カンザス参政権の歌」をうたっている。「道をあけろ，世界が注目している。／道をひらけ，権利が前進する，／女性参政権に賛成票を投じよう。」これは，ミンストレルを代表するエメットの「オールド・ダン・タッカー」(1843)の替え歌である。とくに「道をあけろ」というリフレインは本歌のリフレインをそのまま利用していて，誰もが口ずさみたくなる軽快な歌だった。

4. 新しい文学と女性作家たち

「誰がアメリカの本を読まないのか」

　19世紀前半，アメリカの文学は飛躍的に進展する。1820年には「誰がアメリカの本など読むのか」とイギリスの評論家シドニー・スミスに揶揄されていたが，1868年にはアメリカの出版者・経済学者ヘンリー・C・ケアリーが「誰がアメリカの本を読まないのか」と反問するほどになっていた。アメリカは半世紀でその文学に自信をもつまで成長したのである。

　スミスに嘲笑されていたころ，独立した文学の模索が始まっていた。たとえば1815年，スミスの『エディンバラ・レヴュー』などに対抗して，評論誌『ノース・アメリカン・レヴュー』がボストンで創刊された。この雑誌はイギリスの雑誌記事の再録をひかえただけでなく，新しい「国民的アメリカ文学」の創造を求める議論を巻きおこした。

　同じころ，ヨーロッパで認められるアメリカ初の作家がニューヨーク市から生まれていた。ワシントン・アーヴィングである。アーヴィングはイギリス滞在中の見聞をまとめた『スケッチ・ブック』(1819-20)を出版し，アメリカのみならず，イギリスでも評判を得た。これは「ウエストミンス

ター寺院」など歴史と空想をまじえたイギリス訪問記を中心に，ドイツを舞台にした伝説物語「幽霊花婿」や，ハドソン川西辺のキャッツキル山地でおこる奇譚「リップ・ヴァン・ウィンクル」などをおさめていた。とくに「リップ・ヴァン・ウィンクル」は広く読まれただけでなく，その気だてのいい恐妻家の主人公がのちに喜劇役者ジョゼフ・ジェファソンなどによって演じられ，アメリカ人の一典型とされた。なお，アーヴィングはアメリカに文学熱を作りだし「アメリカ文学の父」と呼ばれている。

その文学熱を背景にして，同じくニューヨーク州，しかもその辺境から現れたのが，ジェイムズ・フェニモア・クーパーである。クーパーはアメリカの歴史や風土を題材にするだけでなく，そこにアメリカ固有の問題を浮かびあがらせた。

クーパーの代表作は，『開拓者たち』（1823）や『モヒカン族の最後』（1826）など，「レザーストッキング物語」と総称される五部の長編小説からなる作品群だ。主人公はナッティ・バンポーという白人の猟師。革脚絆をはいた銃の名手で，インディアンたちと生活する。この五部作は，アメリカの森林や辺境の村，大草原を舞台にしているだけでなく，文明と自然の衝突という容易に答えが見いだせない問題に取り組んだ。たしかにクーパーはその答えを提示しなかった。しかし大活劇を描きながら，その答えを模索して格闘したところに，クーパーの意義があった。

アーヴィング，クーパーと鼎立するのが，詩人ウィリアム・カレン・ブライアントである。ブライアントは，カルヴィニズムからユニテリアニズムへとその宗旨を変え，古典主義からロマン主義へとその趣向を変えた。このような19世紀前半らしい変化をへることによって，アメリカの雄大な自然や開拓者の勇敢な姿を発見するようになった。

16歳の時に書いた，のちの出世作『死観』（1811-21）は当初，瞑想的でくらい詩であったが，最終稿では，トランセンデンタリストを思わせる死生観に変わり，死とは大自然なかに溶けこむことであって恐るるにたらずという姿勢になった。さらに『大草原』（1834）では，「これが荒野の楽園，これが／手つかずの草原，無限で美しい草原／イギリスの言葉が名をもたぬ

もの——／大草原…」と，荒々しい自然を誇らしげにうたった。なお父親が「死観」を『ノース・アメリカン・レヴュー』に投稿すると，編者のリチャード・デイナは，このような詩が「大西洋のこちら側で書かれたことはない」と感嘆したという。

　ところで19世紀前半から中盤にかけて，ハドソン・リヴァー派と呼ばれる画家たちが，「リップ・ヴァン・ウィンクル」の舞台，ハドソン川西のキャッツキル山地を主たる題材にする風景画を描いた。彼らは，山や渓谷，岩，湖，空などの雄大な景観を精細に描きながら，その大自然の広がりや高低，奥行を「パノラマ的」にとらえた。人間は描かれていないか，小さく描かれているだけだった（図4-3）。

　彼らは手つかずの自然の崇高な美をロマンティックに描くと同時に，その景観の背後に神の力を感じとっていた。ブライアントやトランセンデンタリストたちと同じように，自然のなかに神を見いだしていたのである。けれどもそれは人間に敵対する神ではなかった。ブライアントの「水鳥へ」（1818）と同じように，身をゆだねれば勇気を与えてくれる神だった。じっさいトーマス・コールをはじめ，多くのハドソン・リヴァー派の画家は，ブライアントらと親交を結んでいた。

　なお風景画は，聖典の故事にもとづく宗教画や，ギリシャ・ローマ神話にもとづく絵画などとちがい，予備知識や教養が不要だった。それは見るものすべてを圧倒する，いわば民主主義的な絵画だった。ハドソン・リヴァー派の画家たちはアメリカ風景の崇高美を発見するだけでなく，それを描くことにアメリカ的な価値を見いだしたのである。

フェミニン・フィフティーズ

　1850年代，女性作家による，おもに女性向けの小説が人気を博した。そのため50年代はフェミニン・フィフティーズと呼ばれている。たとえばスーザン・ウォーナーの『広い，広い世界』（1850）は，点灯夫のわびしい姿を見て育った貧しい娘エレンが母親のもとを離れて成長する物語だが，2年間で14版を重ねた。この記録を破ったのが，ハリエット・ビーチャー・ス

トウの『アンクル・トムの小屋』(1852) である。1 年間で 30 万部以上を売り，7 年後，アメリカ小説としてはじめて 100 万部を越えた。また 1854 年には，ウォーナーの影響を受けたマライア・スザンナ・カミンズの『点灯夫』がヒットした。孤児の娘ガートルードが，点灯夫らやさしい人びとの庇護を受けて成長する物語である。

『アンクル・トムの小屋』は，奴隷制の悪を告発し，奴隷制廃止運動の気運を高めた。南北戦争開戦後，リンカーンがストウに「あなたがあの大きな戦争を起こした小さなご婦人ですか」といったという。しかしストウは，誇張した扇動小説を書いたのではなかった。涙をさそうばかりで自己満足的な悲話を書いたのでもなかった。この作品では，たとえば少女エヴァと奴隷トムのそれぞれの死という，一見，感傷的で消極的な行為が，じつはイエスの死のような英雄的行為であり，無力な奴隷や女性が敢行しうる最大のレジスタンスの行為になっていた。しかも，わがままな妻メアリーや，いたずらな黒人娘トプシーなどの人物造型も印象的だった。イライザが幼な子をかかえたままオハイオ川の流氷の上を逃げるところなど，場面描写

図 4-3　トーマス・コール『「モヒカン族の最後」の一場面』(1826)

■ 19世紀の音楽出版 ■

　ラジオやレコードがない19世紀，歌は口承をのぞけば印刷物によって広まった。たとえば19世紀初頭に急速に拡大したのがソング・シートである。これは歌のタイトルと歌詞を簡単に印刷した一枚刷り(ブロードサイド)で，単純なイラストや飾り枠が付せられていた。最大の特徴は楽譜が掲載されていないことである。当時の流行歌には替え歌が多かったこと，芝居小屋をとおしてすでに旋律が知られていた歌が多かったこと，そして楽譜を読める読者が少なかったことなどが，その理由だった。

　19世紀初期から増えてきたのが，シート・ミュージックである。これにはタイトルと歌詞だけでなく，譜面も付されていた。したがって数ページからなる大判の出版物である。シート・ミュージックは，新しい曲の増加やピアノなどの楽器の普及によって高まった，楽譜の需要にこたえるものだった。1820年代後期には，600種しか出版されていなかったが，40年代初期には1600種，さらに50年代初期になると5000種も刊行されるようになっていたという。なお，精緻な表紙絵も，シート・ミュージックの特徴のひとつだ。若き日のウィンズロー・ホーマーも表紙絵を描いて腕をみがいている。

　またチューン・ブックとよばれる歌集があった。これは宗教歌を中心に歌詞の添えられた楽譜を集めた印刷物である。シート・ミュージックのような大判にするわけにはいかないので，約半分の横長の判型にすることによって，印刷費をおさえ，しかも実際に手にとってうたうことができるようになっていた。

　最後に紹介するのがソングスターである。ソングスターとはもともと歌手を意味する言葉だが，アメリカではとくに楽譜のない小型の歌詞集を意味した。たとえばアイルランドの詩人トーマス・ムアが伝統曲や自作曲に詩をつけた『アイルランド歌曲集』はアメリカでもベストセラーになったが，アメリカでは楽譜のつけられた本来の版よりも，楽譜のないソングスター(ソング ボウム)の方がよく売れた（ムアの「夏の名残のバラ」は唱歌「庭の千草」として日本でも知られる）。読者は，曲を知っていれば節をつけてうたい，曲を知らなければ単に朗誦した。歌と詩は不可分の状態に近かったのである。

もダイナミックだった。

　『アンクル・トム』はまさに洛陽の紙価を高からしめた。ただちに豪華版から廉価版まで，さまざまの版が出た。子ども向けの縮約版や，英語の読

めない移民向けの翻訳版が国内で出版された。一方，南部のほとんどの州では『アンクル・トム』は禁書になった。そして30冊ちかい「反トム」本が出版された。

『アンクル・トム』はアメリカの演劇界も活性化した。出版の年から何度も劇化され，1880年代まで約400もの「トム一座」が各地を巡業していたという。なかでもジョージ・L・エイケンが脚色し，ジョージ・C・ハワード一家が上演した作品は，ニューヨークで200日連続公演された。『酔っぱらい』と同様，この芝居は，これまで宗教と道徳の見地から演劇を嫌悪してきた人びとの足を芝居小屋に運ばせた。

なお『アンクル・トム』は歌も生んだ。たとえばハワード一座では，トプシーのうたう「私はひどい子だった」が，エヴァに祈りと魂の救済を教えられる場面で使われてヒットした。フォスターの「なつかしきケンタッキーのわが家」もほとんどのトム一座でうたわれた。この歌は『アンクル・トム』連載以前に書きはじめられていたようなので，小説との関係はさだかでない。けれども，家族から引きはなされて売りとばされたトムが，ケンタッキーでの幸福な家庭生活を追憶する場面にはぴったりの歌だった。

5. わが魂・アメリカの魂

トランセンデンタリズム

みずからの魂の底でくすぶっているアメリカの声を探りだし，それをえぐりだして高らかにひびきわたらせたのが，狭義のアメリカン・ルネサンスの文学者たちだった。彼らは19世紀中盤のアメリカ文学を頂点にみちびいた。

アメリカン・ルネサンスの先陣を切ったラルフ・ウォルド・エマソンから紹介しよう。エマソンは1829年，ボストンの第二教会という名門教会の牧師になる。原罪を否定して理性重視を説く進歩的なユニテリアンの若き牧師だった。まさに前途洋々である。しかし，理性偏重や聖餐式などの「死んだ形式」にたえきれず，まもなく辞職してしまう。1832年のことだっ

■ ライシーアム ■

　エマソンやソローは著作による収入がほとんどなかった。エマソンがはじめて書物の原稿料を得たのは『代表的偉人』を出版した1850年といわれている。あの名高い『自然』も500部印刷されただけで、13年間、再版されなかった。ソローもペンで立とうとニューヨークに行ったことがあったが、うまくいかなかった。けれども彼らはしばしば講演から収入を得ていた。エマソンは1830年代、一年に数百ドルの講演料収入があったという。

　二人の講演は、おもに各地のライシーアムが主催した講演会でおこなわれた。ライシーアムとは、講演会、コンサート、図書館などの教養事業を展開していた地方の公共団体である。1826年、ジョサイア・ホルブルックの提案で、マサチューセッツ州ミルベリーに最初のライシーアムが設立されると、またたく間に各地へひろがり、1834年には3000ものライシーアムがあったという。南北戦争後には商業主義の波に飲みこまれ、利益追求団体になってしまったが、それまでは相互扶助的組織で、成人教育の振興に貢献した。

　とくに西部の町では、ライシーアムに巡回してくる講演が、数少ない情報源であり、同時に知的エンターテインメントでもあった。エマソンも1850年以降、何度か西部へ講演旅行に出かけている。ソローの講演も機知に富んだところが評判だったらしい。二人以上に売れっ子の講演者もたくさんいた。たとえばベイヤード・テイラーは、中東やロシア、日本などを訪問したスリリングな体験を、しばしばその訪問国の民族衣装を身につけて物語った。多くの若者がテイラーにあこがれ、冒険を夢みた。

　ライシーアムの講演会は旅回り文化のひとつだった。当代一流の思想家たちも、ミンストレル楽団や芝居小屋と同じように、旅回りしたのである。

た。以後、エマソンは演説と文筆によって生きてゆく。

　1836年、『自然』を出版。この薄い本が単行本として書かれた唯一の本だった。しかしそれはトランセンデンタリズムと呼ばれる思想の核心を打ち出した「聖書」だった。エマソンはそのなかで、自然は神の象徴であって、自然の一部である人間にも神は宿っている。その内なる神を信じ、自己の可能性を無限に広げようと唱えた。翌年、この思想をアメリカという国家・文化に応用した講演「アメリカの学者」をおこなった。聴衆に加わっていたオ

リヴァー・ウェンデル・ホームズは，アメリカの「知的独立宣言」と呼んでいる。

エマソンの思想は，神の本性や究極の真理を提示したものではなかった。その真理の探求方法を提示したにすぎなかった。けれども，だからこそ多様で熱心な同調者たちを生んだ。彼らはエマソンの移り住んだマサチューセッツ州コンコードに集まり，雑誌『ダイアル』などに論陣を張った。そのなかには，牧師のシオドア・パーカー，女性思想家マーガレット・フラー，教育家エイモス・ブロンソン・オルコット（『若草物語』の著者ルイザ・メイ・オルコットの父），詩人のジョーンズ・ヴェリーなどがいた。もちろんこのトランセンデンタリストたちは少数の尖鋭分子たちにすぎない。明確な教義も強固な組織もなかった。だが彼らは，知性より直観を重んじ，宗教の神秘への回帰を説き，そしてあらゆる個人の内部に神性を見いだしていた。これはロマン主義と民主主義の融合にほかならなかった。トランセンデンタリズムはまことに19世紀のアメリカ的な文化運動だった。

エマソンのようなカリスマ性はなかったが，エマソン以上に，自分の思想を行動にうつしたのがヘンリー・デイヴィッド・ソローである。

1837年にハーバード大学を卒業したソローは，そのころエマソンと知りあう。ともに長続きする定職に就かなかったが，名門出身のエマソンとちがい，庶民生まれのソローは実用的な技術に秀でていた。家業の鉛筆製造業を手つだっては黒鉛製造法を改良し，請われては測量技師や大工として働いた。ときにはボートを作って川遊びや探検にも出た。その一方で，ソローは東洋古典を読みはじめ，西洋古典にも通じていた。そしてトランセンデンタリストたちとの交流をとおして，自己信頼や，自己の魂を探検する思想を学んだ。

それらの生活と思索が結実したのが『ウォールデン』（1854）である。これは，ウォールデン池畔に掘立小屋を作り，晴耕雨読の簡素な独居生活を送った2年間の体験を記録したものだ。その省察は具体的で，その文章はすがすがしい。ただし，ソローは現世を逃れて森へ隠遁したのではなかった。ソローにとって，自然を探りながら最低限の生活を送ることは，「人生

の心髄をしゃぶりつくす」ことだった。森に入って「じっくりと生きる」ことは「生きることの実験」にほかならなかった。

美の世界と魂の世界

　エドガー・アラン・ポーは，クーパーのようにアメリカの辺境を描いたわけではない。しかし，ポーが人工的な美の世界を求めたのは，クーパーが森や大草原のなかに没入したのと同じ理由からだった。それは伝統の乏しい国家が新しい文学を創出しようとするときの苦闘のあらわれだった。
　ポーは18歳でボストンに出奔して第一詩集を出版。ボルチモアで第二詩集を，さらにニューヨークで「ヘレンに」(1831) など，ポーの代表的な詩をふくんだ第三詩集を刊行した。しかしいずれも生活の資にはならなかった。その後，短編「瓶のなかの手記」(1833) が懸賞小説に当選したことを契機に，リッチモンドの雑誌『サザン・リテラリー・メッセンジャー』の編集者になる。1839年，「アッシャー家の崩壊」(1839) など25の短編をまとめた『グロテスクとアラベスクの物語』を出版。ただし売れゆきは思わしくなかった。
　ポーが理想的女性をうたって賛美に耽溺したのも，さらには恐怖小説や推理小説で非日常的世界を構築したのも，それは，文芸にふさわしい美の世界を，民主社会という現実のなかに見いだせなかったからだった。けれどもその一方，現実世界の読者を強く意識していたのもポーだった。だからこそポーは出版のチャンスを求めて各地を渡りあるき，自分のもっとも有名な詩「大鴉」(1845) の作法を解説する「作詩の哲学」(1846) を，大衆雑誌の嚆矢ともいうべき『グレアムズ』に発表した。ポーは美の世界と現実世界のはざまで引きさかれんばかりだったのである。
　ポーには美の世界という希望の地があったが，ナサニエル・ホーソーンにそれはなかった。彼の眼前にあるのは魂の暗黒だったようだ。ホーソーンは魔女裁判で有名なセイラムに生まれる。4代前の祖先が魔女裁判の判事を務めていた。ホーソーンはそのピューリタンの血をぬぐいさりたいと考えると同時に，その血を尊んでいるところもあった。

代表作『緋文字』(1850)は，姦通を犯したため胸にAの緋文字をつけさせられながら堂々と生きるヘスターと，彼女との姦通の罪に苦しむ牧師ディムズデイルを中心にして，復讐の炎を燃やすヘスターの夫チリングワースや，天真爛漫な娘パールが個性をそえる物語である。ヘスターが生き生きとした魅力的な女性であるのと同時に，苦しんだあげく懺悔するディムズデイルの姿もまた神々しい。ホーソーンは，トランセンデンタリストたちのように精神の自由な発揚を信じるとともに，ピューリタンたちのように人間の罪を信じていたようだ。そのふたつの信念のせめぎあいが，大きな緊張と迫力を生んでいる。

なおポーと同じく，ホーソーンもなかなか作品が世にみとめられず苦労した。『緋文字』の成功の背景には，出版業者ジェイムズ・T・フィールズの才覚があったし，『緋文字』で名声を得た後でも，女性作家たちに没頭する「不可思議」な「大衆の好み」に悩まされた。

ホーソーンがマサチューセッツ州西部で親交を結んだのがハーマン・メルヴィルだった。ホーソーンと同じく，メルヴィルは人間の内なる暗黒にとりつかれていた。しかしホーソーンよりも執拗にその闇の世界を追いつめ，それを突き破ろうとさえした。

その代表作『白鯨』(1851)では，かつて巨大な白鯨に片脚を食いちぎられた船長エイハブが，捕鯨船ピークォド号を駆って，その宿敵を追いもとめる。やがて死闘が繰りひろげられるが，語り手イシュメイルのみを残して海の藻屑と消えてしまう。このようなエイハブにとって，白鯨は「壁」だった。押し寄せる壁であり，突き破らなければならない壁だった。しかし同時に，それは自分の内面世界の化身だった。自分の苦痛や憤激そのものだった。エイハブはその白鯨と戦って力つきるのである。辺境に進出したクーパーや美の世界に没入したポーとちがい，メルヴィルはいわば外と内の世界へ同時に突入したのである。

メルヴィルは，南海の孤島での冒険をつづった第一作『タイピー』(1846)でセンセーショナルにデビューした。ノンフィクションのように受けいれられ，人気を博したのである。しかしメルヴィルが内なる世界に惹かれる

につれ，読者は離れていった。『白鯨』は20年間で2965部が売れたにすぎなかった。『白鯨』の出版直前，「ドルが私をおしつぶす。…私がいちばん書きたいもの，それは呪われている。お金にならない」と記している。

アメリカの叫び声

　メルヴィルと同じニューヨーク州の出身で，同年の生まれだったのがウォルト・ホイットマンである。メルヴィルは魂の世界を突きすすんだが，ホイットマンは民主主義の世界を押しひろげようとした。それだけでなく，自身でその理想を体現しようとした。

　その生まれも受けた教育も，きわめて庶民的なものだったホイットマンは，ウィリアム・ディーン・ハウエルズやマーク・トウェインらと同様，印刷工をしながら文章修行を積んだ。そしてジャクソン大統領の強力な民主的改革運動にふれると，熱心な政治青年になって民主党機関紙の編集に加わった。しかし奴隷制問題をめぐって民主党に幻滅。自由土地党の旗下に参ずるが，ふたたび幻滅した。それらの挫折のなかで自己を鼓舞しながら民主主義の理想をうったえたのが，詩集『草の葉』だった。

　1855年，ホイットマンはみずから組版を手つだって『草の葉』を出版した。その序文では「合衆国そのものが本質的に最大の詩である」と述べ，のちに「ぼく自身の歌」と題される詩では「ぼくはぼく自身をたたえ，ぼく自身をうたう」と宣言，そのうえで「ウォルト・ホイットマン，ひとりのアメリカ人，荒くれ者のひとり，ひとつの宇宙」とうたっていた。すなわち，ホイットマンにとって，その魂，肉体，『草の葉』，アメリカ，これらは一体のものだった。ひとつの壮大な世界になっていた。ホイットマンはその宇宙を，従来の詩の形式にとらわれない自由な文体をもちいて，単純に，そしてときに象徴的にうたった。昂揚した声で，そしてときに焦燥した声でうたった。

　ここで紹介した作家や詩人たちは，いずれも社会から遊離した孤高の文学者ではなかった。エマソンやソローは，新しい社会にふさわしい楽天性や自己信頼の思想をしばしば講演によって社会へ伝えた。ポーやホーソー

ン，メルヴィルは，社会とは対照的な美の世界や内なる世界を探索する一方で，その発見を社会に知らしめようと心血を注いだ。ホイットマンにいたっては，アメリカ社会そのものの化身たらんとする気概を抱いていた。

もちろん彼らが表現しようとした世界はそれぞれことなる。しかし彼らの文学はいずれもアメリカの地に根ざしたものだった。その現状に土台をおいたものだった。だからこそ彼らの作品には，いわばアメリカの叫び声とよぶべきものが形を変えてひびいていた。その多様性が印象的であるとともに，それらに共通した迫力もまた圧倒的である。

6. 自由の聖戦

「私は声を大にする」

19世紀中盤の最大の問題だった奴隷制問題と南北戦争を紹介して本章を終えよう。

当初，奴隷制問題は社会改革運動のひとつにすぎなかった。しかし1831年，ウィリアム・L・ギャリソンが奴隷制廃止運動誌『解放者』を創刊し，奴隷の即時解放をうったえて「私は1インチも退かない。私は声を大にする」と宣言すると，奴隷制問題はのっぴきならぬ問題になっていった。もちろん南部も黙っていない。南部は，聖書のなかでイエスが奴隷たちに服従を説いていることや，南部の主従関係が愛情あふれたものであることを根拠にして奴隷制を弁護した。

南北の主張は，次第に熱狂的なアジテーションになってゆく。けれども，その過激な運動がしばしば歌を利用していたからおもしろい。たとえばこの強硬なギャリソンも，「私は奴隷制廃止論者」(1841) という歌を作っていた。「蛍の光」として日本で知られる旋律を使って「奴隷たちの解放より／高貴な戦いはこの世にない／私はこの戦いの兵士／何が起ころうとも」とうたう歌だ。すでに何度か言及したハッチンソン・ファミリーも奴隷制廃止運動の歌をうたっていた。たとえば「あとに残された母親」では，わが子が競りおとされ「悲しみと苦しみに」泣きくれたあまり死んでしまう母

親奴隷を描いていた。

シンギング・シックスティーズ

　南部諸州の連邦離脱を直接の契機として南北戦争が勃発（1861）すると，歌がますますうたわれるようになった。じっさい 1860 年代はシンギング・シックスティーズと呼ばれる。たとえば 1862 年，30 万人の志願兵を募ったリンカーン大統領の要請に応えて「私たちは行く，父なるアブラハムよ」という詩が作られると，フォスターやハッチンソン・ファミリーらが競って曲をつけた。「私たちは鍬や仕事場を捨て，妻や子どもたちを残してゆく，／胸はあふれ言葉にならず，静かな涙を流しながら」とうたう行進曲だ。同じく志願兵の行進曲として有名なのが，ジョージ・F・ルートの「自由の雄叫び」（バトル・クライ・オブ・フリーダム）（1861）である。最初に歌ったのはやはりハッチンソン・ファミリーだった。

　奴隷制廃止論者のジョン・ブラウンがヴァージニア州の武器庫を襲撃して処刑された事件をうたった「ジョン・ブラウンの屍」も人気のある行進曲だった。このメロディはもともと聖歌に使われていて，日本では「おたまじゃくしは蛙の子」などとして知られている。この行進曲をさらに軍歌・愛国歌として完成させたのが，ジュリア・ウォード・ハウである。ハウは 1861 年，「ジョン・ブラウンの屍」に合わせて新しい詩「リパブリック讃歌」を書き，南北戦争を聖戦としてうたった。たとえば「ブラウンの魂は行進を続ける」という本歌の句が「神の正義は行進を続ける」とあらためられた。

　行進曲だけでなく，実話に基づくとされるバラッドも作られた。たとえば，南軍の行進に抵抗して星条旗をふったメリーランドの老女の話をジョン・グリーンリーフ・ホイッティアが詩「バーバラ・フリーチー」（1863）に書くと，まもなく曲がつけられ，うたわれるようになった。フリーチーは，銃後の愛国女性の理想的な姿として神話化されていった。

　一方，南軍のもっとも重要な歌は，南部連合国の国歌ともいわれる「ディキシーズ」（1859）である。「私の拠りどころは南部の国，この南部に生きて

死ぬ」とうたった歌だ。おもしろいことに，これは北部人のエメットが書いたミンストレルのヒット曲だった。しかし南部人にとって，そのような由来は関係なかった。「綿花の国」を仰ぎみて郷愁と勇気をかきたてるところが南部人の心をとらえたからである。

　なお，南北戦争は歌を流行させただけでなく出版活動も活発にした。小説，ロマンス，詩，児童文学，演劇，日記，パロディなど，さまざまな戦争文学を生んだ。たとえば，のちに『ボロ着のディック』などの成功物語で有名になるホレイショ・アルジャーは，銃後の少年の活躍を描いた『フランクの軍事行動』(1864)によって文壇に登場した。

　イラストも重要な役割を演じた。とくに『ハーパーズ・ウィークリー』はトーマス・ナストの戦争イラストによって北部の戦意昂揚に貢献した。南部はそれに対抗しようと『サザン・イラストレイティッド・ニューズ』を創刊したが，そのイラストは質量とも北部におよばなかった。じっさい，北部の戦争イラストを並べた展覧会が南部で開かれたくらいだった。かつてポーが編集を担当した由緒ある『サザン・リテラリー・メッセンジャー』も1864年に廃刊された。南部は出版の戦いでも苦杯を喫したのである。

「アメリカの歌声が聞こえる」

　南北戦争の終結によって，アメリカの国家的統一が進んだ。北部にとって南北戦争最大の大義は連邦回復であったので，勝利はそのまま国家の再統一を意味した。南部では，戦時の協力や戦後の不満を共有することによって，内部に一体感が生まれていった。

　歌に関していえば，南北戦争以後の歌は，宗教歌をのぞいて，商業化や産業化が進んだ。その結果，うたう側と聴く側の分別が強まり，うたいあうことによって共有されてきた歌が，むしろ聴くことによって共有されることが多くなっていった。同時に，社会の出来事を歌にするバラッドの伝統も弱まり，マスメディアがその代役をになうようになった。こうして歌は，民主主義的な共有文化から，プロフェッショナルによるメディア文化に近づいていった。ホイットマンが後年，「おそらくわたしの最愛の娯楽の

想い出は音楽の想い出である」と回想したのも，このような時代の変化を示唆しているのだろう。

　まことに南北戦争までの19世紀アメリカは歌声がみちあふれていた。ホイットマンの詩「アメリカの歌声が聞こえる」をもう一度，思いおこそう。詩人はさまざまなアメリカ人のさまざまな労働の歌をひびきわたらせる。しかし，その雑多な人びとの雑多な「自分の歌」が，最終的にはひとつのハーモニー，ひとつのアンサンブルになっていた。そこにこの詩の魅力があった。タイトルが「アメリカ人たちの歌声が聞こえる」ではなく「アメリカの歌声が聞こえる」となっているのもそのためであろう。

　本章では南北戦争までの19世紀アメリカ文化を概観したが，この時代は，ホイットマンが描いたように，まさにアメリカそのものが「口を大きく開けて力づよいなめらかな歌」をうたっていた時代に思われる。

参考文献

亀井俊介『サーカスが来た！』東京大学出版会，1976年。

ラッセル・ナイ『アメリカ大衆芸術物語』全3巻，研究社，1979年。

Crawford, R. *America's Musical Life*, New York: W. W. Norton, 2001.

Fahs, A. *The Imagined Civil War*, Chapel Hill: The University of North Carolina Press, 2001.

Reynolds, D. R. *Walt Whitman's America*, New York: Alfred A. Knopf, 1995.

Tyler, A. F. *Freedom's Ferment*, Minneapolis: The University of Minnesota Press, 1944.

（澤入要仁）

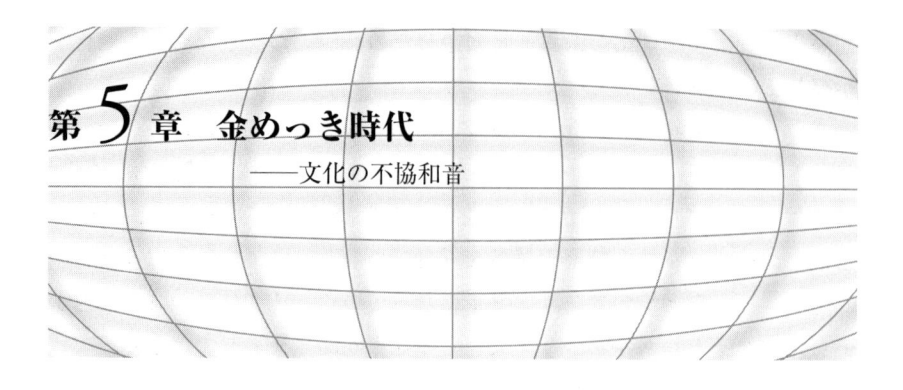

第5章　金めっき時代
——文化の不協和音

　国を二分した南北戦争が終結した後，アメリカは物質的繁栄と腐敗政治という未曾有の時代に入った。それまで農業国であったアメリカが，世界一の産業国に変貌していく。この時代が「金めっき時代」である。「黄金時代」のまがい物，外身は良いが中身はボロボロといった意味の俗称は，とてつもない腐敗ぶり，偽善性を批判するものであった。この名の浸透とともに，否定的な評価が定着し，長い間「金めっき時代」は「大いなるバーベキュー」，20世紀社会への単なる移行期と軽視されつづけてきたのである。しかし近年，そのような時代の魅力に目をとめる動きがみられ，さまざまな読み直しが行われはじめた。たしかに急成長をとげる国のエネルギーがそのまま噴出した「金めっき時代」には，良くも悪くも強烈な個性が存在するのである。本章では清濁あわせ持つ魅力に目を配りながら，この混沌とした時代の文化を考察してみたい。

　「金めっき時代」を狭義にとらえ，「醜悪な10年間」と呼ばれた1870年代をさす場合もあるが，もう少しゆるやかな枠組みとしてとらえられることが多い。ここでは南北戦争（1861-65）終結後から，シカゴ万国博覧会のあった1893年までを射程に入れてみたい。万博を機に開かれた歴史学会において，歴史家のフレデリック・J・ターナーは「アメリカにおけるフロンティアの意義」と題する論文を発表した。90年に行われた国勢調査はフロンティアの消滅を明らかにしたが，ターナーはそれを「一つの偉大な歴史的運動の終結」ととらえ，将来への深い憂慮を示したのである。彼にな

らって，ここを一つの歴史の転換点とみることは有効と思われる。

　そもそも「金めっき時代」という呼び名は，マーク・トウェインとチャールズ・D・ウォーナーが1873年に共著で出版した小説の題名から取られている。それまでアメリカの文化は北東部のニューイングランドやニューヨークを中心に育まれてきたが，領土拡大の動きにつれ，これまでとは異なった地域の，異なった文化が生まれてくる。その牽引役を果たしたのが，ミズーリー州で生まれ，西部を渡り歩いたトウェインである。ジャーナリストとして働き，旅行記で人気を得，アーネスト・ヘミングウェイが「近代アメリカ文学の始まり」と称した『ハックルベリー・フィンの冒険』(1884)を書いたトウェインであるが，その彼が初めて書いた長篇小説がこの『金めっき時代』である。

　誰もが，地道に働くのではなく，はるか彼方に眠る運と金と名誉を一挙に手に入れようと夢見た時代。作品の要となるのはそのような時代の申し子ともいうべきセラーズ大佐である。懲りることなく次から次へともうけ話を夢想し，吹聴し，周りを巻き込んでいく。しかし彼は，三流の投機師であってもペテン師とはいえない。原野開発から，鉄道をめぐる投機話，政界工作，いずれの場合もだれより彼自身がその夢想を信じこんでいるからである。その大佐のまわりには，何度煮え湯を飲まされても彼の誘いにのって流浪する友人，東部の有名大学を出て西部に向かう若者，ミズーリーからワシントンに行き政界を志す若者などが登場する。彼らもまた大佐同様，この時代の申し子である。「アメリカ中の若者にとって，財産を築くチャンスは無数に開かれていた。空中には誘いが充満し，成功が広い地平線一杯に広がっていた」とあるように，彼らをこのような見果てぬ夢に駆り立てたのが，蒸気船や鉄道，西部であった。女性も例外ではない。医師になろうとする娘やワシントンの政界に通じ講演家となる娘が登場する。彼女たちも「これまでの殻をやぶって，自由になりたい」と公言し，それまでの女性たちが思いもよらなかった世界に入っていく。その多くが成功を手にすることはないが，それでも人々を駆り立てた熱気，あるいは狂気がこの作品には見事に表出されている。

一方で，この作品に共作ゆえの歪みが存在するのも事実である。友人同志であったトウェインとウォーナーは，相談の上で共同作業をすすめたが，限りなく広がる人々の欲望，野望を縦横無尽に書こうとするトウェインと，そういう風潮を批判し，どうにか理性や道徳で押さえをきかそうとするウォーナーの筆がいかんせん，齟齬をきたしている。それはどう取り繕ろうと富や名声へのあこがれ，投機熱を人一倍持っていたトウェインと，「上品な伝統」に属するウォーナーとのずれと言えるだろう。このような『金めっき時代』の中に見られるトウェインとウォーナーの不協和音は，「金めっき時代」そのものの，富への狂奔と「上品な伝統」がかなでる不協和音と共振する。時代の雰囲気をまざまざと浮かび上がらせるこの作品は，おそらくトウェイン一人で書いた方が，よりまとまった小説となっただろう。しかし共著であることによって，時代の持つ文化の不協和音の変奏を二人の作家がかなでることになり，『金めっき時代』は，二重の意味でこの時代を体現することになる。

1．セントラル・パークというトポス——産業化の波

「金めっき時代」のアメリカ社会におこった変化の中で，最も顕著なものは産業化，都市化であった。とりわけ産業のなかでも南北戦争後の好況を生み出す起動力となったのは，鉄道産業であった。南北戦争後，鉄道建設熱はますます高まり，1865年から1890年の間に，線路が3.5万マイルから20万マイルに拡大し，大陸を鉄道網が縦横に走るようになる。それはさまざまな産業の発展や土地開発を促し，物や人の移動を可能にし，事業投資の新しい形態を生み出していった。巨万の富を手にしたジョン・D・ロックフェラー（石油精製），コーネリアス・ヴァンダービルト（鉄道），アンドルー・カーネギー（鉄鋼），ジョン・P・モーガン（金融）といった大実業家たちが続々と生まれ出た。企業はみるみるまに巨大化し，カルテルやトラストといった独占企業形態になっていく。このような右上がりの経済はこの時代のアメリカ文化にも影響を与えずにはおかなかった。都会では大富豪たち

が華やかに社交界を彩り，ヨーロッパに負けない文化を育成しようと図書館，音楽ホール，美術館など公共の施設を建設していく。ニューヨークでも，例えばグランド・セントラル駅（1871），メトロポリタン美術館（1872），メトロポリタン・オペラ・ハウス（1883），ブルックリン・ブリッジ（1883），自由の女神像（1886），カーネギー・ホール（1891）など，今日の国際都市ニューヨークの顔といわれるものの多くが，この時代に生み出された。しかしここではその中で，華やかさとはあまり縁のない，しかし今もマンハッタンで大きな存在感を持つセントラル・パークに注目し，その歴史を通して金メッキ時代の考察を試みたい。セントラル・パークは 5 番街から 8 番街，59 丁目から 110 丁目の 840 エーカーにも及ぶ広大な風景公園である。「街の肺」と呼ばれるこの公園は今でも美しく手入れされ，四季折々の自然が訪れる人を楽しませている。しかしこの公園もかつては金メッキ時代の渦に巻き込まれ，今とはまったく違う様相をみせる危険性にさらされていたのである。

セントラル・パークの歴史

　詩人ウィリアム・C・ブライアントを初めとするニューヨークの有識者たちは，開発の進むマンハッタンに人々が安らげる公園を作ろうと呼びかけた。それが実って 1853 年，州議会が認可し公園建設が市当局に依託された。初めはハドソン川沿いの土地も候補にあげられていたが，ビジネスには不向きな中央部の荒れ地が購入されることになる。1858 年には当時公園の監督官をしていたフレデリック・L・オルムステッドと，建築家のカルヴァート・ヴォーの共同デザイン「芝原計画」（Greensward Plan）がコンペで採用され，巨大な岩と湿地帯の大改造がはじまる。一部は 50 年代にオープンしたが，最終的に完成したのは 1876 年であった。今日，マンハッタンの中央に位置するこの公園がセントラル・パークと呼ばれることに違和感を抱く者はないだろうが，当時はマンハッタンの南端のみが開発されていて，中央部は人里から遠く離れていたため，その「野心的な」ネーミングを揶揄する声もあったという。

「金メッキ時代」の一番の特徴は経済と政治の癒着であった。南北戦争において北部の将軍として名高かったユリシーズ・グラントは戦後，第18代大統領（1869-1877）となるが，彼の時代は最も政治が腐敗したと言われている。猟官制，さらには二大政党の力が拮抗していたことも災いし，互いが利権争いに奔走し，汚職，贈賄が横行した。癒着政治は連邦レベルだけでなく，州でも，市町村でも同様で，とりわけ国の内外からおびただしい移民の流入するニューヨークの腐敗ぶりは凄まじいものであった。タマニー・ホールと呼ばれる民主党の政治マシーンは，移民たちの世話をする一方で，彼らを集票に利用し街の裏組織と結びついて権勢を振るう。とりわけ1863年に徴兵制度をめぐって起きたニューヨークで最大規模の暴動（ドラフト・ライオット）の後，時の大統領のリンカーンが指名してウィリアム・M・ツィードがタマニーのボスとなると，市政の一番の権力者として悪事の限りを尽くした。タマニーやツィードにとって，セントラル・パークは都会のオアシスではなく，政治的，経済的な利益を生み出す宝の山であった（図5-1）。

ツィードは，1870年にそれまでの公園理事会を解散させ，セントラル・パークをタマニーの支配下に治め

図5-1　トーマス・ナストによる風刺画
ナストはタマニー・ホールのボス，ツィードを告発する風刺画を立て続けに発表。ツィードはナストを50万ドルで買収しようとしたが失敗する。彼の風刺画は大きな反響を呼び，ついにツィードは失脚する。
(*Harper's Weekly*, 1871, 1876)

てしまう。それにともないオルムステッドらも公園の専門職を解雇されてしまう。翌年にツィードが失脚したので，彼らは職場に返り咲くが，それでも 70 年代の不況の中で，セントラル・パークはますます政治的に利用されることになり，ついに 78 年，オルムステッドは最終的にこの職を追われることになる。その後彼は，各地で景観建築家，造園家として順調に仕事を続け，93 年のシカゴ万博にもかかわることとなる。その彼が 1882 年にセントラル・パークの将来を憂慮し「公園の利権——正真正銘，非実際的

図 5-2 「疲れたニューヨーカーのための楽しい行楽地」
オルムステッドの理想とするセントラル・パークは，必ずしも人々に歓迎されなかった。公園の標識の多さを揶揄する風刺画。
(*Frank Leslie's Illustrated Newspaper*, 1869)

男の埋もれたノートの一節より」と題するパンフレットを自費出版した。ここではセントラルパークの運営方針に対する憤りだけでなく，この公園をあくまで芸術作品だとする強い彼の信念が示されている。

　パートナーとなったヴォーと違い，オルムステッドはもともと景観建築，造園の専門家ではなかった。彼は農業を営み，ヨーロッパや南部をつぶさに観察した社会改良家，著述家であったが，それまでの経験から，都市化は文明の避けられない運命であり，都市がどれほどうまく人々を民主的に啓蒙し，導いていくかにアメリカ文明の将来がかかっていると考えた。そのような彼にとって都市の公園は重要な教育現場の一つとなる。池あり，芝生あり，岩ありといった変化にとんだ公園から，人々が秩序や安定観を学び，「最も不運で最も無法なこの街の人々にも，極めて調和のとれた，洗

練された影響，つまり礼儀と自己抑制，禁酒につながる好ましい影響がもたらされる」ことを願ったのである。オルムステッドは公園の秩序を守るために細かい規則をつくり，植林された400万本にも及ぶ木々や灌木の間に無数の標識をたて，専門のパトロールを巡回させた（図5-2）。

とりまく外圧

　それではきわめて理想主義的なオルムステッドの公園計画は「金メッキ時代」の現実社会で具体的にどのような外圧にみまわれたのだろう。まず第一に直面したのは政治的な力である。彼がそもそも公園の監督官に任命されたのは，共和党と民主党の政治的なかけひきの結果であった。しかしながら彼自身は政治の動向に無頓着で，公園が政治的な道具として利用されることを好ましく思わなかった。当時，政治的に，うまく立ち回り，私腹を肥やす才覚のある者は「実際的」(practical) と呼ばれたが，オルムステッドはあくまで「非実際的」(unpractical) な人間であろうとした。結局，公園は政治マシーンの雇用対策の受け皿として使われ，公園管理は軽視され，オルムステッドのような専門職の人員は削減されてしまう。

　第二の障害は公園を侵食しようとする経済的，実利的な思惑である。一等地となったこの広大な土地の将来性，利便性，経済性を見込んで，儲けようというもくろみが後をたたなかった。19世紀末までに公園の中に組み込まれたのはメトロポリタン美術館だけであったが（オープンは1872年だが，セントラル・パークに移転したのは1879年），次第に拡大する美術館を見てオルムステッドは美術館を認めたことさえ後悔したと言う。彼は公園はあくまで商業主義と隔絶する必要があり，公園に来た人々を都会の喧噪から解放し，快い癒しを与えるべきだと考えていた。だから「他の目的の建物を一旦許したら，公園は息絶えてしまう」と執拗に主張した。19世紀にセントラル・パークに持ち込まれ具体化しなかった計画には，市街電車，墓地，教会，博覧会，商品見本場，競争路，サーカス・テントなどがあった。教会や墓地などはそれ自体に問題はないとしても，公園の中に置くことは本来の目的になじまないとオルムステッドはあくまで拒絶した（図5-3）。

第5章　金めっき時代　117

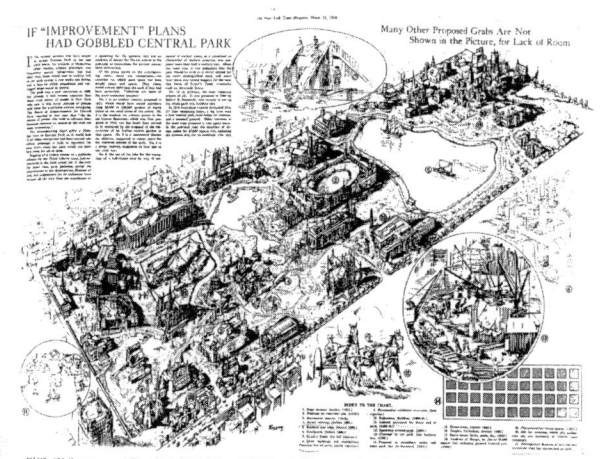

図 5-3　「もしセントラル・パークが改造プランに飲みこまれていたら」
19世紀後半から20世紀初頭にかけて，さまざまな公園改造計画が持ち上がり，そのたびに，オルムステッドの公園構想が危機にさらされた。そのような計画が実現していたらという仮想図。(*The NewYork Times,* 1918)

　第3の障害は，彼の考え方と時代のずれである。彼は公園を人々のオアシスにしようとしたが，そのような彼の考える余暇は，ゆっくりと自然を楽しんで眺め，心身を休めることを意味した。そのために公園の中からは外の世界が目に入らないように，また道が交差しないよう独特の工夫がほどこされた。オルムステッドは球技をしたいという希望にも難色を示し，スポーツを許可する場所や種類を厳しく限定した。ところがこの時代の人々が求める余暇そのものが変質してくるのである。ただ休むというより，もっと積極的に楽しむ，あるいは傍観するのでなく自分の体を使って何かをするといった参加型の娯楽やスポーツを人々が求めるようになる。やがて人気を呼ぶコニー・アイランドの遊園地はそのような人々の要求を満たす例といえるだろう。オルムステッドの理想は腐敗した政治家に受け入れ

■　「上品な伝統」　■
　「上品な伝統」の代表といえるのが，祖父，曾祖父が大統領であったヘンリー・アダムズである。彼は小説『デモクラシー』(1880)，「20世紀多様性の研究」という副題を持つ『ヘンリー・アダムズの教育』(1907) などを著し，拝金主義，腐敗の蔓延する現実を憂い，民主主義の将来にきわめて悲観的な見解を表明した。
　チャールズ・E・ノートン（ハーヴァード大学教授），ジョージ・W・カーティス（『ハーパーズ　ウィークリー』編集長），エドウィン・L・ゴドキン（『ネイション』編集長）といった仲間も，政治家としてでなく文化人として足跡を残すことになる。「金めっき時代」にあって礼節をあくまで唱える彼らは，「ミス・ナンシー」「去勢男」などと呼ばれてその軟弱さを嘲笑された。

られないだけでなく，本来は公園を通して教化しようとした人々からも遊離しつつあった。

「上品な伝統」

　産業化の波は南北戦争以前から人々の生活に大きな変化をもたらしていた。家と職場は分離し，男女の領域がはっきり分けられて，男は外で働き，女は妻，母として家を守るようになる。肉体よりも精神性が，自己抑制，勤勉，冷静さ，道徳性，禁欲といったいわゆるヴィクトリア朝的美徳が尊ばれ，それに根ざした成功が求められた。本能的な感情は押さえるべきであり，余暇も単に楽しみを求めるのでなく，何かを学び，道徳的，社会的に役立つことが望ましいと考えられた。1870年頃からは，良俗を守るための検閲も厳しく行われるようになる。このように礼節をわきまえ，精神性の高い，上品さを尊んだ文化が「上品な伝統」と呼ばれる。この呼称自体はほめ言葉とはいえず，むしろ自由な文化の発育を阻害した伝統という否定的な意味合いで20世紀初頭の批評家に用いられた。

　戦後の「上品な伝統」の中心にいたのが，「上品な社会改良家」と呼ばれる人たちだった。彼らは主にアメリカ北東部出身の知的エリートで，南北戦争の後，指導者として力をあわせ混乱した社会に将来の進むべき道を示

そうと志した。彼らは社会を縦構造としてとらえ，トップにいる自分たちが下の人々を啓蒙し導いていく，その行為こそ民主的だと理解した。しかし党利党略にまみれた現実の政界は彼らを必要とせず，結局思うような活躍の場を持てないまま，変わりゆく社会への疎外感を強めていく。社会の中枢ではなく，社会改良や教育，雑誌の編集にたずさわることで望みをつないだ。オルムステッドもその中の一人として，公園によって人々を啓蒙し，アメリカ文化そのものを育成しようと考えた。友人への手紙の中で彼は公園を通して「大変重要な民主主義の育成にたずさわっているのであり，私の考えではこの国の芸術，審美的文化が進歩するかどうかは，まさにこの成功にかかっているのです」と述べている。音楽や演劇，美術を通して人々を啓蒙しようとする者もあり，彼らはいわゆるハイ・カルチャーの担い手となっていく。

2.「もう半分」の世界

都市化と社会進化論

　オルムステッドが予測したように，都市化の流れは急速に進展した。世紀末になるとニューヨークは340万，シカゴは100万の人口を抱え，209の主要都市で総人口の約1/3，工業活動の2/3を占めるようになる。都市は国家を支える大動脈となったわけだが，このような流れを作った第一の要因は大量にやってくる移民であった。1870年から1900年の間に合衆国の人口は約3600万人増加したが，そのうちの1200万人が移民だといわれる。彼らはアメリカに到着するや否や，働き口のある，あるいは身寄りのいる都市へとなだれ込み，スラムを形成するようになる。これが先に述べたような腐敗政治の温床となったが，一方でさまざまな国の文化が持ち込まれ，「人種のるつぼ」と後に呼ばれるきわめて複雑な文化状況がつくりだされていく。上層の社会の華やかさとは対照的に，この時代の工場労働者やスラムの人々の生活は悲惨なものであった。しかし彼らの劣悪な労働条件は，職を求める移民に事欠かない状況で，容易に改善の方向へ向かわなかった。

さらに工場では機械化，効率化がおしすすめられ，労働者の労働，生活，文化そのものが根底から変質していく。熟練工はもはや必要とされず，勤勉，抑制が成功へ結びつくといったヴィクトリア朝的美徳はもはや無効となってしまう。

　このような 19 世紀後半のアメリカ社会におけるキーワードは「進歩」であった。実際，これまでにないテクノロジーが，例えばタイプライター（1873），電話（1876），白熱電灯（1879），無線電信（1886），ラジオ（1891）など，人々の生活を便利にする実用品が次々と生み出された。人々は超現実的なものでなく事実を重んじ，客観的な実験室の法則に信頼をおく科学信仰がこれまでにない高まりをみせるようになる。この機運をうみだしたのは，イギリスの生物学者チャールズ・ダーウィンが『種の起源』（1859）で提唱した進化論であり，さらには進化論を人間社会にあてはめたハーバート・スペンサーの社会進化論であった。ビジネスという生存競争における成功は適者生存の結果として正当化される一方，失敗は個人の責任とみなされ，社会システムの欠陥が問題にされることはなかった。政府はこのような自然法を最大限に生かすために，放任主義（laissez faire）を貫き，個人の経済活動には干渉しないという基本姿勢を取ったのである。この方針に支えられ，企業は競争力を高める合併統合を繰り返して巨大ビジネスへと発展し，新たな富裕階級が続々と生まれたことはすでに述べた通りである。しかし 19 世紀も終わりに近づくと，その放任主義の弊害があらわになり，富の偏りによる弊害をなおそうと改革運動がすすめられることになる。1895 年から 4 半世紀は「革新主義」時代（Progressive Era）と呼ばれ，多くの社会運動家たちが「上品な社会改良家」の主張を受け継いで，さらに広範囲な活動を展開するようになる。

可視化される「もう半分」の世界

　1890 年にジェイコブ・A・リースが『もう半分はいかに生きるか』を出版した。ジャーナリストであり社会改良家であるリースはこの本で，華やかなニューヨークのもう半分の人たち，すなわちスラム街に住む貧しい移

■ アメリカ先住民の闘争 ■

　1830年にインディアン強制移住法が制定され、保留地への移動を余儀なくされたアメリカ先住民たちは、1860年から90年にかけて各地で武力闘争を繰り広げ抵抗する。1876年にはカスター将軍率いる第7騎兵隊をスー・シャイアン連合軍が打ち破ったが、1890年にはウーンディド・ニーのゴースト・ダンスを取り締まるという名目で先住民の大虐殺が行われる。
　ジャクソンたちの運動によって一般土地割当法（1887）が制定されたが、それも彼らには有効に働かず、ますます窮地に追いやられていく。先住民問題への本格的な取り組みは、20世紀を待たなくてはならない。

民たちが、どれほどみじめな生活をしているのかを明らかにした。テネメント（安アパート）に住む彼らの実情を詳細に説明するだけでなく、それを新しいメディアである写真を使って視覚的に訴えたことが鮮烈な印象を与えた。リースは貧しさそのものよりも、人の心を蝕む貧困状態（pauperism）の危険性を説き、住環境の改善を何よりも強く訴えた。彼は階級への異議申し立てを「アメリカという土壌ではあげてはならない叫び」と考えており、穏健な改革案であったことも効を奏して大きな反響を呼んだ。

　しかしこの時代の「もう半分」の世界は都会のスラム街だけではない。進歩の時代に進歩から取り残された人々は多かった。19世紀後半のアメリカではアメリカ先住民が自分たちの権利を守るために、血みどろの闘争を続けていた。ヘレン・H・ジャクソンは彼らの窮状を救おうと小説『ラモーナ』（1884）などを書いたが、事態が容易に好転することはなかった。ウーンディド・ニーの戦いは先住民に壊滅的打撃を与え、それまで続いた一連の抵抗運動は終わりを告げる。一方、南北戦争の集結とともに奴隷制は廃止されたが、黒人の状況も好転せず、むしろ反動ともいえる動きが彼らを取り巻くようになる。市民権法は守られず、黒人たちを敵視するKKKが結成され、人種隔離政策が各地でとられ、リンチが頻発し、多くの黒人が北へ、大都市への移動を余儀なくされる。女性や労働者たちの要求もなかなか聞き入れられなかった。女性が参政権を獲得するのも、労働組合運

動が本格的に始まるのも，20世紀を待たなければならない。しかし女性たちの中には，高学歴で結婚をせず，職業を持つ「新しい女」と呼ばれる女性が登場し，また労働者たちも抗議運動を通して自分たちの不満を表明するようになる。80年，90年代には大規模なストライキや暴動が頻発するようになり，彼らの不満や怒りがはっきりと目に見える形となって現れてきた。

　このような「もう半分」の世界の人々の文化，大衆文化といえる物が少しづつ生まれ，育ってきたのもこの時代である。テクノロジーの進化によってこれまでにはないようなスピードで，考えられないような遠隔地にまで，文化が広がり移動することも可能になった。この時代は地方演芸が花盛りで，サーカス，ミンストレル・ショー，ワイルド・ウェスト・ショーなどが鉄道を使って各地を巡業した。またボードビル，ミュージカル，バーレスクといったショーも人気を呼ぶ。歌が流行れば，楽譜が売られて多くの人が口づさみ，ダンスが流行れば多くの人がまねてステップを踏んだ。またダイム・ノヴェルと呼ばれる廉価な読み物も，ウェスタン，探偵もののジャンルで大いに人気を呼ぶ。これらの大衆文化が生まれてくる背景には，主に移民による人口の急激な増加がある。また彼らにそのような娯楽を楽しむ経済的，精神的ゆとりが徐々に生まれてきたのも事実であろう。しかしそれと同時に，ビジネスとして娯楽を生み出し，流行らせる興行師が現れてきたことも忘れてはならない。「金めっき時代」は何よりもビジネスが先行した時代であり，興行師たちはいつでもどこでもビジネスチャンスを狙い，流行の火付け役をし，文化を先導する一役をになった。それは大衆のみなぎる力の表出に寄与したが，また文化が低俗化し，享楽的になる危険性を同時に孕んでいた。

ヒーローとしてのベン・ハー

　リースがリアルにスラムの生活を見せたように，文学の世界では現実の世界を客観的に写しとるリアリズム文学が生まれてくる。その代表格と言えるのが，冒頭で触れたトウェイン，それにヘンリー・ジェイムズ，ウィ

図5-4　1901年『ベン・ハー』舞台公演のポスター
脚本ウィリアム・ヤングの舞台は，大がかりな舞台装置で話題を呼んだ。
(Mayer, David ed. *Playing Out the Empire: Ben-Hur and Other Toga Plays and Films, 1883-1908 .*)

リアム・D・ハウェルズである。またスティーヴン・クレインは，後のセオドア・ドライザー，フランク・ノリスといった自然主義の作家たちの先駆けと見なされている。徹底的に現実を直視する中から生まれたリアリズム小説は新しい流れといえるが，より多くの読者に読まれたのは，「進歩信仰」に追従したセンチメンタル・ロマンスや歴史ロマンス物であった。なかでも歴史上の人物が主人公ではないが，ルー・ウォレスの書いた『ベン・ハー』（1880）は，『風とともに去りぬ』（1936）が登場するまで，当代一の人気作品と言われた。後に舞台化され，本物の馬や戦車を使った大掛かりな演出が話題となり，ますます人気が高まったという（図5-4）。現代ではこの小説が読まれることはまれであるが，当時なぜそれほどまでに人気を呼んだのか，それを考えることは金メッキ時代の文化を考える一つの手がかりになるだろう。

　1959年版のウィリアム・ワイラー監督の映画で，チャールストン・ヘストン演じるユダヤの豪族，ハー家の跡取り息子，ベン・ハー（ユダ）は，最

初から逞しい家長として登場する。しかしながら小説におけるベン・ハーは，少なくとも最初はとてもあどけない。幼馴染みのローマ人メッサラの言動に傷つき，母親に「僕はどういう職業につけばいいのでしょう」と尋ね，その膝枕で甘える少年であった。しかしこのようなユダに突然苛酷な運命が襲いかかる。ローマ提督暗殺未遂のかどで捕らえられ，ガレー船送りの処分を受けるのである。3年後にユダはガレー船の奴隷漕手として再び現れるが，ここでローマ軍司令官，アリウスは，ひときわ目立つ肉体の逞しさと高貴さを兼ね備えた彼に目をとめ声をかける。その後の戦乱のさなか，千載一遇のチャンスをユダは的確に掴み，司令官の養子の座をいとめることになる。

このようにベン・ハーは同じ「金めっき時代」に流行ったホレーショ・アルジャーの成功物語が及びもつかないような「金持ちからボロ」，「ボロから金持ち」という紆余曲折の人生を歩むが，彼は単に物質的な栄華だけで満足できる人物ではなかった。肉親を探し出し，自分の民を救うため命の危険をおかしてユダヤの地に戻ってくるのである。しかし小説の面白さは，このような彼の優等生ぶりだけによるものではない。彼は妖艶な女性イラスが宿敵メッサラの愛人であるとも知らず，その手練手管に心迷わせるし，戦車競技において，メッサラの戦車を転倒させる企みもする。メッサラが悪玉，ベン・ハーはひたすら善玉という映画とは対照的に，小説におけるベン・ハーは人間の弱さ，狡猾さも合わせ持った人間として描かれているのである。

ユダヤの地に戻ったベン・ハーは，武将としてユダヤの民をローマの圧制から救うという計画に乗り出していく。しかしキリストによる母の救済を目の当たりにし，武力でなく，愛を通して人々を救うことに目覚めるのである。キリストは人々に愛を説いたが，それにならってベン・ハーも愛を説く人となる。ベン・ハーはもう一人のキリスト，地上のキリストとなったといえよう。もちろんこの物語は「キリストの物語」という副題が表すように，2000年前の時代設定で書かれた小説である。しかしここに描かれているのは，まさしく「金めっき時代」の人が憧れ，愛したヒーロー像で

ある。

めざめる身体

　この時代のヒーローの条件としてまず第一にあげられるのは，莫大な財力である。ベン・ハーは養子としてアリウスの遺産を受け継いだだけでなく，彼のあずかり知らない所で，運営，管理されたハー家の財産も手にすることになる。あり余るような財産，しかもそれは「ベン・ハー」すなわち「ハー家の息子」という名前が表すように，由緒正しい血筋の者が持つ物質的な豊かさである。このような人並みはずれた富裕さはヒーローの第一条件となる。第二の条件は精神的な強さと豊かさである。自分の民族，さらに家に対する誇りを忘れず，家族を愛し，年長者を敬い，キリストの愛の精神を受け継いでいくその尊さである。さらにはどんな逆境にも負けず，つねに前を向いて進んでいくという精神。「夢は夜眠っている時だけ見る物ではない。すべての結果は前もって約束されており，その約束は目覚めている時に見る夢の形で語られる（中略）生きるということは夢を見ることである」と語るベン・ハーは，どのような状況にあっても夢を見，前に進むことを忘れない。まさに「進歩」をキーワードとするこの時代を地で行く人生といえるだろう。第三の，そして最も興味深い特徴は，ベン・ハーの持つ肉体的な男らしさである。ベン・ハーの物語は，アリウス司令官の目をまず引いた，ベン・ハーの肉体的な逞しさがなければ始まらない。ガレー船の漕手として見事な櫂さばきを見せ，ローマでは運動能力でその名を馳せ，ユダヤの民のために迫り来る敵を素手でやっつけ，戦車を見事に操ってみせる。まさにこの身体の優越性をもってはじめてベン・ハーのヒーロー性が完結するといえるだろう。強くなくては男でないのである。

　先にオルムステッドの考える娯楽と時代の要請する余暇にずれが生じてきたと述べた。オルムステッドにとればベン・ハーの持つこの第三の特徴は，あまり意味を持たないかもしれない。しかし1880年代以降，アメリカでは次第に男性の身体への関心が強まり，筋肉の逞しさ，肉体的な強靱さが「男らしさ」として尊ばれるようになる。それと共に，精神的な面でも，

■ 『民主的展望』 Democratic Vistas（1871） ■
　詩人ウォルト・ホイットマンが混迷する民主主義国家アメリカに何が必須かを問うた評論。強健な筋金入りの体と，勇敢さ，良心，道徳性，風土生えぬきの想像力豊かな「魂」を持った詩人がうみだす文学こそ，アメリカの民主主義を支えるものだと主張する。1855年に初版を出し，一生をかけて推敲し続けた『草の葉』は，詩人自身がアメリカに示したこの問への解答といえる。

　自己を抑制するのでなく，むしろ本能に従う情熱や闘争心といったものが「男らしさ」と見なされるようになる。この時代に高まるスポーツ熱もこういう傾向と連動すると思われる。
　もともと労働者階級の人たちは肉体的な強靱さを特徴としたが，次第に娯楽としてスポーツ競技を観戦したり，スポーツを行うようになる。ただしそこには，彼らが持つ仕事や経済的状況への不満を，ストライキといった形でなく，スポーツや娯楽に誘導して解消させようとする経営者側の政治的な意図が働いていたことも事実であろう。しかしここで注目すべきなのは，この時代に中産階級の人々，本来ならば身体よりも精神性を重んじるはずの人々が，肉体的な魅力にとりつかれはじめたことである。彼らは，大学のクラブや，社交クラブでアーチェリー，カヌー，ボクシング，バスケットボール，ベースボール，フットボールなどを楽しむようになる。世紀末には，サイクリングや「弱いことは罪である」をスローガンにしたボディビルも流行する。のちに第26代大統領となるセオドア・ローズヴェルトは，家柄や知力だけでなく，米西戦争に義勇軍として参加したり，牧場を経営したりする「男らしさ」をアピールして人気を得た。彼はベン・ハーが示した財力と，精神的美徳と，家柄と，そして肉体的逞しさとを兼ね備えたヒーロー像を具現化した（あるいはそう見せようとした）人物といえる。19世紀末のアメリカにおいて長篇小説『ベン・ハー』を愛読したのは，基本的に中産階級の読者だと考えられる。しかしこのヒーローの逞しさゆえに，あるいはこのヒーロー像への憧れゆえに，この作品は中産階級予備軍ともいうべき多くの人をも引きつけたに違いない。だとすればこの

作品がベストセラーとなったことに何の不思議もない。

　さらにこの時代の宗教も，同じような傾向を持ちはじめていた。ダーウィンの進化論は神が万物を創造したというキリスト教の教えと齟齬をうみ，聖書解釈においてさまざまな論争を呼んだが，一方，現実の社会が抱える「もう半分」の世界の問題も宗教に変革をもたらすようになる。リベラルな立場をとった社会的福音運動は，教会がもっと現実的な社会問題の解決に取り組むべきだという立場を主張した。ジムを建ててスポーツを取り入れたり，セツルメント運動をはじめたりする。彼らは死後の世界ではなく，この世に福音をもたらすことを重要視し，弱々しいキリスト像でなく，労働者に働きかける，筋骨たくましい信念と行動のキリスト像をうたった。20世紀初頭にさらに広まりをみせるこの運動のイメージを先導した役割の一端をベン・ハーがになったと言えまいか。そこには筋肉隆々とした地上のキリストの一つの型が示されているからである。

3. シカゴ万博の不協和音

　1893年にシカゴで行われた万博は，世界のトップとなったアメリカの威信をかけた大事業であった。ダニエル・H・バーナムを初めとしたアメリカを代表する建築家や芸術家がこの建設に関わり，オルムステッドもその一人として活躍する。彼はセントラル・パークでの経験を生かして，荒涼とした沼地を生まれ変わらせた。この会場は3つのセクションに分かれており，そのひとつであるミッドウェイ・プレザンスでは大通りにレストランや見せ物小屋，遊技施設がひしめき，猥雑なカーニヴァル会場のような雰囲気を醸し出していたという。バーナムはここが「博覧会のより軽やかで空想的な側面を見せるためのものである」と語っている。

　博覧会の持つ威厳のある顔と猥雑な顔という対照性についてはさまざまな考察が可能であろう。しかしこれらは「金めっき時代」のアメリカ文化が持つ二つの顔を表しているのではないか。ホワイト・シティという表の世界も，ミッドウェイ・プレザンスという「もう半分」の世界も，共にこ

の時代が持つ顔である。博覧会の主催者の建て前はどうであれ，少しでも多くの人をこの会場に呼び寄せるには，ミッドウェイのような猥雑なエネルギーのあふれる空間が必要であることを彼らはハッキリと自覚していたのである。会場の入り口はまったく異なり，別料金であったとしても，ミッドウェイが博覧会の必須要素であったことに間違いはない。

　文化とビジネスと政治はアメリカにおいて，切っても切れない関係にある。とりわけこの「金めっき時代」においては，それが良くも悪くも渾然一体としていた。この時代にハッキリと見えてきたのは，それまではあまり見えていなかった，あるいは見ようとしなかった「もう半分」の世界である。ちょうど博覧会の会場がそうであるように，「半分」の世界と「もう半分」の世界が混じりあうことなく，アメリカという共通の大地の上に建っている。エリート，あるいはエリート予備軍の人々にとって，文化は自分たちの存在価値を他に示す重要な手段であった。しかし「もう半分」の世界にも，実にユニークな文化が徐々にうまれつつあったのである。それだけでなくこの時代が明らかにするのは，完全に混じりあうことのないはずのこれら2つの世界の境界線を，文化がつき崩す可能性を持つということである。娯楽を通して，スポーツを通して，気がつけば，社会的な立場や経済的状況のまったく違う人が，同じ歌を歌い，同じスポーツに熱中する。そこから社会の硬直したシステムの風穴が開くこともある。

　アメリカ文化といえば，大衆文化をさすことが多い。それではオルムステッドのような人がいた「半分」の世界はアメリカの真実の顔ではないのか。私はそうは思わない。セントラル・パークの歴史をしらべ，今日あの公園を訪れる時，私はやはりオルムステッドたちが苦しみながらも自分たちの主義を貫いたその功績の大きさを感じずに入られない。「金めっき時代」の社会からの疎外感，突き上げてくる「もう半分」の世界の人々への脅威をまざまざと感じたからこそ，オルムステッドはあれほどまでに，純粋に理想を貫くことに固執したのである。オルムステッドが，そして彼の後継者たちが妥協したならば，セントラル・パークには今頃，大仏が建ち，ラジオタワーが建ち，巨大スタジアムができ，およそ今日の姿とは似ても似

つかない場所になっていたと思われる。

　「金めっき時代」は自由競争の原理が徹底され，天と地のような経済格差が生じた時代である。一方で「もう半分」の世界が，そしてその世界が持つ文化が可視化された時代でもあった。やがて20世紀を迎え本格的な大衆文化が花開いていく。「金めっき時代」はその直前の，2つの世界がどうにか均衡を保って存在し，そこから怪しい不協和音が聞こえてくる，そういう時代であった。

参考文献

Fein, Albert ed. *Landscape into Cityscape: Frederick Law Olmsted's Plans for A Greater New York City*, Ithaca, New York: Cornell University Press, 1968.

Reed, Henry Hope and Duckworth, Sophia. *Central Park: A History and a Guide*, New York: Clarkson N. Potter Inc, Publisher, 1972.

Riis, Jacob A. *How the Other Half Lives*（1890）, New York: Penguin, 1997.

Trachtenberg, Alan. *The Incorporation of America: Culture & Society in the Gilded Age*, New York: Hill and Wang, 1982.

Twain, Mark and Warner, Charles Dudley. *The Gilded Age: A Tale of Today*（1873）, New York: A Merdian Book, 1980.

Wallace, Lew. *Ben-Hur*（1880）, Oxford: Oxford University Press, 1998.

（辻本庸子）

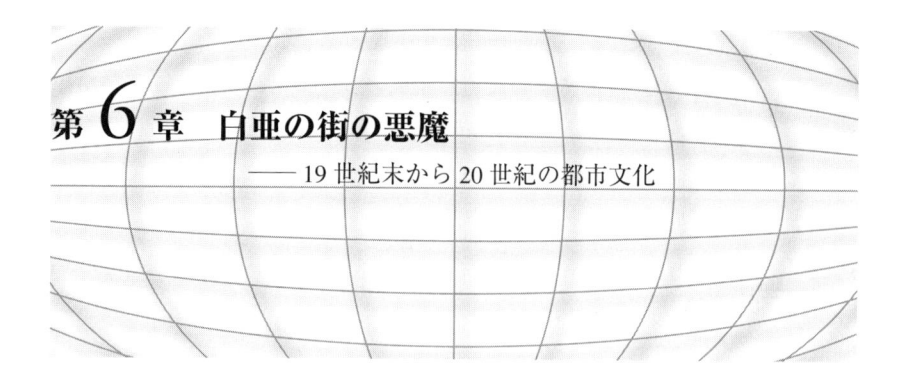

第 6 章　白亜の街の悪魔
―― 19 世紀末から 20 世紀の都市文化

1.　世紀末シカゴ

　1896 年 5 月 7 日午前 10 時 13 分，ひとりの男がペンシルバニア州の刑務所で絞首刑に処された。ハーマン・ウェブスター・マジェット，35 歳。別名 H・H・ホルムズというこの男の罪状は保険金詐欺と殺人だった。巧みな話術で知り合いの保険金受取人となり，事故を装ってその人物を殺したのだった。ところが捜査が進むにつれ，ホルムズがこの保険金目的の殺人以外にも，多くの人を殺していたことが判明した。本人は最終的に 27 人の殺害を自白したが，虚言癖のある彼が実際にあやめた正確な数は今日までわからない。少なくとも子ども 3 人を含む 9 人，おそらくは数十人だろうと言われているが，なかには 200 名以上を殺したのではないかという推測もある。

　ホルムズの標的の多くは 20 代の独身女性だった。とくに都会の自由を謳歌しようと地方から出てきたばかりの若い女性を狙った。ハンサムで身だしなみよく，金があり，優しくて面倒見のよいこの男性に，多くの女性はあっさりと騙されてしまった。彼は殺すという行為そのものに快感を抱いて殺しつづけた。部厚い壁と鉄製のドアでしきられた暗室を自宅に作り，何も知らない相手を巧みにおびき寄せ，クロロホルムをかがせて意識を失わせ，首を締めた。あるいは，隣室からガスを送り込んで殺すこともあった。死体は地下室に設けた焼却炉で処分をしたり，仲間に頼んで人骨標本にして，近所の

医学校に売りつけたりすることもあった。この一見礼儀正しい紳士の残虐な犯罪は，当時のアメリカ社会を震撼とさせ，新聞はホルムズをアメリカ史上もっとも凶悪な殺人鬼としてセンセーショナルに報じた。しかし処刑から百年を過ぎた今日，過去の多くの「大事件」

図 6-1 「この世のものとは思えない」壮麗な白亜の建築（シカゴ博覧会）

と同じように，ホルムズの忌まわしい犯罪は忘れ去られ，本格的な研究はほとんどない。

　ホルムズの犯罪の主な舞台は 1893 年のシカゴだった。その年のシカゴではコロンブスのアメリカ大陸「発見」の 400 周年を記念して，大規模な世界博覧会が開催されていた。建築家ダニエル・バーナムの指揮下，シカゴ市の南部にあるジャクソンパークの広大な会場には，世界の文化と最先端の技術が結集されていた。そこにはアメリカの一流の建築家らがデザインした，「この世のものとは思えない」とまで絶賛された壮麗な白亜の建築が並んでいた（図 6-1）。夜になると会場は煌々と電気で照らし出され，それまで電気の灯りを見たことのなかった多くの観客の度肝を抜いた。ニューヨークとシカゴ間に設けられたスピーカー付きの電話を通して，人びとはニューヨークで演奏中のクラシック・コンサートをシカゴで耳にした。音を記録する蓄音機，動作を記録するキネストコープ（映画のもとになった）にも仰天した。ファスナーやパンケーキ・ミックスなどの小さな発明品も話題をよんだ。むろん，展示に参加していたのはアメリカだけではない。会場のあちこちで世界中の国が国力と伝統を誇示しようと競い合っていた。なかでも日本政府が建てた平等院鳳凰堂のレプリカは，多くの人びとにその美しいデザイ

> ■ 摩天楼 ■
>
> 　英語は skyscraper, つまり「空」(sky) を「こする」(scrape)。Oxford English Dictionary によると, もともとは帆船の帆の一種, 背の高い馬や人などを指す言葉で, 今日のような高い建物という意味で用いられるようになったのは, 高層建築そのものが登場してくる19世紀末以降である。摩天楼が集中したのはアメリカの都市, とりわけシカゴであった。
>
> 　主な建築家としてダニエル・バーナム, ウィリアム・ル・バロン・ジェニー, ルイ・サリバンなどが挙げられる。摩天楼建築には技術革新（強固な鉄筋, 高速エレベーター, 換気, 暖房, 配管等）のみならず, 大企業の出現, 土地投資や不動産業の発展, 都市計画（ゾーニング）の整備などの経済的な要因, また, 世界一高い建物を持つことで都市や国家のプライドを示そうとする政治的・文化的な意識も大きく関係していた。初期の建物は10階程度だったが, 20世紀に入るとニューヨークのマンハッタンに30階を超える建物が登場するようになった。1931年にオープンしたエンパイア・ステート・ビルは102階にもなった。

ンと精巧な建築技術で感銘を与えた。

　一方, 隣接するミッドウェイ・プレザンスには世界中の娯楽施設が集まっていた。人びとは官能的なアルジェリアのベリーダンスに釘付けになり, 日本の茶屋でお茶をすすり, 世界ではじめての大観覧車「フェリス・ホィール」に乗って歓声をあげた。また同じく博覧会会場に近いバッファロー・ビルのワイルド・ウェスト・ショーでは名高いショーマンのビル・コーディがインディアンと戦う場面が繰り広げられ, 観客からやんやの喝采を受けていた。サウスダコタ州のウンデッド・ニーで200名ものスー族が殺され, 幾世紀にもおよんだ白人とインディアンの戦争が終結を迎えたのはそのわずか3年前のことだった。

　この博覧会は当時の一大イベントだった。その様子を再現するウェブサイトには, 博覧会は今日の「オリンピック」,「ディズニーランド」,「スーパーボール」(プロフットボールの決勝戦),「ナショナルギャラリー」(ワシントンにある国立美術館) のすべてを一緒にしたようなものだとある。この世紀のイベントを見るために, 人びとはアメリカからだけではなく世界中か

第 6 章　白亜の街の悪魔　133

■　フェリス・ホィール　■

　シカゴ博覧会の最大のライバルは，その 4 年前に開催されたパリ博覧会だった。アメリカの栄光を示すために，世界一の規模といわれたパリの博覧会を超えることがバーナムの至上命題だった。なかでもパリ博覧会のシンボルで，世界中の賞賛を浴びたエッフェル塔を凌駕するものが必要だった。いくつかの案が検討されたが，最終的にバーナムが選択したのはピッツバーグのエンジニアのジョージ・フェリスが設計した大観覧車だった。ミッドウェイ・プレザンスに設置されたこの観覧車は高さ 264 フィート（約 82 メートル）で，すべての車が定員に達すれば一度に 2,000 名もの人が乗ることができた。当初は技術的に無謀で荒唐無稽なアイディアとさえ言われたが，博覧会の後半には 1 日 2 万人が乗車するほどの人気をよび，ミッドウェイを代表するアトラクションになった。

フェリス・ホィール（シカゴ博覧会）

らやって来た。当時のアメリカは人口が約 6,500 万人，飛行機や自家用車はまだ実用化されていなかったので，遠距離からシカゴを訪れるには徒歩，馬車，汽車以外の方法はなかった。それでも博覧会開始から半年間で 2,750 万人もの来場者があった。

　ホルムズの事件とは対照的に，このシカゴ博覧会は 19 世紀末のアメリカ文化を理解するための重要な鍵として，今日まで数多くの研究がある。大衆文化史，建築史，都市史，景観史，女性史，美術史，西部史，技術史，労働史，文学史，政治史，経済史，黒人史，帝国史，国際関係史など多数

の分野の研究者がこの万博に注目し，そのさまざまな意義を論じてきた。

2003年に出版されたエリック・ラーソンの『ホワイト・シティの悪魔』(*Devil in the White City*) は今日まで広く知られるこのシカゴの博覧会と，今やほぼ忘れ去られてしまったホルムズの殺人というふたつの事件に焦点をあてたものである。前作『アイサックの嵐』(*Isaac's Storm*) で歴史ノンフィクション作家としての地位を築いたラーソンは，博覧会に関する先行研究を参照する一方で，ホルムズに関する当時の新聞資料などを丹念に収集し，両者を巧みに関連させて当時のシカゴのみならずアメリカ文化の光と影を映し出した。博覧会会場の設営を指揮するバーナムの姿と，次々と殺人を犯すホルムズの様子を，当時のシカゴ市内で起こっていたさまざまな事柄を交えながらミステリー仕立で展開していくラーソンの著作はアメリカ各地の主要紙の書評で賞賛され，全米図書賞にもノミネートされた。

本章ではラーソンの著作に焦点をあて，19世紀後半から20世紀にかけてのアメリカ文化，とりわけ都市の文化について考えてみたい。とくにラーソンが描き出した都市の多面性を把握することを目的としよう。そのために，まず博覧会準備の指揮を執ったダニエル・バーナムと殺人鬼H・H・ホルムズが住んでいた当時の都市の状況をまとめる。19世紀末から20世紀初めにかけてアメリカの都市は急速に発展した。バーナムとホルムズの人生には一見何の関わりも無いように見えるが，都市を舞台に生活の糧を得ていたという点では共通していた。都市がかれらのキャリアをどのように可能にしたかをまとめることで，世紀転換期の都市文化を概観しよう。

アメリカの町の多くは計画的に設計されたものであったが，そもそも建国期の人口の9割が農民だった国では，100万，200万もの人が集まる都市などは想定されていなかった。人口が急速に増加した都市はさまざまな問題に直面した。シカゴを始めとする多くの都市の再計画が求められるようになった。博覧会はそのような都市計画の実験場ともされ，そこで実績を上げたバーナムは，その後アメリカの都市計画の一人者として活躍するようになる。バーナムの活動に焦点をあて，当時の都市計画の動きとその背景にある文化を模索したい。

とはいえ，バーナムらの都市計画は実際に計画通りの結果をもたらしたわけではなかった。都市はさまざまな人の住む場所であった。バーナムのような中産階級の白人の専門家の感性を共有しない人はホルムズのような犯罪者だけではなく，その他大勢いた。1920 年代のシカゴは 270 万の人口のうち 80 万が外国生まれで，その出自も東欧，南欧，ロシアなどさまざまだった。南部から黒人の移動も盛んになり，1910 年からの 10 年間でその人口は 150％も増加した。白人専門家による都市計画はかれらの生活までをも統一化できるほどの力を持っていたわけではなかった。都市に住む多様な人びとの視座から世紀転換期のアメリカの都市文化についても考えてみよう。

　アメリカは，長いあいだ都市に懐疑的な国だった。たとえば「建国の父」のひとりであるトマス・ジェファソンなどは，都市の発展をアメリカの理想を蝕むものとして危惧していた。アメリカはあくまで額に汗して地道に働く独立自営農民の国であるべきだ，という理想と神話は根強く，今日でもその残像を感じることができる。にもかかわらず，19 世紀から 20 世紀にかけての資本主義経済の発展のもとで，巨大な都市が形成されていった。そしてそのような都市を中心に新しい文化が花開いた。都市への憧れが強くなる一方で，ジェファソンが予測したような，都市が生み出す悪に対する懸念も一層強くなった。シカゴはこのようなアンビバレンスを体現したような都市であった。本章を通して世紀転換期の都市の多様な意義を考えてみよう。

2. 世紀の大事件

シカゴ博覧会会場の設営を指揮するバーナム

　ラーソンの作品の中心人物であるダニエル・バーナムと H・H・ホルムズのふたりがシカゴの街中で直接出会ったことはなかった。にもかかわらずラーソンがふたりを軸に物語を展開できるのは，両者が当時の都市文化を共有していたからである。

19世紀半ば以降，アメリカの都市は急速な発展を遂げた。なかでもシカゴはその代表で，1833年には400人程度の集落地だったのが1890年には百万都市に成長し，フィラデルフィアを抜いてニューヨークに次ぐ全米第二の都市になった。もともとシカゴは西部開拓が進むにつれ，当初は五大湖とミシシッピを結ぶ運河の出発点として，その後は鉄道の中継地点として発展していった。中西部の農場地帯から東部の人口が集中している地域へ小麦やトウモロコシが送り出される出発点となったため，アメリカ最大の穀物市場が形成された。また豚や牛を加工する食肉産業が発展した。シカゴのユニオン・ストックヤードには毎日のように西部から何千頭もの牛や豚が送り込まれ，屠殺され，食肉となって新しく発明されたばかりの冷蔵貨車に乗せられてニューヨークなどの市場へと発送された。屠殺された家畜の血と肉の臭いが漂う20世紀前半のシカゴは「ミートパッキングシティ」として全米に知られたほどだった。さらに北部のウィスコンシン州やミシガン州で伐採された木材を加工する製材業なども盛んだった。

このようにシカゴは19世紀末のアメリカ農工業の一大重要基地だった。1893年の博覧会にはシカゴに加え，セント・ルイスやニューヨーク，1876年の博覧会を開催したフィラデルフィアなども名乗り出ていた。どれもコロンブスの航海とは直接関係のない土地だったので，決め手となったのは都市の規模と財政基盤だった。結局，成長著しいシカゴがアメリカを代表する都市として連邦議会に選ばれた。

1846年にニューヨーク州で厳格なプロテスタント系の家庭に生まれたダニエル・バーナムは，1870年代にシカゴへ移り，建築家として頭角を現した。急激な都市化が進むシカゴの建築の需要は大きかった。とりわけ1871年のシカゴ大火で街のほとんどの建物が全焼した後は需要が急増し，建築関連の業界は好景気に沸いた。ジョージ・プルマンやマーシャル・フィールドなどシカゴで大成功した資本家たちが本社ビルや豪華な自宅を建てた。ハーヴァード大学とイェール大学の受験に失敗し，失意のうちに建築事務所で働かざるを得なかったバーナムは，シカゴではその設計の才能と持ち前の人当たりのよさで確実に出世をしていった。やがてジョン・ルートと

いう優秀なエンジニアとともに会社を設立し，金持ちの娘と結婚し，資産家たちとの関係を深め，シカゴの上流社会での地位を確立した。ルートとバーナムは初期のシカゴを代表する摩天楼を設計するようにまでなった。基礎工事を工夫し，鉄筋を使い，建物内にエレベーターを設置して，10階を超えるビルを作っていった。バーナムは1890年に博覧会の開催が決定されたときには，この世紀の一大イベントをシカゴで実現するためのリーダーにふさわしい人物と目されるまでになり，会場設計・建築の責任者となった。彼はシカゴの成長とともに，都市の拡大がもたらすさまざまな機会を着実に利用することで富と地位を手に入れていったのだった。

殺人鬼ホルムズ

　一方，ニューハンプシャー州の小村で生まれたホルムズは1886年，26歳のときにシカゴへやって来た。そのまま隣接するエングルウッド市に向かった彼は，急激に成長を遂げるシカゴとその近郊の有様を見て定住を決意した。まずエングルウッド市内で薬局を経営する老女を騙して殺害し，その経営権をのっとった。そして今度は近所の土地を購入し，アパートを建てた。一階にはテナントが5軒，二階と三階には70以上の部屋がある建物で，なかには窓のない，異様に壁の厚い部屋もあった。地下室にはテナントとして入る硝子会社のためという名目で高温の炉を設置した。自分の薬局もこの新しい建物の一階に移し，クロロホルムなどの薬品を常備した。彼はこの建物の土地代，建築費，家具代などをすべて架空の人物名の小切手で購入し，債権者にはこの人物が姿をくらましたとうそぶいて借金を次々と踏み倒していった。

　ホルムズがアパートを貸したのは大半がシカゴに来たばかりの若い女性で，しばらくすると人知れずいなくってしまうことがよくあった。シカゴで博覧会の開催が決定されると，ホルムズはまた架空の人物名で費用を捻出し，アパートをホテルへと改築した。このホテルの宿泊者もほとんどが若い女性で，チェックアウトも済ませずに姿を消してしまうことがあった。その大半が彼の手によって殺され，地下の炉で処理されたと推測されてい

る。

　人口が急増する都市では，ホルムズのように突然他の土地からやって来る人物は珍しくなかった。先祖代々お互いを知っている小さな町とは異なり，シカゴのような大都市では彼のような人物を他人が評価するには，その服装，マナー，話しぶりなどで判断するしかなかった。19世紀半ば以降，アメリカ国内では数多くのエチケット本が出版されたが，これらは人間関係が希薄になった都市においては見知らぬ人物の人格 (character) が見た目 (appearance) で判断されるようになってきたことを物語っていた。今日のような本人確認の手段（免許証，出生証，パスポートなど）は存在しなかったから，自らを巧みにつくろうことのできる人物は都市では容易に人を騙すことができた。お洒落で，話もうまく，誠実そうに見えて羽振りもよいホルムズはどこから見ても立派な紳士で，その様子にとりわけ地方から来た女性たちは惑わされたのだった。当時の都市には彼のようなコンフィデンス・マン (Confidence Man) と呼ばれるペテン師がたくさんいて，地方から来た新参者を次々と餌食にしていったという。

　すでに述べたように19世紀後半から20世紀にかけて，アメリカでは数多くの人びとが都市へ移動した。東欧や南欧からの移民が急増したのに加え，南部の黒人，そして農村部の若い女性たちも都市へ来るようになった。1900年に出版されたセオドア・ドライザーの小説『シスター・キャリー』の主人公キャリー・ミーバーのように，小さな町での生活に飽き足らず，より良い収入と刺激を求めて都市へ渡った若い女性は少なくなかった。親たちも仕送りを期待して娘を送り出した。シカゴで女性労働者保護の活動をしていたジェーン・アダムスによると，それまで「これほど大量の若い女性が家庭の保護から解放され，都会の道をエスコートなしに歩き，見知らぬ所で働くのを許されたことはなかった」。

　人口の流入が激しいシカゴのような都市ではある日突然誰かがいなくなっても，それほど不思議ではなかった。薬局を経営していた老女がある日突然姿を消しても，「カリフォルニアの娘のところへ引退した」と言われればそれほど不審がられることもなかった。毎日のようにどこかで誰かが消息

を絶っていた。新たなチャンスを求めて他の都市へ行ってしまう場合が多かったが，職を失って餓死したり，湖に落ちて溺死したり，事件に巻き込まれて死亡したりした者も少なくなかった（1892年のシカゴ市の殺人件数は判明しただけで800件を超えていた）。結局，最後まで行方がわからない男女は多数いた。警察組織は充分に整備されておらず，捜査手段も確立されていなかった。ましてや博覧会の期間中は，2,750万もの入場者が押し寄せた会場の警備で手一杯で，市内の犯罪への対処はほとんどできない状態だった。ホルムズのアパートやホテルを最後に連絡を絶った娘や妹を探しに来た親兄弟も警察を頼ることはできず，自ら探すか，私立探偵を雇って調査するしかなかった。それでも真面目そうなホルムズに「別の都市へ行くと言ってましたよ，そのうち手紙が来るでしょう」という説明をされれば，たいした追求はできなかった。

　19世紀末のアメリカの都市は実に混沌としていた。シカゴの街の中心部ではバーナムらが設計したエレベーター付きの高層オフィスビルが建てられ，新しく登場したマーシャル・フィールドのようなデパートではきらびやかな商品が並び顧客の購買欲をあおっていた。ソースタイン・ヴェブレンが『有閑階級の理論』（1899）で「誇示的消費」（conspicuous consumption）と皮肉った華やかな消費文化が栄えた。そのような都会の華やかさの裏ではホルムズのような怪しい男たちが徘徊し，スリや置き引き，詐欺，ときには殺人などの悪事を働いていた。一部の資本家のもとに富の集積するなか，貧富の差はますます拡大した。貧しい地域では下水やゴミ処理などの整備もまったく進まず，悪環境のなかで多数の人びとが生活していた。事故や火事，犯罪は日常茶飯事だった。アダムスのような活動家の努力にもかかわらず，多くの都市ではインフラの整備は中・上流階級の人びとの住む地域のみに重点がおかれ，貧困層の環境は劣悪になるばかりだった。きらびやかな魅力でいっぱいの都市は，悪弊がはびこる罪深い場所でもあった。

　狡猾なホルムズにとって，混沌とした都市は犯罪を重ねるのに格好の場所だった。大都市の刺激を求めてやってきた若い女性に，当時の最新のオシャレであった自転車の乗り方を教え，博覧会やデパートなどへ連れて行って物

を買い与え，信頼を得た。そのうえで，密室に追い込んで殺害し，まったく知らぬふりをしていた。しかしそのような犯罪に同じ建物に住んでいた者すら気づくことはなかった。いくつもの偽名を使い，複数の顔を持つホルムズはまるでカメレオンのように都市の多面性に自らを重ね合わせ，自由自在に動きながら人を殺すという欲望を充足させていったのだった。

3. ホワイト・シティとシティ・ビューティフル

ユートピアが現実となる

　ダニエル・バーナムの指導下で完成したシカゴ博覧会の中心地区は「ホワイト・シティ」と呼ばれた。中央の人工池の周りに，ジョージ・ポスト，リチャード・モリス，チャールズ・マキムなど，パリの建築アカデミーの影響を強く受けたアメリカ人建築家らが設計した新古典主義スタイルの白亜の建物が並んでいた。実際には古代ローマの大理石建築とは異なり，表面を白色の漆喰で塗り固めただけであったが，その巨大なスケールは来場者を圧倒するのに充分だった。ポストが設計した工芸館（Manufacture and Liberal Arts Building）は幅が787フィート（約238メートル），長さは約1687フィート（511メートル）で，世界最大規模の建物だった。自然の潟を模した人工池には彫刻家ダニエル・チェスター・フレンチによる「共和国の像」がまるで水に浮かんでいるかのごとく立っていた。このような像や建築群が立ち並ぶ美しい敷地全体の景観設計にあたったのは，アメリカを代表する景観デザイナーで，ニューヨークのセントラルパークも手がけたフレデリック・オルムステッドだった。

　ホワイト・シティは「理想的な世界」で，それはあたかも「ユートピアが現実となった」かのごとき光景であると形容された。入場者の多くは壮大な美しさに息をのんだ。「人間の手によるものでこれほど完璧なものはいまだかつてなかった」，「非難すべき点は何もない」，「絵画や彫刻の傑作を見るときのように完全な満足感に浸ることができるし，ひとつの芸術を見ることでは得られないほど素晴らしく気分が和むし，昂揚もする」などと絶賛された。

むろん，批判的な人物がいなかったわけではない。唯一，他の建物とはスタイルも色も異なる運輸館を設計したルイス・サリバンは，これらヨーロッパかぶれの建築家たちによる一連のデザインは後にアメリカの建築の発展を少なくとも半世紀は阻害することになったと批判した。しかしサリバンのような声は圧倒的に少数で，大半はバーナムの指揮下で出現したホワイト・シティに心を奪われた。

シティ・ビューティフル運動の先駆け

　ホワイト・シティは20世紀に入って盛んになるシティ・ビューティフル運動の先駆けだった。シティ・ビューティフルはシカゴ博覧会のように，都市環境の整備を建築や景観デザインを都市計画に関する豊かな知識を持つ専門家の手に託そうとする運動だった。アメリカにはバージニア植民地の都であったウィリアムスバーグや，19世紀初めには碁盤の目のような道路配置が考案されたニューヨークのように，以前から数多くの計画都市が存在していた。また，西部開拓はあらかじめ土地を一定の大きさに区画して分配・販売することを想定していたから，農業や漁業などの生産活動を中心に長い時を経て有機的に発展してき他国の共同体とは異なる景観を持つ町がアメリカでは生み出された。しかし19世紀後半以降の急激な人口移動と技術革新で，シカゴなどの大都市には当初の計画では想定し得なかったほどの多くの人と物が流れ込んでいた。

　バーナムのような専門家たちは都市景観を組織的に再構成する必要があると強く考えるようになった。官公街，商業地区，工業地帯，住宅地など，都市空間をその用途に応じて明確に区分けしたうえで，各地区を結ぶ道路を拡充し，最新技術として注目されていた路面電車を始めとする交通機関を整備した。適切な環境が健全な人間育成に不可欠であると考えたかれらは，公園を作り，住宅地には緑を増やした。機械的な直線道路だけではなく，より自然的なカーブを描く道を整備した。そして細菌や医学などの科学的な発見をふまえ，下水やゴミ処理施設を作り，清潔な街を作ろうとした。

ある意味でシティ・ビューティフルは20世紀前半のプログレッシヴィズムと呼ばれる時代の特徴を反映していた。最先端の知識を有する専門家たちが，南北戦争後にはびこった金ぴかの時代の私利私欲主義を拝し，より効率のよい民主的な社会を築くために専門知識を提供し合おうとするこの意識は，都市計画をはじめ，教育，医療，福祉など，さまざまな方面で盛んになった。儲け主義一辺倒の19世紀的な企業倫理が批判され，公共の福祉を増進させるためには企業の営利活動にも一定の規制が設けられなければならないと主張されるようになった。むろん，シカゴを中心とする多くの資本家との深い付き合いのなかで自らの地位を確立してきたバーナムは，このようなプログレッシヴ運動の中核を担う一流大学出身の若者たちとは世代的にも背景的にも一線を画していた。新古典主義のようなヨーロッパの古い美の感性を都市計画に持ち込もうとしたバーナムの意識は，1920年代以降，一層重視されるようになるシティ・エフィシャント（効率の良い都市）を推進する流れと比べると，古いビクトリア的な感覚が色濃く残っているのは事実である。しかしホワイト・シティ創出の中心人物として認められた彼は，その後，サンフランシスコ，ワシントンDC，シカゴなどの都市再整備や，米西戦争後アメリカの植民地となったフィリピンの首都マニラの都市設計などを通じて，大都市設計の第一人者としての地位を不動なものにした。彼のホワイト・シティは都市という本来は無数の人びとの生活によって構成される空間が，一部の専門家によって組織化され，規制されるべきという思想を広めるひとつの重要な契機だった。その意味でシカゴ博覧会のホワイト・シティは20世紀の都市の発展の一面を予見させるものだった。

4. デビル・イン・ザ・ホワイト・シティ

19世紀末の雑多な都市の様相

バーナムの美しいホワイト・シティは，しかし，ラーソンが描いたような悪魔が暗躍するところでもあった。人びとがホワイト・シティに感銘を受け

■ ジェイコブ・リース ■

リースは 1870 年にデンマークからアメリカ合衆国へ移住し，やがてニューヨークでジャーナリストとして活躍する。とりわけ「アメリカ社会の脅威」とまで形容された貧しい移民が住むスラム街の取材で注目された。当時のロウアー・イーストサイド地区のテネメント・ハウスと呼ばれたアパートには，4メートル四方程度の部屋に「12 名もの男女が寝ている」ほどだった。ホームレスの子どもたちが道端で物乞いをし，犯罪が多発し，衛生状態は劣悪だった。優れた写真家でもあったリースはこうしたスラム街の様子を撮影し，1890 年，貧困を放置するアメリカ社会を糾弾するエッセイと共に *How the Other Half Lives* にまとめ出版した。

リースは主にユダヤ系を始めとする東欧・南欧移民の窮状に焦点をあてたが，チャイナタウンの問題にも言及している。中・上流階級の市民が同じ都市に存在する「残りの半分」の人びとの貧窮を無視し続けるべきではないとするリースの主張は，セオドア・ルーズヴェルトを始めとするプログレッシヴ運動の活動家に受け継がれるようになった。

たのは，それがかれらの日々の現実とあまりにかけ離れていたからだった。またバーナムらがシティ・ビューティフルと呼ばれる都市計画運動を推進したのは，19 世紀末の都市があまりに雑多な様相を呈していたからだった。ホワイト・シティやシティ・ビューティフルはあくまでバーナムらの専門家が目指した理想形であり，実際の都市の姿とは大きく異なっていた。

ホルムズはシカゴの街の広大なユニオン・ストックヤードから漂う，屠殺される動物たちの血と肉の臭いに心を動かされたという。殺人鬼の本能がくすぐられたのだろうか。日々大量の動物が殺されるこのストックヤード近辺の衛生状態は劣悪だった。そのあまりに不潔な現場はアップトン・シンクレアの『ジャングル』で暴露され，アメリカの食品衛生法制定の契機にもなったほどだった。その他の場所もシカゴは清潔とはいえなかった。下水を始めとする衛生施設の不備が悪臭をひどいものにしていた。汚水や汚物，動物（ときには人間）の死体，ゴミなどありとあらゆるものがシカゴ川に投棄され，市民の飲料水を供給するミシガン湖へと流れ出ていった。このようななか，1885 年には汚染された水が原因でコレラとチフスがシカ

ゴを襲い，人口の約1割が死亡した。ミシガン湖をきれいにするために，シカゴ市民はシカゴ川の流れを変え，ゴミや汚物を逆流させようとしたが，今度は近郊の下流の町がひどい汚染に悩むことになった。ニューヨークの貧困の実態を暴いたことで知られるジェイコブ・リースは，博覧会開催の前年にシカゴを訪れ，シカゴの状況はニューヨークの最貧困地区よりもひどいと断言したほどだった。

　バーナムのホワイト・シティやシティ・ビューティフルはこのような混沌としたシカゴの様子をひとつの美しい都市にまとめあげることを理想とした。しかしホワイト・シティの理想がシカゴの街に潜む多様な人びとの生活を封じ込めることはできなかった。いくら都市計画が進んだところで，人びとの日常が同じように画一化されることはなかった。白人中産階級の価値観を体現化しようとしたホワイト・シティの理想は，ホルムズのような犯罪者のみならず，移民や労働者，非白人系の住人など，アメリカに住むいろいろな人びとの日々の現実からはかけ離れたものだった。住人が存在しない博覧会という特殊な環境であればまだしも，実際に人びとが住む都市では図面で描いた美しいデザインがそのまま可視化されることはあり得なかった。

　博覧会から約20年後，後にアメリカの国民的詩人となるカール・サンドバーグはシカゴのことを「世界のための豚屠殺者／機具製作者，小麦の積み上げ手／鉄道の賭博師，全国の貨物取扱人／がみがみ咆嗚る，ガラガラ声の，喧嘩早い／でっかい肩の都市」と表現した（安藤一郎訳）。この数年前，バーナムはシカゴ市が「途方もない悪と危険」を放置し続けているからいつまでもスラムがはびこるのだと非難し，ホワイト・シティの原則に従って都市計画を作り，シカゴを再生しようとしていた。しかしこのような中産階級の価値の押しつけに対抗して，スウェーデン系移民二世のサンドバーグは「不埒」で「やくざ」で「残酷」なシカゴの素晴らしさを謳い上げ，ビクトリア的中産階級の上品な価値観を混乱させる都市のエネルギーをたたえたのだった。

ミッドウェイ

　このようなエネルギーを象徴するものとして、いま一度シカゴ博覧会に立ち戻り、ホワイト・シティに隣接していたミッドウェイ・プレザンス（通称「ミッドウェイ」）について考えてみよう。世界各地からさまざまな人種や民族を集め、白人の来場者に見せるため「陳列」することを目的としたミッドウェイは、当時の欧米社会の人種主義と帝国主義を象徴していたとされる。そこは荘厳で統制のとれた、ヨーロッパの伝統を重視したホワイト・シティとは対照的で、世界各地から集められた多様な民族がいろいろな建物のなかで、それぞれの伝統文化とされる芸を披露し、食事を供していた。上述した日本の茶屋やアルジェリアのベリーダンスに加え、「ケルト村」、「中国劇場」、「エジプト寺院」、「世界の美人コンテスト」など世界各地の「文化」や、アメリカ軍に鎮圧され今や保護地での生活を余儀なくされていたネイティヴ・アメリカンの部族が紹介されていた。

　ミッドウェイは本来、白人の来場者に世界の民族を紹介するという人類学教育のために計画されたものだった。人類でもっとも進化した存在が白人（とりわけアングロサクソン系）と考える傾向の強かった19世紀末、世界の民族を集めて来場者のまなざしのもとで客体化する試みは、「見る側」＝「文明化した白人」と「見られる側」＝「発展途上、あるいは未発展の非白人」という対立軸を設けることで、白人文明の優越性を確認するための装置としても機能した。その意味ではヨーロッパの古典主義の重んじる芸術感覚で設計されたホワイト・シティと共鳴するものであった。しかしミッドウェイはそのような非白人文化に魅力を感じてしまう白人たちの「弱さ」も示していた。白人男性の多くはベリーダンスを「いかがわしい」と非難しつつ、その官能的な踊りに心を奪われていたし、日本の美術を見て西洋美術の伝統に懐疑的になった者もいた。見る側と見られる側の境界線はつねに明確であったわけではなく、見られる側の魅力に見る側がとりこまれてしまうこともあった。ホワイト・シティが一見すると白人中産階級の価値観の勝利を象徴しつつも、実はその背後にある多様な価値観を封じ込むほどの力を持たなかったように、ミッドウェイは世界をアメリカの白人のまなざしの

もとに置くという権力装置として機能しながらも，その実かれらと世界から集められた他者との距離がそれほど遠くはないことも示していた。

　ホワイト・シティやシティ・ビューティフルは専門的な見地から都市空間を組織化することでより効率のよい生活の確立を目指したが，その際の専門性とはあくまでも特定の階級（中流）や人種（西ヨーロッパ系白人）の価値観に基づくものであり，異なる環境にある人びとがそのまま受け入れられるようなものではなかった。20世紀初頭の都市文化には白人中産階級を中心に推し進められる効率や規制を重視する近代化の波と，そのような押しつけにさまざまな形で抵抗しようとしたマイノリティの人びととの生活があった。前者は資本と権力を武器に後者を変革しようとした。しかし変革者と変革される側との関係はときには抑圧的でありながらも，ときには相互補完的でもあり，あるいはミッドウェイの魅力やサンドバーグの詩の力が示すように，後者が前者の価値観を巧みに揺るがし，転覆させることすらあった。

5. 世紀転換期の都市文化

無法地帯となったホワイト・シティ

　1893年10月28日の夕刻，シカゴ市長のカーター・ハリソンが自宅で狂信的な支持者に射殺されるという事件が起きた。その日の午後，市長は閉幕を三日後に控えたシカゴ博覧会を訪れた全米各地の市長の面前でシカゴ市の明るい未来について誇らしげに演説をした。博覧会は大成功であり，シカゴの未来も前途洋々であると誇らしげに語った市長は，その数時間後，凶弾に倒れた。

　人気市長の死でそれまで予定されていた博覧会の大々的な閉会式はすべてキャンセルされた。会場は10月31日まで開いており，入場者もいたが，喪に服すシカゴはもはや博覧会で賑わう街ではなかった。

　博覧会はそのまま静かに閉幕した。もともと長い冬の風雪に耐えるように設計されていなかったホワイト・シティの建物群は急速にその輝きを失って

いった。漆喰は剥げ落ち，浮浪者が建物の一部を燃やして暖をとった。

　翌年の5月，バーナムの支持者でもあったジョージ・プルマンの会社で働く労働者がストライキを始めた。世紀末の資本家による弾圧と労働者の激しい抵抗の好例として今日まで広く知られるプルマン・ストライキの勃発である。長引く不況対策として次々と労働者を解雇し，残った者の賃金も一方的にカットしたプルマンが，さらに労働者に強制的に住まわせていた社宅の家賃や光熱費の引き下げを断固として拒否したのがきっかけだった。アメリカ鉄道組合の創設者であったユージン・デブスの指導下で労働者たちは結集した。軍を動員してかれらを圧しようとする政府に対して，列車に火をつけ，鉄道サービスを妨害した。このような騒ぎのなか，ホワイト・シティの建物に火を放った者がいた。ジョージ・ポストの巨大な工芸館が焼け落ち，ルイス・サリバンの運輸館の入り口のアーチも焼失した。閉幕からわずか半年ほどで，ホワイト・シティはバーナムらの栄光を示す場から，かれらのコントロールの及ばない無法地帯となったのだった。

　とはいえ，ホワイト・シティの理念そのものが消滅してしまったわけではなかった。すでに述べたようにバーナムは博覧会の成功をもとに，都市計画の第一人者としての地位を築き，アメリカの主要都市のデザインをした。なかでもホワイト・シティの設計をともにしたチャールズ・マキムと共に起こしたワシントンDCのモール・デザインは，今日の首都の原型にもなっている。チャールズ・ランファンの1791年のオリジナル・デザインをもとに，連邦議会，ホワイトハウス，ワシントン・モニュメントを結ぶ線が明確になるようにして，さらにリンカン・メモリアルの建築を提言した。バーナムらはホワイト・シティの理想をアメリカの首都に持ち込むことに成功したのだった。

　一方，ホルムズは博覧会が閉幕する前にシカゴを去っていた。その時点では博覧会を訪れた数多くの若い女性が行方不明になっているという事実はまだ社会には知られていなかった。彼は東海岸にあるアメリカで三番目に人口の多い都市フィラデルフィアを訪れ，保険金詐欺を働き，1万ドルを騙し取った。しかし保険金会社の雇った私立探偵に悪事を見破られ，あっ

■ ターナー ■

　シカゴ博覧会当時，ターナーは若干32歳，3年前にジョンズ・ホプキンズ大学で歴史学の博士号を取得したばかりだった。アメリカを特徴づけるものは，フロンティアのある西部への運動である，と彼は主張した。ターナーによれば，フロンティアはヨーロッパから来た移民がアメリカ人に生まれ変わる場所だった。そこは個人の力が重んじられるところで，ヨーロッパのような階級社会とは違い，出自によって人生が決定されることはない。フロンティアでの生活を通して，アメリカの個人主義と民主主義が育まれるのだ。彼はこのように述べたうえで，1890年の調査でアメリカのフロンティア・ラインが消滅したことを指摘した。アメリカを特徴づけたフロンティアが消滅した後のアメリカの未来はいかにあるべきかを問うたのである。

　ターナーのフロンティア論は20世紀のアメリカ史のもっとも重要な歴史論とされ，今日でも歴史家を中心にその是非や意義についてさまざまな議論が続いている。

さりと逮捕されてしまった。その後，事件全体を不審に思った検察官の依頼で捜査を始めた別の私立探偵が，殺人鬼ホルムズの正体を暴いたのだった。

　ホルムズがシカゴを去った後に東海岸へ出たのは興味深い。19世紀のアメリカでは，新天地を求める者は西へ行くのが定番だった。西部のフロンティアまで出て，自らを作り変えることで新しい自分が獲得できるはずだった。しかしながら，1893年の博覧会において，歴史家フレデリック・ジャクソン・ターナーは「フロンティアの終焉」を宣言した。無尽蔵にあると思われていた西部の「ヴァージン・ランド」は消滅し，アメリカ人をアメリカ人たらしめていたとされるフロンティアがなくなってしまったのだった。ある者はこの宣言にアメリカの成熟を見出し，ある者は新たなフロンティアとして海外植民地獲得の必要性を感じるようになった（事実，この後，アメリカはハワイ，プエルトリコ，フィリピンなどを併合していくのである）。しかし大半はフロンティアの消滅に漠然とした閉塞感を覚えた。このような不安は19世紀末の大不況と相まって，アメリカの社会に暗い影を落としていた。

　とはいえ，都会で生きてきたホルムズには，大都市のない西部へ行くと

■ **ハワイ** ■

　シカゴで博覧会が開催された1893年はハワイ王朝が崩壊した年でもあった。同年の1月，アメリカ出身の商人や宣教師の子弟たちが中心になりクーデターを起こし，リリウオカラニ女王を廃位に追い込んだ。この際，アメリカ領事が政府の許可を得ずにクーデター支持に回り，アメリカ海軍を治安維持の名目でハワイに上陸させた。クーデター派はハワイのアメリカ併合を望んだが，当時のクリーブランド大統領は事件の調査をしたうえで拒否した。

　しかし1898年の米西戦争を機に，マッキンレー大統領はハワイ併合を決定し，戦争で得たフィリピンなどとともにハワイはアメリカ領となった。アメリカ政府がクーデターに関与したことについて，100年後の1993年，クリントン大統領と連邦議会は公式にネイティヴ・ハワイアンの人びとに謝罪声明を出しているが，具体的な賠償には至っていない。

いう選択肢はフロンティアの有無にかかわらず初めからなかったのかもしれない。20世紀初期，西海岸最大の都市サンフランシスコの人口は約34万で，シカゴの三分の一にも満たなかった。ロスアンゼルスは約10万に過ぎなかった。19世紀の都市の産物である彼は西部に出て「未開」の土地を地道に耕す生活ではなく，都市に残って安易に金や土地を騙し取ることを選んだ。

多面的な顔をもつ都市

　一方，ホルムズのような犯罪者とはまったく異なるものの，やはりバーナムの生み出す上品ぶった都市空間とは別の生活空間を築き上げるようになったアメリカ人も少なくなかった。都市の人口はますます増加し，政府の統計によると1890年には全人口の35％だったのが，1920年には50％を超えた（この場合の「都市人口」とは人口2,500以上の町に住む人びとを指していた）。ホワイトカラーの白人中産階級とは必ずしも一致しない価値観を持つ労働者，移民，黒人，失業者たちは，バーナムには想像もつかないようなかたちで新しい都市空間を流用して自らの生活に利用していったのだった。ホワイト・シティに火をつけるという，バーナムにとっては冒涜としか思えない暴力は，失業者や労働者たちにとってはかれらの生活を圧迫す

る近代資本主義体制への抵抗を示す行為でもあった。

　都市が多面的な顔を持つのは19世紀末から20世紀初期のアメリカだけではない。それ以前も，それ以後も，都市には華やかな光と，暗い影とがつきまとう。都市は貧富の差と権力の不均衡を露骨なまでに明らかにするからだ。とはいえ19世紀末から20世紀初期のアメリカの都市は，とりわけそのような差や不均衡が顕著だった場所だと言える。ホワイト・シティの輝きとホルムズによる恐怖の犯罪が同居したシカゴは，資本主義の矛盾が極端なかたちで具現化していた社会を浮き彫りにしていたのである。

参考文献

カール・サンドバーグ，安藤一郎訳『シカゴ詩集』岩波書店，1957。

Cronon, William. *Nature's Metropolis*, New York: W.W. Norton, 1991.

Dreiser, Theodore, *Sister Carrie*. New York: W.W. Norton, 1991.

Green, Harvey. *The Uncertainty of Everyday Life, 1915-1945*, New York: Harper Collins, 1992.

Halttunen, Karen. *Confidence Men & Painting Women*, New Haven: Yale University Press, 1982.

Kasson, John. *Rudeness & Civility*, New York: Hill and Wang, 1990.

Larson, Erik. *The Devil in the White City*, New York: Vintage Books, 2003.

Reps, John. *The Making of Urban America*, Princeton: Princeton University Press, 1965.

Riis, Jacob. *How the Other Half Lives*, Boston: St. Martin's Press, 1996.

Rydell, Robert. *All the World's a Fair*, Chicago: University of Chicago Press, 1984.

Sinclair, Upton, *Jungle*, New York: Doubleday, 1906.

Turner, Frederick Jackson. *The Frontier in American History*, New York: Holt, Rinehart and Winston, 1962.

Veblen, Thorsten. *The Theory of the Leisure Class*, New York: New American Library, 1953.

World's Columbian Exposition, Idea, Experience, Aftermath: http:// xroads. virginia. edu /~ MA96 / WCE / title.html, accessed September 20, 2004.

（矢口祐人）

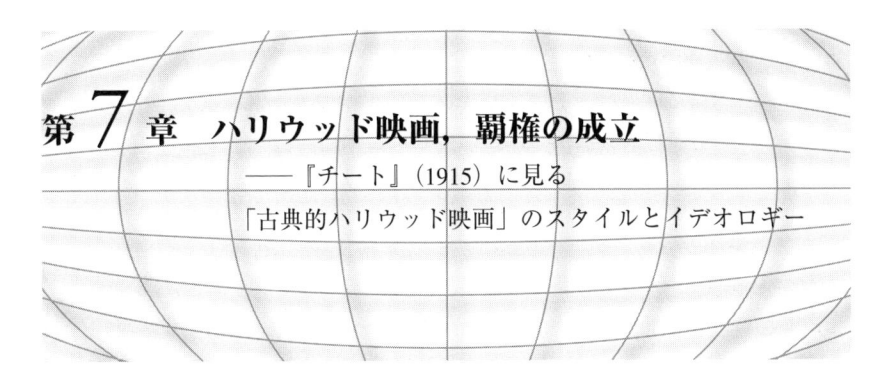

第7章 ハリウッド映画，覇権の成立
―― 『チート』（1915）に見る
「古典的ハリウッド映画」のスタイルとイデオロギー

　世界はハリウッド映画に覆われている。かつては自国内で製作された映画が国内市場の多くを占めたインドや日本でも，ハリウッド映画の優位は揺るがないものとなっている。ここで言う優位とは，マーケット・シェアという経済的な側面にとどまらず，映画の語り口，表現のスタイルという文化的な側面も含めてのことである。この事態はいつ，どのように始まったのか。ハリウッド映画の覇権の起源は一体どこにあるのだろうか。この章では，1915年末に公開された『チート（The Cheat）』という大ヒット映画のスタイル（話法，技法，イデオロギーなど）を詳細に分析することにより，ハリウッド映画のグローバルな拡張の初期段階について考察する。

　そもそも19世紀末に誕生してから現在に至るまで，映画は国際的な文化メディアであった。製作（テクノロジーやコンテンツ）のレベルでは国境を越えてさまざまなアイディアの交流，あるいは盗み合いが行われていたし，映画というメディアの可能性をめぐる議論も国際的に流通していた。また，興行のレベルでも，フランスやイタリアで製作された物凄い数の映画がアメリカ国内で上映されるなど，アメリカで製作された映画は世界的に見て決してとくに目立っていたわけではなかった。

　第一次世界大戦により，様相は一変する。フランスとイタリアでは戦禍のため映画製作が困難となり，アメリカの映画産業が世界中の劇場に映画の供給を始めることになったのである。アメリカで製作された映画の輸出は，1915年から16年にかけて，5倍に増加した。この急速な需要の増加に

■ 映画製作倫理規定 ■

「映画製作倫理規定」(プロダクション・コードあるいはヘイズ・コード)は，ニューディール政策が本格化するなか，1930年までに作成され，34年からカトリック系ジャーナリスト，ジョセフ・ブリーン局長の「映画倫理規定管理局（PCA）」の下，厳格に遵守されていったハリウッドの自主検閲規則である。これに基づき，1968年まですべてのハリウッド映画は，脚本段階および一般公開前の試写段階でチェックを受けることになっていた。人気コメディ俳優ロスコー・アーバックルの婦女暴行致死事件などのスキャンダルが続いた20年代，ハリウッド産業はとくに中流階級からの偏見と非難を避けるため，全米映画製作者配給者協会（MPPDA）を作り，共和党ハーディング大統領の側近ウィル・ヘイズを会長に招き，自主規制を始めていた。

コードは，映画を「第一義的に娯楽」であるが「娯楽の範囲内で人びとの精神的道徳的向上，より優れた社会生活のありかた，そして正しいものの考え方に対して直接の責任がある」とまず規定してから，不適切なトピックをリストアップした。画面に現れる性，暴力などを規制することにより，古典的ハリウッド映画のイデオロギー的側面，とくにそのブルジョワ的価値観を保持するのに大きな役割を果たした。60年代にアート志向の作品の増加や性解放への共感の中でコードは廃止され，より緩やかな規制の「レイティング・システム」にとって代られた。

対応するため，カリフォルニア州ハリウッドに多く立地した映画製作会社は，巨大娯楽産業としての形を整えていくことになった。製作，配給，興行を垂直に統合した構造的連繋も，一次大戦後に実現された。ハリウッド映画の世界的に見た経済的な優位はここで成立し，1930年代以降の「黄金時代」と呼ばれる時期を迎えるのである。

同時に，映画研究の分野で「古典的ハリウッド映画（Classical Hollywood Cinema）」と呼ばれることの多いハリウッド映画の話法，技法，そしてイデオロギーが，映画というメディア自体の規範として世界各地に流通し始め，文化的にもハリウッド映画の優位は揺るがないものとなっていった。

1. 古典的ハリウッド映画とは

古典的ハリウッド映画の話法・技法・イデオロギー

　では，1915年から17年頃までには基本的な形ができあがり，その後現在に至るまでアメリカ国内のみならず，世界各国の映画製作に強い影響力を保っていると考えられる古典的ハリウッド映画とは，どのようなものか。

　話法的には，物語の首尾一貫性が古典的ハリウッド映画の大きな特徴である。物語の首尾一貫性は，主要登場人物の心理の動きを中心に据えることで獲得される。

　技法的には，そうした主要登場人物の物語をわかりやすく伝えることが重視される。構図，衣装やメーキャップ，照明など「ミザンセン (mise-en-scene)」という演劇用語を使って呼ばれる，画面の中のイメージ構成。「パン」(カメラの左右の動き)，「ティルト」(上下の動き)，「ズーム」などのカメラ・ワーク。そして「切り返し (shot/reverse shot)」(主に会話の場面で二人の登場人物が向かい合っているかのように見せるショットのつなぎ方)や「フラッシュ・バック」(登場人物による別の時空間の回顧，想像)などの編集。音楽，声，効果音。カラーなどの特殊効果。これらの技法は，古典的ハリウッド映画においては基本的に，主要登場人物が存在する時間と空間とを混乱なく表現するという目的のために使用される。

　また，イデオロギー的には，一貫してその主題，物語，登場人物の性格設定などが白人男性優位主義に基づいていることが，古典的ハリウッド映画の大きな特徴である (このイデオロギー的性格の背景には，当初ユダヤ系が多くを占めたハリウッド映画産業界が，アングロ・アメリカ文化に受け入れられようとする意図があったのかもしれない)。

古典的ハリウッド映画と『チート』

　本章で詳しく分析する映画『チート』は，古典的ハリウッド映画が典型的な形になろうとしていた最初期の例である。同年には，そのスケールに

より映画史上重要な作品となった『国民の創生（The Birth of a Nation)』も公開されている。監督はD・W・グリフィス。グリフィスは古典的ハリウッド映画の話法や技法が体系化されていった時期の代表的な映画監督だったため，「アメリカ映画の父」と呼ばれることもある。『チート』は，その人種・階級・性差のイデオロギー，そしてその表現技法の国際的な影響力の面において，ハリウッド映画の覇権の成立について議論する際，『国民の創生』と同様，あるいは，より重要な作品である。

また，『チート』は1910年代から20年代にかけて，チャーリー・チャップリンと肩を並べる程の大人気であった映画スター，早川雪洲を世に送りだす作品ともなった。古典的ハリウッド映画の主人公として，ハリウッド映画の覇権を何よりも目に見える形で体現するのは，スターたちである。ハリウッド映画がスター・システムを整備した最初期の例，早川を衝撃的に紹介したのが『チート』なのである。

2. シネマ・オブ・アトラクションとは

初期映画とシネマ・オブ・アトラクション

元来映画は，新しい技術や機械に興味を持つ一部の中産階級の人びとの興味を引きはしたが，基本的には遊園地，ヴォードビル劇場（演芸場)，そしてニッケルオデオンと呼ばれた廉価の映画館で主に上映された，都市の移民や労働者を始めとする庶民向けの娯楽であった。こうした初期の映画は，ある物語を語るというよりも基本的に見世物としての性格が強く，列車など近代的な機械の威力，風光明媚な景観，自然の脅威，異国の文化や外国人，そしてエロチックな内容など，もの珍しい題材を扱うことが多かった（映画研究ではこれらを古典的ハリウッド映画と区別して「シネマ・オブ・アトラクション（cinema of attraction)」という言葉で呼ぶことが多い)。日本人および日本文化は，エキゾチックな他者として，初期の映画の人気トピックであった。アメリカン・フィルム・インスティテュートのカタログによれば，1893年から1910年までの間に日本と日本人を題材にした映画は少なくとも94本

アメリカ国内で配給されているし，1909年から1915年の間には，映画業界紙『ムーヴィング・ピクチャー・ワールド』によれば，100本以上の日本や日本人を扱った映画が配給されている。

初期映画と古典的ハリウッド映画からの脱却

　しかし，『チート』がこれらの見世物的性格の強い初期映画と一線を画すのは，この映画が描く日本というものが遥か彼方の異国の地でなく，アメリカの中産階級の生活空間の真只中に存在するということである。『チート』に登場する日本人は，安全な距離から遠目で見る対象物ではなく，映画の中のイーディスやリチャードに代表されるような一般の中産階級アメリカ人が，日常生活の場で出会い得る，実際の人間として描かれている。『チート』は，それまでの多くの日本劇と異なり，中産階級観客をターゲットにした映画として製作された。監督のセシル・B・デミルは，ブロードウェイで名声を博していた演劇人ウィリアム・デミルの弟ということで，中産階級の観客にアピールする映画を製作することを企図した映画会社により，ハリウッドに呼ばれていた。また，主演のファニー・ウォードもブロードウェイの舞台から招かれた女優であった。

　そうした中産階級向けの映画の中で，日本は一方では魅力的だが他方では脅威的な他者として描かれている。これは20世紀初頭の中産階級アメリカ人の二律背反的な日本イメージ，「日本趣味（Japanese Taste）」と「黄禍（Yellow Peril）」という考え方に基づいていたと考えられる。しかし，『チート』の中で実際に問題となっているのは，中産階級白人女性の社会的，経済的，性的逸脱である。日本は，むしろそれらの逸脱がもたらす魅力と脅威を比喩的に表現するものとして描かれている。別の言葉で言えば，1910年代から20年代の消費文化と，その象徴的存在である「新しい女性（the New Woman）」の問題が，日本人移民の問題に摺り替えられて語られているのである。この「新しい女性」である中産階級白人の浪費と逸脱の結果としての経済的・性的脅威を体現するのが，早川雪洲演じる金満家で洗練されたライフスタイルを持つ日本人美術商なのである。『チート』の製作者

> ■ 黄禍論（Yellow Peril）■
> 　黄禍論という言葉は，1898年にドイツ皇帝ヴィルヘルム2世が初めて使ったとされるが，20世紀アメリカの文脈では，日本を天皇を中心とした狂信的な愛国主義の下に近代化を進める国家と見なし，政治的・経済的脅威として捉えるものである。日露戦争で日本の軍事力が明らかになると，日本からの移民の数が増えつつあった太平洋沿岸諸州で反日感情が高まった。日本からの移民が，軍事力を背景にした日本の帝国主義的拡大の先鋒であると考えられたのである。
> 　とくにイエロー・ジャーナリズムと呼ばれた大衆紙・ゴシップ紙がこの考え方を扇動した。1905年2月，『サンフランシスコ・クロニクル』紙は，アングロ・アメリカの生活に同化しようとしない日本からの移民は，「アメリカの労働者，女性，学生，そして白人種全体への脅威である」とした。そして1905年5月には太平洋沿岸諸州の労働者階級を中心に，アジア人排斥同盟が結成された。

は，単に物珍しい見世物として日本や日本人を観客に提示したのではなく，とくに中産階級の観客の嗜好や生活面での問題意識に訴えるべく，イデオロギー的，話法的，そして技法的な工夫を行ったのである。すなわち，古典的ハリウッド映画は，映画が中産階級向け娯楽に移行していく段階で成立していったのである。

3. 『チート』の物語

あらすじ

　まず『チート』のあらすじを紹介しよう。日本人美術商ヒシュル・トリ（早川）は，ニューヨーク州ロングアイランドの社交界に出入りしている。白人中産階級の有閑婦人であるイーディス・ハーディは，贅沢好きでトリとも親しくしている。彼女の夫，ウォール街で働くリチャード・ハーディは，イーディスの贅沢癖が気に入らない。イーディスは赤十字基金の会計役を務めているが，ある時，絶対に上手くいくと勧められた株式投資に基金の金を注ぎ込みが，結局投資に失敗してそれをすべて失ってしまう。動転したイーディスは，トリの愛人になるという約束とひきかえに，トリに金

を融資してもらう。その夜，リチャードが別の投資に成功したと聞いたイーディスは，夫にギャンブルで借金を抱えたと嘘をつき，謝って小切手を切ってもらう。それを手にイーディスは，借金を返済するためトリの元に向かう。しかし，トリは約束が違う，と小切手を受け取らず，イーディスに襲いかかる。トリは剥き出しになったイーディスの白い肩に自分の家紋らしき鳥居のマークの焼ごてをあてる。苦痛にうめきながら，イーディスは床に落ちていた拳銃でトリを撃つ。トリが肩を撃たれて倒れ，イーディスが逃げ去ったとき，リチャードが乗り込んで来る。状況を悟ったリチャードは，妻の身替わりに殺人未遂で連行され，裁判にかけられることを決意する（図7-1）。有罪判決の瞬間，イーディスは裁判長の元に駆け寄り，真実を告白する。興奮した傍聴人たちがトリに襲いかかり，裁判は無効となる。リチャードに抱きかかえられながら，イーディスは退場する。

図7-1　イーディスは告訴をとり下げるようにトリに頼むが…
　　　　（『チート』の一場面）
　（©DVD発売元：株式会社アイ・ヴィー・シー）

4.『チート』に見る古典的ハリウッド映画の技法

『チート』導入部に見る古典的ハリウッド映画の技法

　古典的ハリウッド映画の話法上の主要な特徴は，導入部からわかりやすく観客を物語に引き込むことである。『チート』は，最初の二つのシーンから，日本人美術商トリの二面的な性格をいくつかの映画の技法を用いてわかりやすく提示し，さらにこの物語が中産階級の家庭における消費の問題を取り扱うことを明らかにする。最初のシーンではトリのミステリアスな性格が示され，それに続くシーンではこの日本人男性が表面上いかにアメリカナイズされ，アメリカの中・上流社会に同化しているかが描かれる。同時に，この二つめのシーンでは，この日本人男性が豪奢なライフスタイルと西洋紳士的な態度とを用いて，いかに中産階級アメリカ白人女性を魅了しているかも描かれている。トリは，日本趣味の洗練された品々を彼女の家庭にもたらす美術商というだけでなく，彼自身が彼女に消費され得る存在として描かれているのである。

『チート』導入部の照明

　『チート』のタイトルと監督・出演者などを紹介するクレジット後の最初のショットは，極端に暗い照明によるトリのミディアム・ショット（おおよそ人物の腰から上をフレーム内に収めるショット）である。トリは黒い日本風のガウンを身につけ，真剣な表情で真黒のカーテンの前に置かれた机に向かって座り，小さな品に彼の家紋らしき鳥居のマークの焼きごてをあてている。一筋の煙が不気味に立ち上り，トリはかすかに満足したような表情で部屋の灯を消し，焼きごてを入れてあった炉に蓋をする。その蓋を通して，炉の炎の輝きがトリの顔に格子縞の影を落とし，まるで悪の仮面のような恐ろしい模様を作り出す（図7-2）。

　この光と影を効果的に用いてわかりやすく表現されたトリの異様さは，古典的ハリウッド映画の代表的な監督であったセシル・B・デミルによって

第7章　ハリウッド映画，覇権の成立　159

■　「日本趣味」（Japanese Taste）の流行　■
　「日本趣味」とは，日本の芸術品やデザイン，装飾様式などを道徳的および教育的に西洋の家庭で用いることである。中産階級アメリカ人が日本のアートと出会う大きなきっかけとなったのは，1876年の建国100年記念万国博覧会での展示で，これ以降日本趣味は徐々に中産階級の間で人気となっていく。日本の品々は，アメリカの中産階級の家庭の，文化的な趣味の良さと高い道徳観とを同時に示すのに適するとされたのである。
　1880年代以降，産業化と都市化のさなかで，中産階級女性をターゲットにした多くの雑誌が，家庭と女性の役割を論じ始めていた。家庭は家族全体の身体を休める場所だけでなく，キリスト教的な美徳を教育する場所で，女性は家庭を文化的，道徳的に洗練された場所にする役割を担うとされた。ヨーロッパで流行したジャポニズムの輸入という形でまず紹介された日本の品々は，ハイ・アートのイメージを当初から持ったため，美的・文化的価値の高いものと見なされた。また，近代化の中で無垢さを失ってきた西洋の文化と比較して，日本のアートは，自然の美に真価を認める純粋で，良い意味での前近代的な存在と見なされた。この自然への真摯な態度や表現の簡潔性は，キリスト教的道徳観にも合致するものと考えられたのである。

意図的にもたらされたものであった。南カリフォルニア大学図書館に所蔵されている『チート』のオリジナル脚本によると，トリは洋服を身につけ，雑誌か新聞を読み，煙草をくゆらせるロングアイランドの紳士として，まず画面に現れることになっていた。しかし，デミルによって加えられた手書きのメモにより，この

図7-2　トリは焼きごてを炉から取り出す（『チート』の一場面）
（©DVD発売元：株式会社アイ・ヴィー・シー）

シーンは黒い背景と焼きごて用の炉が使われ，トリの顔には炉の炎による光が当たることになったのである。

『チート』は，レンブラントの絵画を思わせる極端に暗い照明とたった一つの光源からの光が作り出す光と影の技法を効果的に用いた最初期の映画としても有名である。この照明技法を用いた先述のトリのショットは，すぐ後に続くより一般的な古典的ハリウッド映画の照明技法である三点照明（被写体の中心を狙う「キー（key）」，後方から輪郭をはっきりさせる「バック（back）」，補正的な「フィル（fill）」の3つの照明）で撮影されたシーンとはっきりと対比される。次のシーンは，トリと同じように机に向かって座るヒロインの夫リチャード・ハーディ（ジャック・ディーン）のミディアム・ショットで始まるのだが，このより一般的な照明技法は，中産階級の夫としてのリチャードの平凡さを描写するだけでなく，先のショットの異様さを際立たせ，トリの黄禍を思わせる悪役性をよりわかりやすく伝える。

導入部の時空間

さらにつけ加えるならば，この冒頭の二つのシーンは，その時間と空間の扱い方という点においても，この物語におけるトリの異人種性をわかりやすく表現する。古典的ハリウッド映画の技法は，物語をわかりやすく語るため，主要登場人物が存在する時間と空間とを混乱なく表現することを重視する。リチャードが初めて画面に登場する先述のショットは，後に続くシーンと時間的にも空間的にも直接つながりのあるものである。次のシーンで，リチャードは同じオフィスから妻のイーディスに電話をし，出費のし過ぎを叱る。他方，トリが焼き印を押す冒頭のショットは，その極端な暗さのために場所も不明確であるし，物語の直線的に進行する時間とも無関係に存在しているように見える。実はオリジナル脚本では，トリは初めて登場する瞬間から，物語の直線的な時間の流れの中に存在していた。煙草をくゆらせながら読みものをしていたトリは，和服を着た召使が帽子を渡しに部屋に入って来ると，腕時計を見てイーディスを迎えに行くために出かける支度を始める。デミルによって意図的に，トリは物語の時空間

第 7 章　ハリウッド映画，覇権の成立　161

図 7-3　白人中産階級の有閑夫人のイーディス（左）と日本人美術商トリ（右）の親密な関係（『チート』の一場面）
（©DVD 発売元：株式会社アイ・ヴィー・シー）

の外部に存在する，言わば絶対的な他者として映画の冒頭ではっきりと性格づけられたのである。

　冒頭の極端に暗いショットとは対象的に，それに続くシーンはまったく異なった照明技法と衣装戦略を用いて，トリの二つめの性格設定，表面的なアメリカの中・上流社会への同化の側面をはっきりと強調する。白いダスター・コート，ハンティング帽，カジュアルなツイードのジャケット，そして蝶ネクタイを身につけたトリは，イーディスを赤十字基金のバザーにエスコートするため，高級そうなオープンカーを運転して画面に現れる。照明は日中の明るいものである。トリは屋敷の前の階段を元気に駆け上がり，イーディスの部屋に入ると，リラックスした表情で彼女と握手を交わす。バザーから戻った時も，トリはイーディスのために車のドアを開けてやり，イーディスがつまづくと紳士的に彼女を助け起こす。脚本では，トリに手を取られたイーディスは一瞬困惑した表情を見せることになっているが，画面ではそうした表情の変化はとくになく，トリはアメリカ的生活に完全に同化した紳士に見える（図 7-3）。

5. 『チート』に見る「新しい女性」と消費文化

消費文化の矛盾と日本趣味

　トリは表面上リチャードと変わらぬ紳士に見えるが，実のところ，リチャードが典型的な中産階級の男性として日中は家庭の外で働いているのに対し，トリは働かずにいる。リチャードが電話でイーディスの贅沢を叱った直後，トリは『チート』の物語の時間の流れの中に初めて現れる。彼のこの映画における最初の台詞は，イーディスが「夫は私に全部やめなさいっていうのよ。」と愚痴をこぼすのに対する，「助けになれませんか。誰も知る必要ない。」という間違った英文法を用いたものである。すなわち，この金持ちの日本人美術商は，中産階級白人女性を余暇と禁じられた贅沢の喜びに誘う存在であり，『チート』の物語は，白人女性と日本人男性とを中産階級家庭における消費への欲望という点で結びつける。

　現実には，20世紀初頭の中産階級家庭における消費文化は，二つの矛盾するシステムのせめぎ合いの中に成立していた。一方には中産階級の女性を不可避の消費行動へと駆り立てる社会構造があり，もう一方には伝統的なピューリタニズムの倫理観に基づく社会構造があったのである。中産階級の女性は，一方では自分の家庭の文化的洗練と社会的地位を誇示するために消費をし続ける必要があったが，他方では浪費を戒める倫理観に基づき，分別のある範囲内で適切な衣服，持ち物，家具などを購入しなければならないという責務もあった。とくに1880年代以降の日本趣味の流行の中では，洗練された文化的価値と高い道徳的価値を持つと見なされた日本の芸術品や日用品を家庭に揃えることは，文化的リーダーとしての社会的地位を示す重要な要素であったが，それらの品々は，経済的にも美的にも，西洋の家庭空間に適するように取り入れられなければならなかった。

　「赤十字のあれやこれやに出るために新しい服が要るのよ。」。出費を責められた時，イーディスがリチャードに向かって言うこの台詞は，こうした消費文化の中で，自分の家庭の社会的地位を他の人びとに顕示するために

中産階級女性が担うことになっていた役割，高価な衣服やエキゾチックな日本の品々を購入しなければならない必要性を的確に表現している。赤十字基金の会計役としてのイーディスのボランティア活動もまた，見かけ上の社会的地位を重視する中産階級有閑夫人の，典型的なライフスタイルを象徴的に示している。適切な中産階級家庭生活の外見を作り上げ，維持するためのイーディスの行為の必要性は，リチャード自身も認識している。だからこそイーディスの「もし私に友だちも社会的な地位も捨てて欲しいっていうのなら…，もちろん，そんなことしないけれど。」という言葉に，まったく反論できないのだ。リチャードは，イーディスの出費自体に怒っているわけではない。彼女が過剰な消費によって，中産階級家庭としての世間体を失う寸前であることを心配しているのである。

「視点ショット」という技法

　先に挙げたシーンに示されるトリとリチャードのこの物語上での立場の違いをもう一点指摘しておくならば，悪役であるトリの心理状態が視覚的にも字幕でもはっきりと最後まで説明されることなく，曖昧なものにとどまるのに対し，リチャードの心理の動きはこの物語の展開の機動力の一つになっていくということである。バザーから戻ったトリが車のドアでつまづいたイーディスを紳士的に助け起こす場面が，実はリチャードから見た「視点ショット（point-of-view shot）」として描かれていることに注目すべきだろう。視点ショットとは，ある場面を描くショットの前後に，何かを見ている人物のショットを配することにより，その人物がその場面を見ているように観客に思わせる技法である。その人物の視点と観客の視点とをつなぎ合わせることで，観客の感情移入を促す作用があるとされ，古典的ハリウッド映画の典型的な編集技法の一つとして多用された。

「原因結果の連続」という話法

　『チート』の物語は，このシーン以降，リチャードのイーディスに対する憤り，そしてトリに対する嫉妬という心理状態が原因となり，いかなる結

果を招いていくかということを一つの大きな動力源として展開していく。「原因結果の連鎖（chain of causality）」とは，古典的ハリウッド映画の物語の構造を述べる際によく使われる言葉である。主要登場人物の心理の動きが動因となってある出来事が別の出来事を引き起こしていき，ある一つの解決にまで至るというのが，古典的ハリウッド映画の基本的な話法なのである。

「二重露出」という技法

『チート』の物語のもう一つの動因は，イーディスの心理の動きである。『チート』には，イーディスの心理状態を視覚的にわかりやすく提示する印象的なショットが存在する。イーディスは，赤十字基金を盗用した株式投資が失敗したと聞いたとき，新聞見出しを想像し，恐怖に怯える。「号外！社交界の女性が赤十字基金を盗む」という見出しがイーディスの頭上，画面上に「二重露出（double exposure）」技法で映し出される。二重露出は，登場人物の意識，思考，夢，登場人物が目にする幽霊などをわかりやすく表現するため，とくにサイレント期のハリウッド映画で多用された撮影技法である。とくにこの場面以降，『チート』の物語は，主人公イーディスの心理の動きを中心に展開していく。並行して，ここまでは画面上への登場時間などにおいては，イーディスとほぼ同様の扱いをされてきたトリは，その心理の動きが不明瞭な存在になり，以後もクローズ・アップのショットが何度か与えられたりはするものの，基本的には，アメリカ社会に同化することなく，中産階級白人家庭を経済的，性的脅威にさらす，非常にわかりやすい悪役になってしまう。

消費文化と異人種混交の恐怖

結論から先に述べると，こうした中産階級白人二人の心理の動きを中心に展開する『チート』の物語は，イーディスの過剰な消費という問題を，人種的にも文化的にも同化不能の日本人男性悪役に押しつけてしまうというものである。消費文化の矛盾を，人種混交の恐怖という別の問題にすり

第7章　ハリウッド映画，覇権の成立　165

替えて語ってしまうのである。そしてこのすり替えられた問題は，最終的には，白人アメリカ人男性が，非白人男性のアメリカ社会における経済的および性的逸脱を押さえつけるという形で決着し，白人女性の消費の行き過ぎが間接的に是正されるという結末に至る。

　イーディスがトリに向かって言う「夫は反対なの，私の贅沢と，それから…あなたに。」という台詞は，日本趣味が彼女の消費行為の主要な部分であることをはっきりと表すだけでなく，同時に彼女の性的な逸脱をも暗示する。トリの豪奢な衣装と車などの持ち物，そして彼の「助けになれませんか。誰も知る必要ない。」という台詞は，この物語の中において，過剰な消費と異人種間混交とに中産階級白人女性を導く，誘惑的で同時に脅威的な声として機能する。

障子部屋のシーンの技法

　そして，赤十字基金舞踏会の夜の，トリの日本風障子部屋でのシーンは，照明技法，二重露出の技法，小道具などを効果的に用いて，行き過ぎた消費活動のもたらす災難と異人種混交の恐怖とを視覚的に明快に結びつける。日本の品々があふれるトリの障子部屋は，イーディスを魅了するトリの豪奢なライフスタイルを表象するだけでなく，表面的にはアメリカ社会に同化しているかに見えたトリの，究極的な同化不可能性を強調する。トリとイーディスが日本の品々を見て楽しむ障子部屋の異様さは，舞踏会が行われている大部屋とはっきり区別されることで強調される。夜とはいえやや明るめの照明で照らされた大部屋が，モダンな贅沢品で豪奢に描かれているのに対し，照明が暗く落とされた障子部屋は仏像，金の屏風，黒い花瓶にさされた桜の木，焼きごて，炉といった日本的な品々に埋め尽くされている。イーディスが小さな木の仏像の裏側に押された焼き印を見つけた時，トリはどのように焼き印を押すのかを実演してみせ，「私のものだという印です。」と告げる。イーディスはやや怯えた表情を見せ，より大きな仏像のある部屋の奥に後ずさりする。トリは，焼きごてを手にしたまま，しばらく画面の手前に残り，何か意味ありげな表情を浮かべる。そしてトリがイ

ーディスに近づく際，最初にトリが紹介されたショット以後初めて，強いレンブラント絵画風の横からの照明によって，トリの顔に光と影との陰影が強調され，トリの無気味な表情が強調される。この障子部屋のシーンで初めて，イーディスの目の前でトリが魅力と脅威という二面的な性格を明らかにするのである。

その直後，イーディスの知り合いが障子部屋に現れ，イーディスが赤十字の基金を使って行った株式投資が失敗したことを告げる。彼女の経済的な逸脱は，日本の品々にあふれた空間で象徴的に明らかにされるのである。気絶したイーディスを背後から抱き上げたトリは，彼女を抱えたまま部屋を出て，月の光（のように見えるに照明）に照らされた障子の反対側の廊下に隠れる。月の光の下で，イーディスの肌の白さは極端に強調される。その廊下で，トリは背後からイーディスの唇を奪う。この白人女性の唇が「奪われる」という印象は，脚本よりも画面上で強調されている。脚本では，トリは気絶したイーディスを庭のベンチに運ぶが，彼女の美しさと無力さにうたれて，キスをしてしまうということになっており，この場面はよりロマンティックに描かれていた。しかし画面上では，トリは黒いタキシードを身につけ，白人女性に背後から襲いかかるヴァンパイアのように描かれている。当時，セダ・バラなどの，男性をその性的魅力で堕落させるイメージを持った女性スターが人気を集め，「ヴァンプ（ヴァンパイア）女優」と呼ばれていたことを考えると，このシーンでトリにヴァンパイア的なイメージが与えられていることも，あながち唐突なものではなかろう。もちろん，ヴァンパイアへの視覚的な言及は，混血の恐怖や災禍をアメリカにもたらす外国人というイメージをトリに強く与える機能も果たしていると言える。

その後，トリは金を失って愕然としているイーディスに近づき，「同意するか？」と尋ね，1万ドルの小切手にサインして彼女に渡した後，「では明日」と言う。画面上では，二人が何に同意したのかはっきり示されない。これはわかりやすさを優先する古典的ハリウッド映画の話法的には，ふつうあり得ないことである。が，これは『チート』が古典的ハリウッド映画

の最初期の映画だからというよりも，白人女性が非白人男性の愛人になるという，あまりにもスキャンダラスな事態であるがために，わざと説明が曖昧なままにされていると考える方が妥当だろう。実際，脚本では「もし彼女が彼のところにやってくるなら」と同意の内容が明示されているが，この文は台詞としても説明の字幕としても画面上には現われない。そして，脚本では，イーディスが小切手を持って立ち去った後，トリは確信したような表情でイーディスが忘れていったシフォンのスカーフを拾い上げ，その香りを嗅ぎ，「ゆっくりとオリエンタルな微笑み」を浮かべると書かれているが，おそらくあまりに扇情的だと判断されたのであろう，このシーンも画面には現れない。いずれにしても，ここに至って『チート』は，日本人男性の脅威のため，中産階級アメリカ人女性が白奴に堕落していく物語に転じる。

中産階級女性の過剰消費の結果としての人種混交の恐怖が，「詐欺（チート）」という字幕に続くシーンで最高潮に達する。舞踏会の翌日，イーディスは小切手を返しにトリのところへ戻る。が，トリは，「買収はできないぞ。」と言うや，彼女に襲いかかる。トリはイーディスの服を破り，彼女の髪を掴み，顔を机に向けて押さえつける。イーディスのむき出しになった白い肩に，トリが持った焼ごてがどんどん近づいていくのがクローズ・アップで示され，より野蛮なかたちのレイプが象徴的に表現される。炉の炎からと考えられる光が，再びトリの顔に無気味な影を落とし，恐ろしい表情を作り出す。焼ごてが肩に押しつけられること自体はフレームの外で行われるため，画面には映らないが，一筋の煙がトリの唇をきつく結んだしかめつらの前に不吉にも立ち上る。

このシーンでは，トリはタキシード・シャツと白いネクタイの上に日本風のガウンを羽織っている。上に羽織っているとはいえ，この日本風の衣装は，表面的なアメリカへの同化の裏に隠されたトリの同化しない日本性が，ここに至って暴露されたことを象徴している。白人女性に危害を加えるのは，アメリカ化した人物ではなく，あくまで異人種であることを，小道具としての衣装がわかりやすく観客に示しているのだ。同様に，この象

徴的レイプはトリの日本風障子部屋で行われる。ここでは，日本風の炉，机，提灯，障子，そして羽織と焼ごてなど，魅力的な日本趣味の品々が，トリの隠された脅威の発露を視覚的に表現する危険な武器やそれを取り巻く背景に変化している。このシーンのトリの恐怖の行為は，照明技法，日本趣味のセット，衣装，小道具により，トリの同化されない日本性に結びつけられている。

　この意味で，トリは「詐欺」をする本人である。アメリカに同化した紳士という外見の下に，異人種としての日本人性を隠していたのだから。他方，イーディスもまた「詐欺」の当人である。いくらその約束が非人道的なものであったとは言え，彼女はトリと一度結んだ経済上の契約を破るし，また，道徳的に言えば，イーディスは夫を裏切る約束をトリと交わしたことになるのだから。

　この二人の「詐欺師」は，最終的には，父権的な中産階級白人アメリカ男性の支配下に置かれることになる。この白人男性優位の世界観は，古典的ハリウッド映画に一貫するイデオロギー的特徴の一つである。この映画を通して，トリとイーディスは視覚的にも主題的にも並列的に描かれている。まず，トリは男性ではあるが，女性の間に居場所を見つける。例えば赤十字のバザーのシーンでは，シーンの冒頭に置かれたロング・ショット（人物の全身をフレーム内に収めるショット。人物よりも背景が画面を多く占有する場合が多く，とくにシーンの最初に置かれ，その空間の全景を紹介するショットは，「エスタブリッシング・ショット（establishing shot）」と呼ばれる）から既に，トリが女性たちに囲まれ，彼女たちとだけコミュニケーションを取っていることがはっきりと示されている。

　何よりも，消費への欲望がトリとイーディスを結びつける。まず視覚的には，豪奢な衣装が二人の共通性を強調する。初めてこの映画に登場するときふたりは共に縞模様の服を着ている。また，二人はトリの障子部屋でさまざまな日本趣味の品々を見て楽しむ。トリはゴージャスな和服をイーディスに見せた後，桜の枝を揺すって花びらを散らせ，二人でじゃれ合う。スミコ・ヒガシが指摘するように，二人はまるでデパートでエキゾチック

な商品をウィンドウ・ショッピングする「新しい女性」のように描かれている。

　焼き印のシーンもまた，二人を視覚的に並置する。イーディスはフレームの外で肩に焼ごてをあてられ，トリはフレームの外で肩に弾丸を受ける。二人とも左肩の傷を押さえて同じ構図で畳に倒れる。各々をとらえる俯瞰ショットにおいて，二人とも画面の対角線上に倒れるのだ。

　物語の最後の法廷のシーンでは，両者が父権的な白人アメリカ男性の支配下に置かれることが象徴的に描かれる。このシーンの傍聴人の中に女性も多くいることが見せられていたのだが，イーディスが全員白人男性の陪審員に向かって告白をした後，画面に映る聴衆のほとんどは白人男性となる。彼らは「リンチしろ！　リンチしろ！」と叫びながら，トリに襲いかかる。辛うじて法廷の護衛がトリを抱きかかえるようにして保護し連行していく。一方，イーディスは懺悔した妻のように力なく夫に抱きかかえられ，ほとんどが白人男性に見える聴衆の間を歩いて退場する。

異人種排除と白人優位のイデオロギーの視覚化

　しかし，どんなに共通点が表現されようとも，最終的には，白人女性と日本人男性とは，はっきりと区別される。すでに結論したように，中産階級の「新しい女性」の消費過剰の問題が，アメリカ社会に同化しない日本人の脅威の問題にすり替えられて，『チート』の物語は一応決着する。消費の魅力と脅威をめぐる道徳劇は，白人男性が白人女性と彼らの中産階級の家庭を，非白人男性の経済的および性的逸脱から救い出すことで結末を迎える。過ちを犯した白人女性を父権制下に保護するため，『チート』の物語は，すべての非を日本人男性に押しつけ，彼をアメリカ社会から排除するのだ。

　トリとイーディスの『チート』の物語上の最大の違いは，トリには心理的な動きを表現する方法が与えられないことである。例えば，イーディスは自分の犯した過ちを埋め合わせるために語る機会を最後の法廷のシーンで与えられる。ジャネット・スタイガーによれば，中産階級にとって声を出すこと

はさまざまな分野での自分の領域を守るために絶対に必要なことであった。自分の家庭を守るために法廷で声を出して語ることによって、イーディスは贅沢に溺れ、不用意にも株式投資という男性社会の領域に踏み込んで失敗した不適格な「新しい女性」から、適切な中産階級の妻への変身を経験する。最後に彼女が夫に抱きかかえられ、聴衆に見守られて法廷を後にするショットは、彼女の過ちが許され、再び妻として家庭に迎えられた、象徴的な「再婚」を視覚化したようでもある。

他方、トリにはイーディスの不貞的な振る舞いなどを声に出して説明する機会は与えられない。なぜイーディスが焼き印を押されたのか、問題にする者は誰もいない。イーディスの非公式の証言の後、反対尋問もなくこの裁判は無効となり、トリは逮捕されてしまうのだ。脚本では「満足」、「驚き」、「不満」など説明が与えられていた裁判中のトリの心理の動きも、画面上では明確ではない。トリのクローズ・アップは何度か挿入されるが、一度わずかに冷笑する以外、その表情は大きな変化は見せないし、台詞も説明字幕も与えられないため、イーディスの大きなジェスチャーとはっきりした台詞と比べると、トリは人間的な感情のない物体のようであり、いわば中産階級白人の家庭を再建するための道具でしかなくなっている。「リンチ」という聴衆の言葉が暗示するように（歴史的に、白人女性と性的関係を持ったと見なされた黒人男性が、多くのリンチの犠牲者であった）、トリは白人女性に性的関係を強要した典型的な悪役でしかなくなってしまったのだ。

当時の批評

当時幅広い購読者を獲得していた映画ファン雑誌『フォトプレイ』の1916年3月号は、『チート』を「とても論理的で、とても正確に登場人物の性格設定がなされていて、そして人種的真実に満ちたメロドラマである。」と評した。この指摘は、『チート』を古典的ハリウッド映画の最初期の典型的な作品と考えると、重要な意味を持つ。それは、この一文が、『チート』の物語がわかりやすいとされ、登場人物の心理も理解され、そして白人男

性優位のイデオロギーが問題とされることなく受け入れられていることをはっきりと示しているからである（1918年に『チート』が再公開された際，第一次大戦の同盟国である日本の観客の感情を考え，トリは字幕上，ビルマ人象牙王ハカ・アラカウとなった。こうしたアジア人の国籍の容易な変更可能性もまた，古典的ハリウッド映画のアメリカ中心のイデオロギーを端的に示している。もちろん，いかに古典的ハリウッド映画が画一的な受容のあり方を促進するよう，わかりやすく作られているとは言え，観客の映画の見方はさまざまである。例えば，ロサンゼルスの日本人移民コミュニティは，日本人の描き方があまりに否定的だとして『チート』の上映に反対する運動を起こした。早川雪洲も，厳しい抗議に対して謝罪文をロサンゼルスの日本語新聞『羅府新報』紙に掲載した程であった）。

6.『チート』と古典的ハリウッド映画の世界展開

『チート』はヨーロッパ各国，とくにフランスでヒットしただけでなく，後のフランス映画に産業的にも，技法的にも大きな影響力を持った。スターが，現在に至るまでこのハリウッド映画覇権の旗手であることには疑問の余地がないが，とくに早川雪洲がスターとしてハリウッド映画のフランス映画への影響の中で担った役割は計りしれない。産業的に言えば，1920年代の反日感情の高まりの中でアメリカを去った早川はフランスに向かい，ハリウッド映画的な大作『ラ・バタイユ(La Bataille)』（1923年）を含め何本もの映画に出演，フランス映画産業復興の一翼を担った。1937年には『チート』のリメイク映画『背信(Forfaiture)』にも主演した。技法的には，フランスの知識人は『チート』のスタイルに圧倒され，例えば早川のクローズ・アップは，「フォトジェニー（photogenie）」と呼ばれる映画におけるリアリズム理論の形成の契機となった。すなわち，『チート』は，古典的ハリウッド映画の話法が，そのアメリカ白人男性優位のイデオロギーを内包しつつも，映画というメディアの規範として世界各地に流通していった典型的な初期の例である。ハリウッド映画の覇権はこうして始まったのであ

る。

　第2次大戦後の独占禁止法の適用による垂直統合の崩壊，冷戦期の「赤狩り」による才能の流出，テレビをはじめさまざまな娯楽産業の拡大による観客数の減少など，さまざまな危機に直面したものの，ハリウッド映画はそれらを乗り越え，さらに産業としての勢力を拡大して現在に至っている。テレビ，メディアを含む他産業との提携（水平統合）による巨大な資金力とネットワークの形成，それに基づく世界各国からの新しい才能の発掘と，CGやドルビー・サウンドなど新しいテクノロジーの採用などにより，現代のハリウッド映画は，グローバルな規模でのいわば独占状態ともいえる覇権を確立している。最新のテクノロジー主導型の多くの現代ハリウッド映画には，「シネマ・オブ・アトラクション」の見世物的要素が強まっているとの指摘もあるが，古典的ハリウッド映画の主人公の心理の展開を中心に据えた，無駄のないわかりやすいストーリーを伝えるという話法と技法は確実に維持されている。そして，アメリカ白人男性優位という単純なものではなくなったかもしれないが，多様な視点を隠蔽する世界観，歴史認識といった古典的ハリウッド映画のイデオロギー的側面もまた，確かに保存されているのである。

参考文献

加藤幹郎『映画　視線のポリティクス——古典的ハリウッド映画の戦い』筑摩書房，1996年。

北野圭介『ハリウッド100年史講義』平凡社，2001年。

「総特集ハリウッド映画」『現代思想』2003年6月臨時増刊。

Bordwell, David. *Narration in the Fiction Film*, Madison: University of Wisconsin Press, 1985.

Bordwell, David. Janet Staiger and Kristin Thompson, *The Classical Hollywood Cinema: Film Style & Mode of Production to 1960*, New York: Columbia University Press, 1985.

Brown, Jane Converse. "'Fine Arts and Fine People': The Japanese Taste in the American Home, 1876-1916," *Making the American Home: Middle-Class Women*

& *Domestic Material Culture 1840-1940*, eds. Marilyn Ferris Motz and Pat Browne, Bowling Green: Bowling Green State University Popular Press, 1988: 121-39.

Daniels, Roger. *The Politics of Prejudice: The Anti-Japanese Movement in California and the Struggle for Exclusion*, Berkeley: University of California Press, 1962.

Gunning, Tom. "The Cinema of Attractions: Early Film, its Spectator and the Avant-Garde," *Early Cinema: Space, Frame, Narrative*, ed. Thomas Elsaesser, London: BFI, 1990: 56-62.

Higashi, Sumiko. *Cecil B. DeMille and American Culture: The Silent Era*, Berkeley: University of California Press, 1994.

Marchetti, Gina. *Romance and the "Yellow Peril" : Race, Sex, and Discursive Strategies in Hollywood Fiction*, Berkeley: University of California Press, 1993.

Miyao, Daisuke. "'East Is East and West Is West'?: A Cross-Cultural Study of Sessue Hayakawa's Silent Stardom", Dissertation, New York University, 2003.

Staiger, Janet. *Bad Women: Regulating Sexuality in Early American Cinema*, Minneapolis: University of Minnesota Press, 1995.

Yoshihara, Mari. *Embracing the East: White Women and American Orientalism*, New York: OxfordUniversity Press, 2003.

(宮尾大輔)

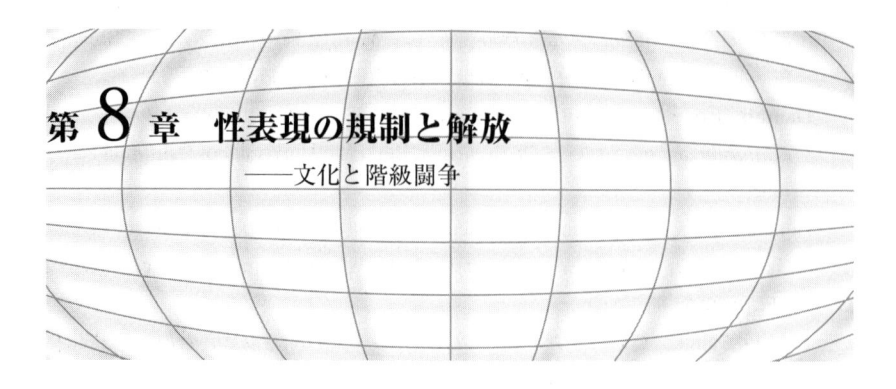

第8章　性表現の規制と解放
―― 文化と階級闘争

　アメリカは性に対して開放的な国だといわれることがある。はたして本当にそうか。1960年代にいわゆる性革命が起こって，文学や演劇，映画に性表現が氾濫し，とりわけ視覚的表現によるポルノグラフィが猛烈な勢いで発達した。外国映画のヌードシーンに対する修整が繰り返し話題になるわが国からみれば，確かにアメリカは性表現の自由度が高い国なのかもしれない。だがポルノグラフィも，1970年代にはフェミニズムの台頭により，徹底的な批判にさらされることになる。むしろアメリカほどポルノに批判的な国はないともいえるほどだ。われわれは，いまや猥褻とは視覚表現における問題で，言葉による表現が裁判で猥褻と判断されて有罪となることはもはやないだろうと考えているかもしれないが，むしろアメリカでは，いまだに言語表現の猥褻性が裁判で問われることもあるのだ。
　1999年にコロラド州で起こった高校生による銃乱射事件を扱ったドキュメンタリー映画『ボウリング・フォー・コロンバイン』(2002)に，印象深いエピソードがある。加害者の少年たちは，暴力的な表現で知られるロック・ミュージシャン，マリリン・マンソンのファンだった。そのことを知った政治家やマスメディアが，悲惨な事件を引き起こしたのは過激なロック・グループに影響を受けたせいだと口々に言う映像が並べ立てられる。特に映画中でアップになり，マリリン・マンソンは史上もっとも病的なミュージシャンだと断罪する民主党上院議員（当時）ジョゼフ・リーバマンは，映画や音楽，テレビのようなメディアに氾濫する暴力表現や性的表現の規制を

第 8 章　性表現の規制と解放　175

もっとも熱心に進めようとする政治家である。

　表現に対する規制や検閲を行おうという場合，その根拠として，青少年への悪影響を防ぐためとする論理は，実は百年前の時代から変わらない。19 世紀末から 20 世紀初頭にかけて，「道徳粛正家」として猥褻文書を徹底的に弾圧したアンソニー・コムストックもまた，未熟な少女への影響をもって猥褻の判断を下していた。コムストックはキリスト教的道徳観から特に産児制限法と人工妊娠中絶に関する知識が書物によって流布するのを阻止しようとしたが，中絶の是非はいまだにアメリカでは大統領選挙の争点になるほどの問題なのである。ヴィクトリア朝時代の道徳はいまもなお失われたわけではなく，性表現の問題はつねに議論を呼び続ける。性について，その多岐にわたる問題をここで語りつくすことは到底不可能だから，この章では，猥褻取締りの規範をつくったコムストックについて，そして古い道徳を打ち破ろうとしたモダニスト芸術家たち，特にアメリカ文学における性表現に未曾有の革命をもたらしたヘンリー・ミラーのデビュー作『北回帰線』の執筆，出版，裁判の経緯について取り上げ，アメリカ人の禁欲的な性道徳と性の解放という両極端な傾向を通観していく。

1.　アンソニー・コムストックと上品な伝統

ヴィクトリア朝と文化の階級化

　19 世紀末のアメリカは，ヴィクトリア女王時代のイギリスから，道徳面で強い影響を受けていた。ヴィクトリア朝の道徳といえば，謹厳で，上品ぶっていて，性に対しては禁欲的ということになろうが，しかしこの時期に性表現が抑制されていたわけではなかった。むしろポルノグラフィはヴィクトリア時代のイギリスで大いに発達していた。ヴィクトリア朝の性道徳の特質は，必ずしも禁欲にあるのではなく，むしろ本音と建前の使い分け，その二重性と偽善性にあるのだろう。性について，人びとはおおっぴらに口にすることができない風潮があった。性とは，専門家に任せておくべき領域であり，一般の人びとは良識があるなら性のことなどを話題にす

るべきではなかった。専門家とは，医者と，ポルノ作家と，売春婦のことであった。

　この上品ぶった道徳が広まった社会的背景には，ミドル・クラスという階級が発展して影響力を増したことがある。ミドル・クラスは労働者階級と差別化を図るためにも，あるいはアッパー・クラスに肩を並べるためにも，他人から尊敬される (respectable) ということに価値観をおいた。そこで建前的には上品な価値観が広まることになったが，一方で，ヴィクトリア時代のポルノグラフィは，圧倒的にミドル・クラスとアッパー・ミドル・クラスによって書かれ，読まれたのである。

　ポルノグラフィといえども，文字で書かれている以上，読書をすることができる者にのみ許される娯楽である。ポルノグラフィがミドル・クラスの中で流布したのは当然のことといえよう。アメリカでは，本国でのポルノグラフィ制作は決して盛んではなく，外国作品の紹介が中心だったようだ。それもごく密かに行われ，読者層もかぎられていた。

　だが19世紀後半になると，労働者階級の識字率が飛躍的に増してくる。労働者階級向けのダイム・ノヴェル（三文小説）も急速に発達した時代である。またこの時代は，美術館が全米各地につくられることによって，「ハイ・アート」という概念が形成された時代でもあった。美術館という権威ある場所に展示され，かぎられた客に鑑賞される芸術は高尚である，というわけだ。古典的絵画作品のヌードまで規制しようとしたコムストックによれば，ヌード芸術は美術館というかぎられた場で鑑賞されるならその芸術性を保つことができるが，ポストカードのようなかたちで大衆に広まるのは公序良俗に反するという。

　そこで，文化の階級化と，階級の純血性の保持が進められることになる。アッパー・ミドル・クラスが密かに培ってきた性文化がより広い層に漏洩するのを恐れる一方，労働者階級の「低俗な」文化にアッパー・ミドル・クラスが侵食されるのを防ごうとして，躍起になる人びとが現れたのである。

第 8 章　性表現の規制と解放　177

図 8-1　アンソニー・コムストック

図 8-2　ニューヨーク悪徳撲滅協会の印章
出版者が投獄され、悪書が焼かれている。

悪徳撲滅協会

　南北戦争期、国中が混乱する中で、誰もが猥褻文書程度のことで道徳を説く余裕などなかった。だが戦争が終結すると、混乱した社会を立て直すために、規律を求めようとする動きが活発になった。連邦や州議会は猥褻文書規制の法の改正に着手した。その時流に乗り、一躍猥褻文書追放運動の先頭に立ったのが、アンソニー・コムストック（図8-1）である。

　猥褻文書や自由恋愛、産児制限や人工妊娠中絶、さらには賭け事までを取り締まり、青少年を悪魔の手から守ることを神から与えられた自分の使命と信じていたコムストックは、ニューヨークの YMCA から支援を受けて、悪徳撲滅委員会なるものを結成した。これはのちに YMCA から独立して悪徳撲滅協会へと発展する（図8-2）。1872 年 3 月、彼は 2 軒の文具店に警官と新聞記者を引き連れて入店し、本と写真を数点購入した。それをそのまま猥褻物の証拠品として警官に引き渡すと、6 人の従業員が即座に逮捕された。それ以来、40 年ほどのあいだに、彼は 3600 人もの人びとを逮捕に追いつめたという。「道徳粛正家」を神から与えられた自分の使命と信じてやま

ないコムストックの摘発の仕方はあまりにも執拗で，情け容赦なく，彼の標的にされた者の中には自殺にまで追い込まれた者も多かったという。

この時代に猥褻物扱いを受けたのは，必ずしもヌード画や性交をほのめかす文章ばかりではなく，産児制限法を説いた医学書や，人工妊娠中絶に関する情報を載せた書物も取締りの対象になった。社会の変化が新しい家族形態を必要とし，産児制限は重要な問題となっていたはずだが，教会を中心とする保守的な人びととはこれに猛反対していた。

コムストックの名を歴史に残すことになったのは，何といっても 1873 年のいわゆる「コムストック法」の成立である。正式には「反道徳的な使用目的を持つ猥褻文学と文書の取引と流通の禁止法」といって，猥褻な物件をそれと知りながら郵便によって流通させることを禁止する法律だった。とはいえ，何をもって猥褻とするかはこの法で決して定義されることはなかった。この種の郵便法はすでに前年に成立していたが，コムストックはまだ規制が生ぬるいと考え，首都ワシントンに乗り込み，議会に働きかけたのである。罰則をより強化し，また取り締まりの範囲も広げた。猥褻な書物，図画のほか，避妊や堕胎のために使われる用具や論文，またその種のものの広告や情報を郵便禁制品に指定し，これに違反した者には，100 ドル以上 500 ドル以下の罰金，もしくは 1 年以上 10 年以下の重労働懲役刑，あるいはその両方の刑罰を科する，とした。特に反対もなくこの法案は議会を通過した。

コムストックのこの戦略は見事に効果をあげた。そもそも，全米の猥褻物件を取り締まるのに，すべての州議会に働きかけて法規制を強化するのは困難なことなので，連邦の郵便法に狙いを定め，流通回路を断ったのは賢明だった。この法の制定以降，郵政省は実質上の検閲機関となり，コムストックは郵政省の特別執行官に任命された。

合衆国憲法の修正第 1 条では，表現の自由と出版の自由が認められているのだから，コムストック法は違憲ではないかと思われるかもしれない。だが 1877 年の連邦最高裁判決では，ある種の出版物の郵便を禁止することは出版の自由の侵害にはならないとされた。郵便以外の方法で配布するこ

■ 合衆国憲法修正第1条 ■

　合衆国憲法のなかでももっとも重要な意義を持つとされ，その解釈がいまもなお頻繁に議論されるのが，修正第1条（the First Amendment）である。連邦政府の形態を定めた合衆国憲法に対して，州権と個人の権利を保障するために，修正第1条から第10条までの増補が「権利章典」として付け加えられた。

　一般的に「修正」と訳されるが，何かの条文を直したわけではない。修正第1条は，「政教分離・信教の自由・言論の自由・請願権」を定めている。2002年6月，公立学校の朝礼で「神のもとのひとつの国」という言葉を唱え，星条旗に忠誠を誓うのは，信教の自由を侵害するという違憲判決が連邦控訴審で下されたが，9.11同時テロ事件以後の愛国的なムードの中で物議をかもし，2日後には判決が凍結されるという異例の事態があった。また，言論・表現の自由を主張する表現者たちと，過激な表現を規制しようとする保守的な勢力との争いも絶えない。

ともできる，という含みである。そしてコムストックはこの法律を大いに活用した。検挙したい猥褻物件の販売者に対して，コムストックは顧客になりすまして注文し，自分のもとへ郵便で送られてきた物件を証拠として摘発したのである。

　コムストックは，いまや古い時代の偏狭な人物として蔑まれている。だが，彼の時代に形成された「上品な伝統」は，いまもなおアメリカ社会に根強く残っているともいえよう。1965年の最高裁判決までコムストック法は効力を持ち続け，長いあいだアメリカの道徳を支配していたのである。

　青少年への悪影響を懸念して，さまざまな文化表現を規制しようとする動きは，特に1980年代以降，保守化傾向のあるアメリカによく見られる。コムストックの粛正活動が，もちろん反発もあったとは言え，多くの人びとに容認された理由を，ピューリタン特有の保守的な頑迷さと言ってしまえば簡単だが，コムストックの時代を研究したニコラ・ベーゼルはまたもうひとつの見解を示している。ベーゼルによれば，青少年への悪影響を防ぐために悪書を追放しなければいけないという論理が人びとを惹きつける理由は，「家族の複製・再生産」という強迫観念があるからだという。親は

自分の子どもに，自分と同等かそれ以上の社会的地位を望んでやまない。最低限，自分と同じレベルの子どもが再生産されることを目指すものである。すると，アッパー・クラスの親は，自分の子どもが低い階級から影響を受けることを極端に恐れることになる。とりわけアメリカで，急速に富を蓄えた成金紳士層にとっては，それ以上の富を得ることよりも，上流階級のネットワークに組み込まれ，低い階級とのかかわりを遮断することのほうが重大な関心事となったのである。悪影響から子どもを守るため，という理屈はいまでも人びとを惹きつけ，さまざまな規制の根拠になっている。

文学の受難

　コムストック法は絶大な効果を挙げ，郵政省と，そして外国から持ち込まれる物件に対しては関税局が，強力な検閲機関として機能することになった。ニューヨークの悪徳撲滅協会と同種の監視団体が全米で結成された。特に有名なのはボストンの監視監督協会である。道徳粛正家たちは，低俗な出版物をほぼ摘発しつくすと，それでも飽き足らず，さらには真摯な文学作品にも攻撃の矛先を向けはじめた。

　合衆国憲法修正第1条では，表現の自由が保障されている。だが表現の自由は無制限に認められるものではなく，とりわけ猥褻に対しては規制しても違憲にはならない，という了解がいまも一般的である。問題は，猥褻とは何かということが明確に定義できないことである。猥褻の概念は時代とともに変化してきたが，コムストック法が猛威を振るっていた時代には，文学作品を全体としてとらえたうえでその意義を判断するのではなく，ある一節に汚い言葉が含まれるとか，不道徳な男女が主人公で，結末においても罰を受けないとか，産児制限法について言及している箇所があるとかいったことが猥褻とされた。

　1920年代，文学に対する検閲はボストンで頂点に達した。書店主たちが，監視監督協会や検察局の指導のもとに，猥褻とされそうな本の販売を自主規制しはじめたのである。シオドア・ドライサー『アメリカの悲劇』，シャ

ーウッド・アンダスン『黒い笑い』，ジョン・ドス・パソス『マンハッタン乗換駅』，アーネスト・ヘミングウェイ『日はまた昇る』，シンクレア・ルイス『エルマー・ギャントリー』といった，この時代を代表する錚々たる作品が規制を受けることになった。「ボストンで発禁」は他の地区での宣伝文句になりもしたが，一方で出版界全体としては性表現に対して消極的にならざるを得なかった。

 とりわけドライサーの作品は，確かにそれまでの性を無視する上品な伝統から抜け出て，性の問題に真剣に取り組んでいる。現代人を駆り立て，悲劇を生み出す原動力として，金銭欲，出世欲とともに性欲があることを彼は見逃さなかった。だが，それでもまだ性交そのものを詳細に描写することなどは考えられなかった。

 『アメリカの悲劇』では，主人公が売春宿に出かけた場面で，宿の内部が描写され，娼婦が服を脱ぎだすというくだりが問題となった。服を脱いだ後のことは省略法が用いられている。しかしボストンの裁判では，作品全体は決して読まれることなく，この部分だけで猥褻法に触れ，発禁とされた。『アメリカの悲劇』の発禁に対して抗議の声が高まり，さすがにマサチューセッツ州議会も1929年には猥褻法の改正に取り組んだ。1920年代の終わりとともに，極端に保守的な検閲の時代もようやく終わりを迎える。

 そもそも1920年代は，アメリカで人びとの性道徳に大きな変化が訪れた時代だった。産業の発展，娯楽の多様化，といった社会変化とともに，古い道徳は次第と失われ，「フラッパー」と呼ばれる奔放な女性たちが出現した。性医学書の出版が相次ぎ，人びとの性に関する興味と知識は増大した。だからこそ保守派は規制を強めようと躍起になったのだろう。文学は時代に呼応しただけであり，時代を扇動したわけではなかった。アメリカ文学において，性表現が自由を獲得するまでには，さらに長い年月を経なければならなかった。

2. モダニズムの時代と内面の探求

エドワード朝とジョージ朝

　イギリスではヴィクトリア女王の息子エドワード王の時代から，1910年にジョージ王の時代へと変わると，文学表現にも画期的な変化が現れた。モダニズムの時代の幕開けである。ヴァージニア・ウルフによれば，エドワード朝の作家とジョージ朝の作家のあいだでは，作中人物の描き方に大きな違いがあるという。あるキャラクターをリアルなものとして描こうとするとき，エドワード朝の作家たちは，その人の住んでいる家，家の窓から見える景色，着ている服などの描写を丹念に行った。ジョージ朝の新しい作家たちは，そのやり方に疑問を覚えた。作中人物は作者にとっても不可解な存在であり，その人が何を考えているか，何を感じたか，というつかまえようのない感覚こそが，新しい作家たちにとって大事な問題なのだという。人間精神の内奥というもっとも神秘的な領域に，モダニズムの作家たちは踏み込んでいったのである。

　人間精神の内面を探求しようとすれば，性という人間にとっての根源的な問題に取り組まずにはいられない。これまで性について，作家たちは口を噤まされてきたわけだから，たとえばノーマン・メイラーは，性こそ20世紀の作家に残された豊かな鉱脈だと主張している。性という主題は，ほとんど手つかずのままに現代の作家のために残されていたのである。アリソン・ピーズの『モダニズム，大衆文化，猥褻の美学』によると，性交が堂々と文学に描かれるようになったのはモダニズムの時代からである。モダニズム以前は，性交を描くのはポルノ作家のすることであり，上品であることを強いられる文学は，性についてはほのめかすだけであった。〈ハイ・アート〉として差別化されるモダニズムは，実は戦略的に低俗な文化をたくさん取り入れていたのだとピーズは論じている。

　確かに，ジェイムズ・ジョイスの『ユリシーズ』にしてもD・H・ロレンスの『チャタレー夫人の恋人』にしても，このふたりのジョージ朝の作

家たちは，低俗と見なされかねない性行動の描写に重要性を与えることで，むしろミドル・クラスからアッパー・クラスを支配する閉塞した道徳観を痛烈に批判している。『ユリシーズ』の主人公，レオポルド・ブルームは広告会社に勤めるミドル・クラスの中年男性で，妻とまともな性関係を結べず，妻の浮気を心配している。自慰に耽ったり，娼家を訪れたりするこの男が性的に無能感を漂わせている一方，浮気をする妻モリーによる結末部の内的独白は，圧倒的な迫力と，肯定の力に満ちている。

『チャタレー夫人の恋人』にいたると，その階級的構図はより一層明白である。下半身不随の准男爵と結婚したコニー・チャタレーは性的に満たされない日々を送っている。また夫が属する社交界の付き合いも彼女をうんざりとさせる。夫から，跡継ぎを得るためにも，他の男と子どもをつくることを提案されて，チャタレー夫人はショックを受ける。その一方で，彼女は猟場番人のメラーズという男の粗野な性的魅力に惹きつけられていく。

ふたつの作品とも，性の扱いが大胆であったばかりでなく，いわゆる四文字語が伏せ字にされずに使われていたので，英語圏での出版は容易ではなかった。『ユリシーズ』は1918年にパリのシェイクスピア書店が英語の読めない植字工を雇って印刷し，『チャタレー夫人の恋人』は1928年にイタリアで出版された。アメリカでは関税法によって輸入禁止措置がとられた。性的に放縦な作品はその後も同様の経緯をたどり，ヘンリー・ミラー『北回帰線』(1934)，ウラディミル・ナボコフ『ロリータ』(1955)，ウィリアム・S・バロウズ『裸のランチ』(1959) も初版はパリで出版された。

文学史ではつねに主役は作家だが，しかし文学の進展においては，『ユリシーズ』を出版したシェイクスピア書店のシルヴィア・ビーチ，『北回帰線』を出したオベリスク・プレスのジャック・カハーン，その息子でミラーの小説や『ロリータ』や『裸のランチ』を出版したオリンピア・プレスのモーリス・ジロディアス，『チャタレー夫人の恋人』やミラーの小説をアメリカで出版することに踏み切ったグローヴ・プレスのバーニー・ロゼットといった，向こう見ずで，商売上手な面もあるとはいえ裁判も辞さないという強い意思をもって作品を世に問う出版人の存在も見落とすことはできな

『ユリシーズ』は，コムストックの没後にニューヨーク悪徳撲滅協会の監査役を引き継いだジョン・S・サムナーによって激しく指弾された。しばらくは輸入禁止であったが，すでに述べたように1920年代の終わりには極端な検閲の傾向も沈静化し，1930年には関税法が改正されて芸術性が認められた作品の輸入が可能になっていたので，1933年にランダムハウス社が出版の可能性を探るために原書を輸入して裁判に持ち込んだ。このときの「『ユリシーズ』裁判」はアメリカの出版史において画期的な意義を持つ。コムストックの時代から採用されていた，特定の一節が純真な少女に悪影響を及ぼすかという，1868年のイギリスの裁判で示されたいわゆる「ヒックリン基準」にもとづく猥褻判断が払拭され，裁判官ジョン・M・ウルジーは，作品全体から判断して，『ユリシーズ』が平均的な成人に悪影響を及ぼす心配はないという判決を下した。

　この判決は作品を部分ではなく全体で判断するという点で画期的だったが，この裁判以降必ずしもアメリカにおいて性表現が完全に解放されたわけではなかった。むしろ『ユリシーズ』は例外的な作品だった。誰もこの難解な作品で欲情を煽られるはずがないのは明らかだった。『チャタレー夫人の恋人』のような，より性に重点を置いた作品の出版には，さらに20年以上の歳月が必要だった。

遅れてきたモダニスト

　アメリカ文化史における性表現の変容を概観するのに，外国作品の出版裁判を重大な契機として取り上げなければならないのは奇妙なことである。それだけアメリカ人は，一般的に性表現に関して慎重であり，臆病だった。産児制限法のキャンペーンといった，社会的使命のために検閲と戦う者はいても，性表現において因習を打破しようとする作家はなかなか現れなかった。1930年代に登場したヘンリー・ミラー（図8-3）の作品は，アメリカ作家のものとしては異様に突出していたが，それも彼がアメリカ社会に辟易して祖国を離れ，パリで作家活動を始めたからこそ成立したものであろう。

第 8 章　性表現の規制と解放　185

図 8-3　ヘンリー・ミラー

図 8-4　『北回帰線』の初版本
巨大な蟹（Cancer）が世界をむさぼっている。表紙下には，「英国と合衆国には輸入禁止」という警告がある。（パリ，オベリスク・プレス，1934 年）

ミラーのデビュー作『北回帰線』（図 8-4）は，冒頭の次のような一節が有名である。

　俺には金もない，当てもない，希望もない。俺はこの世でいちばん幸福な男だ。一年前，半年前，自分は芸術家だと思っていた。もう，そんなことは考えない。我在るのみ，だ。かつて文学であったあらゆるものが，俺からこぼれ落ちてしまった。もう書くべき本などない。何と有り難いことか。

　では，これは何だ？　これは書物ではない。これは罵詈讒謗であり，人格の誹謗である。言葉の通常の意味において，これは書物ではない。いや，これは延々と続く侮辱であり，芸術の面に吐きかけた唾の塊で

■　『北回帰線』　■
　主人公は「ぼく」（ヘンリー・ミラー）。草稿段階では，登場人物となるミラーの知人たちの名がすべて実名で書かれ，表紙には"Anonymous"（作者不明）と記されていた。「ぼく」は，作家になるためにパリにやってきて2年が経つ。現代文明はいまや崩壊に向かっているという確信を深めている「ぼく」は，もはや何かの奇跡が起きて自分が救われるなどということは期待せず，たとえ野良犬のようでも自分の力で生きていこうと決意する。食欲と性欲は生の大いなる原動力であり，「ぼく」は貧困のなか，食事と性交を求めて奮闘する。その露悪的なまでの性的放浪の叙述，自己のすべてをさらけ出すというスタイルは，タイプの異なるさまざまな作家に影響を及ぼした。ミラーと作風がまったく異なる作家にとっても，『北回帰線』の出版は，表現の可能性を押しひろげるという意義を持っていた。

　あり，神，人間，運命，時間，愛，美……とにかく何でもいい，そういったものを一蹴する指弾の一撃なのだ。俺はこれからおまえに歌ってやる，多少調子は外れるだろうが，とにかく歌ってやる。おまえが泣き言を言っているあいだに俺は歌い，おまえの汚い屍体の上で踊ってやろう……

　文学的なあらゆるものが自分からこぼれ落ちた，という心境にいたるまで，実は彼は20年近い苦闘を続けていた。だからこれを単純に，文学などたいしたことない，という反逆児を気取った態度と受け取ってはならない。むしろ彼は，情けないほど文学に執着し続けてきたのだ。作家になるために仕事を捨て，2人目の妻ジューンと困窮生活を送っていたミラーは，最初は伝統的なタイプの小説を書こうとしていたが，成果は芳しくなかった。物質主義のアメリカにいては，自分は芸術家になれないと悟ったミラーは，1930年，ポケットに小銭しか持たずパリへと渡った。1920年代にパリにいたモダニストたちが帰国し始めたころ，彼はいかにも遅れてパリにやってきたのである。
　『北回帰線』はミラーのパリでの暮らしの記録である。作家として，自分らしい表現を模索していたミラーは，フィクションというものが不可避

に持つ文学的装飾性に苛立ちを感じていた。自分の語りたいことを，文学作品として体裁よくまとめようとすると，どこか取り繕ったような気取った文章になってしまう。試行錯誤の末ミラーは，あらゆる文学的装飾と上品ぶった気取りを払拭しようと決めた。つまり，自伝や日記といった，より直接的に生を把握するように思える手法を取り入れたのである。

　一切の文学的な気取りを廃そうと決めたミラーは，自分が普段使っている言葉を，どんなに粗野でもそのまま使うことにした。むしろ，これまで文学が使うことを避けてきた言葉を意図的に多用した。検閲者が規制していた言葉は，ミラーのようなロウワー・ミドル・クラスの出身者なら日常的に使っている言葉だったのである。『北回帰線』には特に大きな筋立てがあるわけではなく，語り手ミラーの性的な妄想や冒険談があれこれとつづられている。しかしエロチックな逸話を語ったかと思うと，すぐに散文詩的な文章や哲学的瞑想，誇大妄想的なまでの文明批判などが続き，エロチックな効果は決して持続しない。それでも『北回帰線』の性描写は，これまでのアメリカ文学ではまったく類を見ないほど露骨であり，露悪的ですらあった。とはいえ，ミラーにはすでにジョイスとロレンスという先例があった。ミラー自身はロレンスの性を通じて人間を解放しようという思想に心酔していたが，しかしミラーの性の扱い方はむしろジョイス流の自然主義的なものだったといえる。

　1934年，パリで好色本の出版をしながら，いつかは実験的な文学作品を出版したいという野心もあわせ持っていたオベリスク・プレスのジャック・カハーンがこの作品に目をつけ，当時ミラーと恋愛関係にあったアナイス・ニンが出版費用を払って，『北回帰線』は出版された。英米では即座に発禁処分となった。ミラーは宣伝活動として大物文学者たちに本を送り，T・S・エリオット，エズラ・パウンド，オルダス・ハックスレー，ジョン・ドス・パソス，ハーバート・リードといった錚々たる面々から好意的な返事をもらった。英語圏では手に入らないこの本を，パリに行く機会があれば入手してみるとよい，その価値はある，と勧める批評が多く現れた。

　旅行者と，パリに派遣された兵士が持ち帰ることで，発禁時代にも数千

冊がアメリカに密輸され，『北回帰線』は着実に版を重ねて，その評判も高まった。ニューヨークのゴーサム・ブック・マートはジョイスをいち早くアメリカに紹介した書店であったが，オーナーのフランシス・ステロフはミラーに対して好意的だった。彼女は検閲制度に反対し，前衛文学を擁護していたので，『北回帰線』を密かに売ることに協力した。ミラーに対して関心を示す他の書店主をミラーに紹介したり，作品を入手したがっている読者に情報提供をした。

　もちろん，好意的な反応ばかりだったわけではない。その露骨な性表現に嫌悪を催す人びとは大勢いた。『北回帰線』は，アメリカでの出版前から激しい毀誉褒貶の嵐を受けた。1950年，サンフランシスコの自由主義活動家アーネスト・ベシグが，『北回帰線』と，同じくミラーの発禁小説『南回帰線』の輸入を試み，裁判による司法判断へと持ち込んだ。すでに『ユリシーズ』裁判の判決があり，部分が少女に与える影響ではなく作品全体が成人に与える影響が考慮され，芸術的価値があるとみなされれば輸入禁止は解かれるのである。しかし裁判では，一審も二審も猥褻という判決が下された。上訴審の判決では「世間が大まかに罪とみなすあらゆるものが，猥談，売春，汚物だらけの鮮明で毒々しく卑猥な言葉で詳細に語られている。しかも，それを放棄しようという考えが微塵も表明されていない。本全体の趣旨に沿ったかたちで，人間の排泄物までもが可能なかぎりもっとも下劣な言葉で詳述されている」と非難された。

　先の引用にあったように，この作品はあらゆる権威的なものに唾を吐きかける試みだったのだから，裁判官にこのような感情を抱かせたのは，作者の意図が達成されたことの証しかもしれない。『北回帰線』の性描写が道徳家たちを激怒させるのは，その性交が家族制度の維持に何も寄与しないからである。夫婦愛の素晴らしさを説くこと自体は，アメリカ文学においてまったくタブーではなかった。よき家庭を築き，子孫を増やすことは美徳なのである。ところがミラーの小説の主人公は，まともな家庭を築こうという意志とは無縁である。さらに言えば，まともに働こうともしない。働かないというのは，実はアメリカ的資本主義に対する反逆である。それはベンジャミン・

フランクリン以来の，勤勉に働いて収入を得ることをよしとするプロテスタント的価値観を真っ向から否定しているのだ。性描写以外の面でも，『北回帰線』は道徳家を不愉快に思わせる要素に満ちていた。しかしこのころには，アメリカ社会全体の性意識は，司法の基準よりもまったく先の段階へと変化していたのである。

3. 性革命と表現の自由

「埋め合わせとなる社会的重要性」

1950年代から60年代にかけて相次いで行われる猥褻裁判において，性表現に対する規制は劇的なまでに緩和された。文学作品に対する容認が，さらには純然たるポルノグラフィにまで及び，性表現の自由化は一気に加速した。文学・映画・演劇・美術などの文化領域で，大胆に性が取り上げられるようになり，一方，ヌード雑誌やポルノ映画も登場した。60年代のアメリカは社会秩序が大きく変化した時代であった。ヴェトナム反戦運動，公民権運動，女性解放運動，ヒッピー文化などと連動し，この時代の性をめぐる状況の変化は性革命と呼ばれる。

だが，性革命によって人びとの性活動が大きく変化したのだろうか。むしろ性革命の以前からすでに革命は起こっていたのである。アメリカ人の性生活に関する科学的な統計調査である『キンゼー報告』が，『男性の性行動』（1948年），『女性の性行動』（1953年）の2巻で出版され，大ベストセラーとなった。この統計によると，アメリカの多くの州で非合法とされていた婚前性交，婚外性交，同性愛などの行為を，かなりの割合のアメリカ人が一度は経験しているというのだ。もはや道徳や法律は，現実から乖離したものに成り果てていた。

1957年の「ロス裁判」の連邦最高裁判決は，猥褻についての画期的な見解を示した。この裁判自体は，州による猥褻規制は表現の自由の侵害にあたらないとし，猥褻図画を販売したサミュエル・ロスを有罪とするものであったが，一方，判決を下したウィリアム・ブレナン判事は，部分で判断

する「ヒックリン基準」をしりぞけ、本全体の効果でとらえた「『ユリシーズ』裁判」の判決を全面的に支持したうえで、「埋め合わせとなる社会的重要性を最小限にでも保有している」ものなら表現の自由を保障されるとしたのである。

検閲に真っ向から反対するニューヨークの出版人バーニー・ロゼットは、いよいよ『チャタレー夫人の恋人』の出版が受け入れられるくらいに社会の風潮は変化したと考えた。彼のグローヴ・プレスが 1959 年に無削除版の『チャタレー夫人の恋人』を出版すると、すぐにニューヨーク郵便局長はその本の郵送を禁止した。出版社側は最初から裁判で決着をつけるつもりでいた。負ければ刑事責任を問われる危険な賭けだったが、ロゼットは勝利を信じていた。

連邦地裁の判決では、過去に許容されなかった表現も、いまでは許容されるほどに社会は寛容になっている、という理由で、出版社側の勝利となった。上訴審も地裁判決を支持し、ついに『チャタレー夫人の恋人』の 30 年以上にわたる発禁措置は解かれた。

この勝利に勢いづいたロゼットは、さらに検閲との戦いを続ける決意をした。次なる作品は、アメリカ文学史上最大の問題作であり、彼が学生時代から敬愛してやまぬ、ミラーの『北回帰線』と『南回帰線』である。

「猥褻の終焉」？

ミラー自身は、「『チャタレー』裁判」の結果を高く評価しつつも、自分の作品が国内で受け入れられることには懐疑的であった。両『回帰線』を出版したいというロゼットの申し出に、ミラーは躊躇した。1961 年、ミラーは 69 歳だった。すでに没人であり、文学的地位も定まっていたロレンスと違い、もし有罪判決が下されれば刑務所に入れられるわけだから、老齢の身には耐えられそうにないことだった。それに母国で発禁のままでも、ヨーロッパからそこそこの収入が得られた。だが、裁判にかかる費用はすべて出版社が負担し、弁護人を立て、ミラーは法廷に出頭しなくてよいという条件を提示されると、彼には断りようもなかった。

郵政省は『北回帰線』に対して郵便禁止措置をとっていたが，法廷闘争になれば敗訴するだろうと司法省から忠告を受け，1961年6月に禁止措置を解除した。これは大きな進展のようでいて，実際には皮肉にもアメリカの出版史上最大級の訴訟問題を引き起こす要因となった。『チャタレー夫人の恋人』のときには，出版社はすぐに連邦裁判所で争い，出版許可を勝ち得たのだが，審議なしで連邦と和解してしまった『北回帰線』の場合，出版許可の判決を連邦から得る機会を失ったので，全米の個々の州レベルで告訴されることになったのである。

『北回帰線』が出版されるとすぐに，マサチューセッツ州を皮切りに各地で発禁措置がとられた。全米での訴訟件数は60件にものぼり，訴訟にまではいたらない規制や販売自粛の総数は把握しようもなかった。『ユリシーズ』や『チャタレー夫人の恋人』も比較にならないほどの一大センセーションを『北回帰線』は巻き起こした。セールス面でも，最初の年に150万部，翌年も100万部を売る大ベストセラーとなった。

マサチューセッツでは結局出版社側が勝訴したが，州ごとに猥褻の判断は分かれた。1963年にフロリダ州で猥褻判決を受けたとき，出版社はこの件を連邦最高裁で審議してもらうように移送請願を出した。異例的にも連邦最高裁はこれを受け入れた。基本的に猥褻の問題は州が判断すべきものと連邦裁判所は決めていたが，全米を騒がすこの事件については，各州であまりにも判断が異なったので，一定の指針を与えることにしたのだ。

翌年6月，「ロス裁判」と同じブレナン判事が判決を下した。「何らかの理念を唱導するかたちで性を扱っているもの，あるいは文学的，科学的，芸術的価値を持つか，何らかの社会的重要性を持つものは，猥褻と見なされることなく，憲法の保障を否定されることもない」とされ，『北回帰線』裁判はついに決着を見た。

『北回帰線』の出版は，アメリカの「表現の自由」を大きく前進させた画期的な事件だった。1960年代以降，アメリカ文学における表現の実験はさらに大胆さを増した。いまや性表現の問題とは文学において解決済みのように思われるが，1960年代までは，作家と出版社はつねに自己検閲を強い

られていたのである。『北回帰線』は新しい世代の作家たちに大きな自由を与えることになった。

　グローヴ・プレスの一連の裁判を担当した弁護士チャールズ・レンバーは，その勝利の記録を誇らしげに『猥褻の終焉』という本にまとめあげた。タイトルが示すように，確かにこの時点では，あらゆる文化的表現が猥褻に問われることはもはやなさそうに思えるほど，性革命は進行していた。

4. マルチカルチュラリズムと大衆文化の爛熟

新たなる規制の時代

　『北回帰線』が連邦最高裁で猥褻ではないという判断を得たとき，ミラーはすでに70歳を越えていた。初版から30年の月日が流れ，もはやアメリカという国に対して不信感を募らせていたミラーは，裁判の結果を手放しでは喜べなかった。「否定的な勢力とのこの戦いは永久に続くだろう。今度は勝ち，次は負ける，といった具合に。数年もすれば，程度の差はあっても，また同じことが始まるだろう」と彼は知人に語った。

　実際，郵送禁止や発売禁止といった措置がとられなくとも，表現に対するさまざまな規制はありうる。極端に自由だった1960年代が過ぎて，80年代からはアメリカ社会全体に保守化傾向が広まった。例えばベストセラー作家のスティーヴン・キングの作品は，「暴力的」で「猥褻」だという理由から，80年代から90年代にかけて全米各地の学校図書館で禁書にされた。市民からの投書を受けて禁書リストは肥大化し，まるでコムストックの時代に帰ったようでもあった。

　しかし，もはや道徳家たちが青少年への悪影響を心配する対象は，文学ではなく，音楽，映画，テレビ，ゲームなどのメディアに移ってしまった。1985年，のちの副大統領アル・ゴア民主党上院議員の妻ティッパー・ゴアは，8歳の娘にロック・ミュージシャン，プリンスのアルバム『パープル・レイン』を買い与えた。そのうちの1曲が自慰について歌っていたことを娘から聞かされ，ティッパーは驚愕した。早速「親のための音楽資料セン

ター」という団体を作ってロビー活動を開始し，音楽業界に規制を求めた。このときから，過激な内容の音楽作品には，親に対して注意を促すためのステッカーが貼られるようになった。

「道理をわきまえた人間」とは誰か？

　この章の冒頭で，言語表現がいまでも裁判で猥褻性を問われる，と書いた。1990年，言語表現に対して連邦裁判所が猥褻判断を下すという，きわめて画期的な事件があった。それは実は，ラップ音楽の歌詞のことである。2ライヴ・クルーという人気黒人ラップグループは，性的にあまりに露骨な歌詞で悪名が高かった。フロリダ州で，彼らのアルバムを未成年に売ったレコード販売業者が警察に逮捕されるという事件が起こった。表現の自由に対する公権力のあからさまな侵害，という声も上がったが，道徳家たちのキャンペーンは功を奏し，連邦地裁の判決で，2ライヴ・クルーのアルバム『アズ・ナースティ・アズ・ゼイ・ウォナ・ビー』は「みだらな思考に訴える」ものとして猥褻の判断が下された。

　「ロス裁判」のときの「埋め合わせとなる社会的重要性がまったくない」という猥褻判断基準は，1973年の「ミラー裁判」（このミラーはヘンリー・ミラーではなく，カリフォルニアの猥褻図画販売業者）からは「重要な文学的，芸術的，政治的，あるいは科学的な価値を欠いている」ことに変えられていた。2ライヴ・クルーには重要な芸術的価値が欠けているのか，あるいはこれは表現の自由に対する深刻な侵害なのか，全米のメディアが騒然となった。当時デューク大学教授で，1991年からはハーバード大学に移ってブラック・スタディーズの第一人者として活躍を続けるヘンリー・ルイス・ゲイツ・ジュニアが，2ライヴ・クルーの擁護をした。ゲイツによれば，性的な誇張を加えて相手をからかう言語表現は歴史的に見てもアフリカ系アメリカ人男性にとってはごく当たり前のことであり，2ライヴ・クルーの作品はセックスに取り憑かれたアメリカの黒人男女を見事に風刺しているという。

　これについては黒人の中でも意見が分かれた。同じくブラック・スタディーズの第一人者であるヒューストン・A・ベイカー・ジュニアは，2ライヴ・ク

ルーに芸術的価値をまったく認めず，彼らは詩的才能の欠如のため性的な露骨さに頼っているだけだと断じ，彼らに芸術的な価値があるなどというゲイツの証言こそ，黒人男性特有の誇張癖の例だと，皮肉まじりに批判している。いずれにしても連邦控訴審は，一審の判断が専門家の意見を十分に聞いていなかったとして，逆転判決を下した。

　ゲイツの主張で興味深い点は，誇張とはアフリカ系アメリカ人の言語活動に特有のものだと，あらためて白人たちに訴えたことである。ここでは，芸術か猥褻かの判断基準に漠然と使われていた「道理をわきまえた人間」による判断というものが，実はつねに白人ミドルクラスとアッパークラスの男性による判断であったことが批判されているのだ。1970年代にフェミニズムが台頭し，ポルノグラフィが徹底的に批判されたときも，男性にとってごく当たり前の性的表現が女性にとっては苦痛であることが指摘された。マルチカルチュラリズムの時代を迎えて，性に関する問題はもはや一元的な道徳基準では語れなくなっているのである。

　かつては禁欲こそがリスペクタブルな（尊敬される）ことであったのに，ラップ音楽においては女性をもてあそぶ「強い男」がリスペクトされる。その両極端ぶりには驚かざるを得ないが，両極端こそアメリカという国の本質なのだろう。だが，昨今の文化表現の退廃的な状況は，確かに何らかの規制もやむをえないかと思わせるほどである。多くのラップ音楽のアルバムは，無削除版と削除版の2種類が販売されている。削除版では子どもに聞かせるべきではない言葉が消去されているのだ。『チャタレー夫人の恋人』を削除版でしか出版できなかった時代に逆戻りしているかのようだ。表現の自由をめぐって，長いあいだ作家や出版者たちが戦ってきた。しかし大衆文化の表現行為があまりにも放縦をきわめれば，ふたたび検閲の時代がやって来ないともかぎらないのである。

参考文献

亀井俊介『ピューリタンの末裔たち——アメリカ文化と性』研究社出版，1987。

メアリー・V・ディアボーン著，室岡博訳『この世で一番幸せな男——ヘンリー・

ミラーの生涯と作品』水声社, 2004。
ヘンリー・ミラー著, 本田康典訳『北回帰線』水声社, 2004。
Baker, Houston A., Jr. *Black Sudies, Rap, and the Academy*, Chicago: University of Chicago Press, 1993.
Beisel, Nicola. *Imperiled Innocents: Anthony Comstock and Family Reproduction in Victorian America*, Princeton: Princeton University Press, 1997.
Boyer, Paul S. *Purity in Print: Book Censorship in America from the Gilded Age to the Computer Age*, Wisconsin: University of Wisconsin Press, 2000.
Comstock, Anthony. *Traps for the Young*, Harvard University Press, 1967.
Harrison, Maureen & Steve Gilbert, eds., *Obscenity and Pornography Decisions of the United States Supreme Court*, Excellent, 2000.
Hutchinson, E. R. *Tropic of Cancer on Trial: A Case History of Censorship*, Grove Press, 1968.
Pease, Allison. *Modernism, Mass Culture, and the Aesthetics of Obscenity*, Cambridge: Cambridge University Press, 2000.
Rembar, Charles. *The End of Obscenity: The Trials of Lady Chatterley, Tropic of Cancer & Fanny Hill by the Lawyer Who Defended Them*, Random House, 1968.
Sova, Dawn B. *Banned Books: Literature Suppressed on Sexual Grounds*, Facts on File, 1998.

(金澤 智)

第9章 新聞・雑誌の銀河系
――アメリカにおける活字メディアの発展

　「メディア」とは元来「仲介者」を意味する言葉であり，またそうである以上，メディアが発生し発達するためには，それが仲介すべき「人」と「情報」の双方が必要であることは当然であろう。そしてそのように考えるならば，1620年にメイフラワー号がアメリカ・ニューイングランド地方に到着した時，象徴的な意味で，アメリカにメディアが発生する準備ができたと考えてよい。なぜならば，「人」が居るところには必ず「情報」が生まれ，この双方が存在するところには，両者を仲介するものの発生を促す契機が生ずるからである。

　ではそのニューイングランド地方に入植した人びとの間から生まれた「情報」がいかなるものであったかと言えば，おそらくそれは海の匂いのするものだったはずである。ニューイングランドは天然の良港と優れた漁場に恵まれ，また造船のための木材には事欠かなかったため，入植者の多くは農業よりもむしろ漁業に精を出し，さらには海運業を興して優れた商人となったからだ。かくしてボストン周辺の港では外地から戻ってきた商人たちがもたらす商売上の噂が飛び交うようになり，その口伝えの「情報」は1680年代には「ブロードサイド」と呼ばれる瓦版の形で印刷に付されるようになっていた。そしてその瓦版は当時流行のコーヒーショップなどで密かに回覧されるようになり，これがアメリカにおける活字メディアの原型となったのである。

　ではこの瓦版から始まったアメリカの活字メディアは，その後どのよう

な経緯を経て「新聞」となり,「雑誌」となっていったのか。また現代のアメリカにおける活字メディアの状況は,どのようなものになっているのか。本章ではメディアの中でも最も古い歴史を持つ新聞と雑誌に焦点を絞って,その発展史をたどっていこうと思う。

1.　メディアの黎明期（植民地時代〜南北戦争）

アメリカ最初の新聞

上述したように,1680年代にはボストンのような大都市で各種瓦版が出回るようになっていたが,当時のイギリス本国政府はニューイングランド地方,とくにマサチューセッツ植民地の勢力の増大を警戒し,その政治的不服従を助長するものとして,どんなものであれ印刷物の発行には厳しい監視の目を光らせていたため,今日的な意味での新聞,すなわち定期的に刊行される冊子状の新聞を発行することは非常に難しかった。

そんな困難な状況の中,アメリカで最初の新聞となったのは,ボストンでコーヒーショップ兼書店を経営していたベンジャミン・ハリスが1690年に創刊した『パブリック・オカランシズ』(図9-1)である。この新聞,縦29センチ,横18センチ,4ページという小さなものながら,「報道の源泉を正し,真実であると信ずる理由のあるものを掲載する。収集されたニュースの中に誤りがあれば,次号で訂

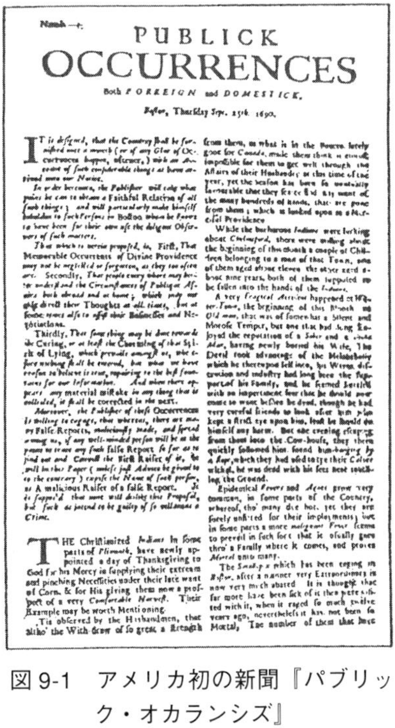

PUBLICK
OCCURRENCES
Both FORREIGN and DOMESTICK.
Boston, Thursday Sept. 25th. 1690.

IT is designed, that the Countrey shall be furnished once a moneth (or if any Glut of Occurrences happen, oftener,) with an Account of such considerable things as have arrived unto our Notice.

In order hereunto, the Publisher will take what pains he can to obtain a Faithful Relation of all such things; and will particularly make himself beholden to such Persons in Boston whom he knows to have been for their own use the diligent Observers of such matters.

That which is herein proposed, is, First, That Memorable Occurrents of Divine Providence may not be neglected or forgotten, as they too often are. Secondly, That people every where may better understand the Circumstances of Publique Affairs both abroad and at home; which may not only direct their Thoughts at all times, but at some times also to assist their Businesses and Negotiations.

Thirdly, That some thing may be done towards the Curing, or at least the Charming of that Spirit of Lying, which prevails amongst us, wherefore nothing shall be entered, but what we have reason to believe is true, repairing to the best fountains for our Information. And when there appears any material mistake in any thing that is collected, it shall be corrected in the next.

Moreover, the Publisher of these Occurrences is willing to engage, that whereas, there are many False Reports, maliciously made, and spread among us, if any well-minded person will be at the pains to trace any such false Report so far as to find out and Convict the First Raiser of it, he will in this Paper (unless just Advice be given to the contrary) expose the Name of such person, as A malicious Raiser of a false Report. It is suppos'd that none will dislike this Proposal, but such as intend to be guilty of so villanous a Crime.

THE Christianized Indians in some parts of Plimouth, have newly appointed a day of Thanksgiving to God for his Mercy in supplying their extream and pinching Necessities under their late want of Corn, & for His giving them now a prospect of a very Comfortable Harvest. Their Example may be worth Mentioning.

'Tis observed by the Husbandmen, that altho' the With-draw of so great a strength from them, as what is in the Forces lately gone for Canada, made them think it almost impossible for them to get well through the Affairs of their Husbandry at this time of the year, yet the season has been so unusually favourable that they scarce find any want of the many hundreds of hands, that are gone from them; which is looked upon as a Merciful Providence.

While the barbarous Indians were lurking about Chelmsford, there were missing about the beginning of this month a couple of Children belonging to a man of that Town, one of them aged about eleven, the other aged about nine years, both of them supposed to be fallen into the hands of the Indians.

A very Tragical Accident happened at Water-Town, the beginning of this Month an Old man, that was of somewhat a Silent and Morose Temper, but one that had long Enjoyed the reputation of a Sober and a Pious Man, having newly buried his Wife, The Devil took advantage of the Melancholly which he thereupon fell into, his Wives discretion and industry had long been the support of his Family, and he seemed hurried with an impertinent fear that he should now come to want before he dyed, though he had very careful friends to look after him who kept a strict eye upon him, least he should do himself any harm. But one evening escaping from them into the Cow-house, they there quickly followed him found him hanging by a Rope, which they had used to tye their Calves withal, he was dead with his feet near touching the Ground.

Epidemical Fevers and Agues grow very common, in some parts of the Country, whereof, tho' many dye not, yet they are sorely unfitted for their imployments; but in some parts a more malignant Fever seems to prevail in such sort that it usually goes thro' a Family where it comes, and proves Mortal unto many.

The Small-pox which has been raging in Boston, after a manner very Extraordinary is now very much abated. It is thought that far more have been sick of it then were visited with it, when it raged so much twelve years ago, nevertheless it has not been so Mortal, The number of them that have

図9-1　アメリカ初の新聞『パブリック・オカランシズ』

正する」と創刊の辞を述べているところなどなかなか意気軒昂たるもので，内容の点でもニューイングランド地方で起こった事件の報道からフランス国王のスキャンダルに至るまで，それなりにバラエティーに富んだものとなっていた。ちなみにこの新聞の最終ページは白紙になっていたが，これは読者がこのページに新しい情報や意見を書き込めるよう，わざとそのようにしてあったのだという。言うなれば，読者もまた新聞編集作業に一部携われるようになっていたわけだが，揺籃期の新聞の有り様，読まれ様というのは，実にそういうものだったのである。

　ところが残念なことに，このアメリカ最初の新聞に「次号」はなかった。というのは，その記事内容の一部が植民地政府を批判していると受け取られたため，同紙は1号限りで発行禁止になってしまったからである。イギリス本国政府の傀儡であった当時の植民地政府の新聞弾圧の姿勢は，ハリスが考えるほど生易しくはなかったのだ。そしてこの厳しい弾圧ゆえに，『パブリック・オカランシズ』の志を継ぐ第二の新聞はすぐには出なかった。たとえばボストンの郵便局長ジョン・キャンベルが1704年に創刊した『ボストン・ニューズレター』のように，公職に就いている者がその副業として政府広報に近い形の新聞を出すことはあったものの，これらの御用新聞が扱うのはイギリス本国や植民地政府の動向を記した政治関連ニュースが中心であり，掲載される情報の量も質もごく限られたものでしかなかった。

ゼンガー事件の顛末

　だが植民地の人口が増え，またその経済力が増すにつれ，この種の御用新聞が植民地の人びとの情報への欲求を満たせなくなってくるのは当然であろう。そして，そのような人びとの要望に応えるべく，ジェームズ・フランクリンなる印刷業者が1721年に創刊したのが『ニューイングランド・クーラント』という名の新聞であった。同紙は政治関連ニュースの報道に留まらず，詩や書評を掲載したり，投書欄を設けて広く意見交換の場を提供するなど，新聞に「文化面」を導入したほか，インクリース・マザーをはじめとする当時の宗教界・政界の大物を堂々と批判した論陣を張るなど，

大胆な新機軸を打ち出した新聞となっていた。もっともそうした新聞であっただけに官憲から睨まれることも多く，実際，政府に批判的な記事を掲載したかどで発行者のジェームズは投獄の憂き目にもあっている。しかしその間，彼の弟で後にアメリカ建国の立役者の一人ともなる弱冠17歳のベンジャミン・フランクリンが兄の代理を務めたため，同紙は政府の取り締まりにもかかわらず発行が続けられ，その意味で政府の言論弾圧に抵抗した最初の新聞となった。

　しかし新聞発行の自由を確立する上で決定的に大きな役割を果たしたのは，ニューヨークの印刷業者ジョン・ピーター・ゼンガーが1733年に創刊した『ニューヨーク・ウィークリー・ジャーナル』という新聞である。ゼンガーもまた政府の弾圧を恐れることなく，総督ウィリアム・コスビーや彼の率いる評議会を紙上で大いに批判し，その結果やはり投獄されてしまうのだが，彼もジェームズ・フランクリンと同じように獄中から指示を出して果敢に新聞発行を続けた。そして9ヵ月後に行なわれた裁判では，植民地全土に名の知られたフィラデルフィアの弁護士アンドリュー・ハミルトンの活躍もあってゼンガーは無罪を勝ち取り，彼の新聞は発行が認められることとなったのである。

独立革命と新聞の役割

　かくして「ゼンガー事件」は，言論の自由への第一歩を記すアメリカ・メディア史上の転換点となったわけだが，このことがあってから植民地での新聞発行には大いに弾みがつき，18世紀後半における植民地人口の急増や識字率の上昇も手伝って，新聞と新聞読者の数は増加の一途をたどった。

　ところがこのようなアメリカ新聞業界の発展に水を差すような事件が1765年11月に勃発した。イギリス政府が公布した「印紙条例」をめぐる騒動がそれである。印紙条例というのは植民地で発行される公文書への課税を定めたものであるが，新聞についても1部につき半ペニーの印紙を貼ることを義務づけていたことからも明らかなように，この条例の実質的な狙いは，むしろ薄利多売の新聞に重税をかけ，植民地における新聞発行を阻

止しようというところにあった。言論の自由を奪うことで植民地支配を容易にしようとするイギリス政府の方針は，18世紀半ばに至っても依然として続いていたのである。

　もっとも，このイギリス側の新聞弾圧策は裏目に出ることとなった。というのも植民地の新聞発行人たちが一致団結して条例を無視し，印紙の貼付を拒否したからで，結局この条例はイギリス政府に何の益ももたらさぬまま翌年3月に撤回されてしまった。しかもこの一件の後，植民地のイギリス政府に対する不満は高まり，さらにジョン・ディキンソンの「ペンシルヴェニア農夫からの手紙」(1767-68) や，トマス・ペインの「コモン・センス」(1776) など，アメリカ独立の大義を説く論説が全米各地の新聞に掲載・転載されて植民地人を鼓舞した結果，最終的には独立革命が生じる契機ともなったのだから，イギリス政府がアメリカの新聞を敵に回した代償は非常に高いものになったのだった。

　だがここでさらに重要なのは，このような新聞の活躍が，新聞というメディアの質的な変容をも意味していたということである。すなわち，印紙条例の公布から独立革命へと至る道のりの中で，アメリカの新聞は「情報の仲介者」であると同時に「世論を形成する主体」にもなり得ることを示したのだ。今日，新聞をはじめとするマスメディアはしばしば「第4階級」と呼ばれ，司法・立法・行政の三権と共に国家の意志を決定する上で大きな影響力を持つものとされるが，アメリカにおいてマスメディアがこのような力を持ち始めたのは，まさにこの時点だったのである。

ペニー・プレスの登場

　このように，アメリカにおける新聞の重要性は独立革命の時代を通じてますます明確に認識されるようになったわけだが，その後トマス・ジェファソンをはじめ新聞の持つ世論形成力を高く評価した政治家たちの尽力により，1791年に開かれた最初の連邦議会で「合衆国議会は言論または出版の自由を制限するような法律を制定してはならない」と定めた憲法修正第1条が制定されるなど，少なくとも形式上，新聞発行の自由は法的に保証される

こととなった。アメリカ最初の新聞が1号を出しただけで発行禁止処分を受けて以来，すでに100年の歳月が流れていたが，ここにおいてアメリカの新聞はついに市民権を勝ち得たのである。

そして19世紀に入ってしばらくすると，この市民権を得た新聞をさらに普及させるための技術的な条件も揃ってきた。その中でとくに重要なのは印刷技術の革新である。それまで新聞の印刷にはグーテンベルク以来の平面印刷機が用いられてきたわけだが，1825年に蒸気を動力とした輪転機が実用化されたことで，1時間あたり300部程度に過ぎなかった印刷能力が，1時間あたり4000部にまで高まったのだ。そしてこのような印刷技術の革新が新聞発行にかかるコストを下げた結果，当時1部6セントが相場だった新聞の値段は，1部1セントにまで一気に下落した。

そしてその1セントの新聞，すなわち「ペニー・プレス」として最初に成功したのが，『ニューヨーク・サン』である。当時弱冠23歳の若者であったベンジャミン・デイが1833年に創刊したこの新聞，値段の安さばかりでなくその内容も画期的で，殺人事件や火事などの警察ネタ，あるいは裁判記事やゴシップ記事など，いわゆる「社会面」を充実させていたところに従来の新聞との大きな違いがあった。さらにデイヴィ・クロケットやダニエル・ブーンといったアメリカの神話的な開拓者の伝説を連載して，読者の興味をつなぎ止める工夫をしたのも同紙の特徴で，要するにこの新聞の革新性というのは，新聞報道の内容を一般大衆が興味を抱くような人間臭いものにし，それを極めて安い値段で提供したところにあったのである。かくして新興都市ニューヨークの庶民層の支持を受けた『サン』紙は，発行開始からわずか4ヵ月目にしてニューヨーク最大の発行部数である4000部を達成し，年に2万ドル以上の収益を挙げることとなった。

また『サン』紙が短期間にこれほどの人気を得たことで，ペニー・プレスの市場はより一層拡大し，ジェームズ・ゴードン・ベネットの『ニューヨーク・ヘラルド』（1835年創刊）や，ホレース・グリーリーの『ニューヨーク・トリビューン』（1841年創刊）など，30を越すライバル紙が名乗りを上げ，これら廉価で通俗的な新聞の普及が，それまで新聞には縁のなかった

「一般大衆」を新聞購読者層に引き入れる契機となったのだった。そしてそのことはまたアメリカの新聞発行業が，その歴史の中で初めて「儲かる商売」となったことをも意味したのである。

アメリカ初の雑誌

　上述した通り，アメリカにおける新聞発行業はペニー・プレスの時代を経て営利企業として成立するまでに発展していったわけだが，活字メディアの一翼を担うべき雑誌の方は，その存在意義を確立するのにやや手間取っていた。

　アメリカで最初の雑誌は1741年に創刊された二つの雑誌，すなわちベンジャミン・フランクリンの『ゼネラル・マガジン』と，アンドリュー・ブラッドフォードの『アメリカン・マガジン』であるとされている。これらは共にイギリスで刊行されていた紳士向け雑誌を模して作った雑誌であるが，前者が6ヵ月，後者が3ヵ月と，どちらも短命に終わった。日々のニュースを特定の地域に住む読者に向けて発信する新聞とは異なり，普遍的で啓蒙的な話題を扱うメディアとしての雑誌がアメリカで存続するには，それを享受し得る読者の数が少な過ぎ，また広い国土に散在し過ぎていたのである。

　ところがこのような雑誌不振の状況は，1794年の郵政法改正によって一気に改善されることとなった。第1回の教書演説で「知識の普及は幸福の基盤である」と述べた初代大統領ワシントンが，啓蒙的なメディアとしての雑誌を高く評価したこともあって，この年，郵便局が安い料金で雑誌を郵送することを認めた法案が通ったのだ。つまりアメリカの雑誌は，郵送という手段を獲得したことによって，大都市圏に限らず，アメリカ全土を市場にすることが可能になったのである。となれば，雑誌業界がにわかに活気づいたのも当然で，事実，1794年から1800年までの間に創刊された雑誌点数は，過去半世紀に創刊された雑誌点数を上回ると言われている。

雑誌の黄金時代と女性

　もっとも真の意味でアメリカに雑誌文化が根付いたのは 1825 年から南北戦争前夜にかけての 30 年ほどの間で，この間，アメリカで出版されていた雑誌の数は 600 誌を超えた。いわゆる「雑誌の黄金時代」の到来である。このような雑誌隆盛の背景には輪転機の登場をはじめとする印刷技術の飛躍的な発達や，識字率の上昇などがあったわけだが，加えてこの時期，新聞が「報道中心のメディア」に特化しつつあったのに対し，長文の論説や書評，生活情報や小説など，人びとの多様な関心事を扱う「総合的なメディア」としての雑誌の位置付けが明確になってきたことも雑誌業界の活況を促す要因となっていた。それまで編集内容の点で新聞との境界が曖昧であった雑誌は，ここへきてようやく独立したメディアとなったのである。

　ところで，この時代のアメリカ雑誌が好んで取り上げた話題は三つあった。そのうちの一つは「文学」で，とくに 1840 年に新創刊された『グレアムズ・マガジン』は，エドガー・アラン・ポーを編集者とし，一流の作家たちを執筆陣に据えて絶大な人気を誇っていた。また 1850 年創刊の『ハーパーズ・ニュー・マンスリー』や 1857 年創刊の『アトランティック・マンスリー』のように，発行部数はさほど多くはなくとも，エマソン，ホーソーン，メルヴィル，ソローといったアメリカン・ルネッサンスの作家たちに作品発表の場を提供し，読者から高い評価を得た雑誌もあった。また「奴隷問題」も 19 世紀半ばのアメリカで盛んに論じられた話題の一つで，著名な奴隷解放論者ウィリアム・ロイド・ギャリソンの『リベレーター』誌（1831 年創刊）をはじめ，奴隷制の是非を論じたオピニオン誌が数多く刊行されていた。

　しかし雑誌の黄金時代の最も大きな話題であり，かつ主体でもあったのは「女性」である。1792 年に『レディーズ・マガジン』が創刊されて以来，女性向け雑誌はアメリカの雑誌市場で大きな割合を占めてきたが，とりわけこの時期には 64 誌もの女性誌が創刊されて隆盛を極めた。ちなみにこれらの初期女性誌の売り物は何と言っても「服の型紙」である。服というものが店で買うものではなく，家庭で作るものであったこの時代，女性誌に

■　『ゴーディーズ』の名編集長ヘイル　■

　19世紀半ばに創刊された数ある女性誌の中で最も名高いのは，1830年創刊の『ゴーディーズ・レディーズ・ブック』である。名編集長セアラ・ジョセファ・ヘイルの指揮の下，「ザ・ブック」の愛称で親しまれた同誌は，当時としては画期的な15万部の発行部数を誇っていた。

　そのヘイルが『ゴーディーズ』の編集を通じて訴え続けたことはただ一つ，「女性の教育」である。彼女は上品な作法や節約術などを特集し，また事ある毎に婦徳を説くなどして，読者にとって『ゴーディーズ』が「善き妻・善き母」となるための指標となることを願い，また読者もヘイルの声に耳を傾けた。もっとも『ゴーディーズ』を支持した読者というのは，結局この雑誌を定期的に講読できる経済的・時間的余裕を持ち合わせた中流階級以上の保守的な女性たちであり，ヘイル自身もそのことには意識的だった。同誌が女性参政権の問題に対して冷淡な立場をとり続けたことからも明らかなように，ヘイルは当時の女性のあり方の枠組みを越えようとするフェミニストたちに対しては批判的だったのである。無論，そのことをもってヘイルの後進性を指摘するのは公平ではないが，いずれにせよ彼女が打ち立てた「女性誌は女性のモラルの守護神である」という理念は，その後のアメリカの女性誌のあり方に長く影響を与えることとなった。

　掲載された型紙を参考にしながら流行に合わせた服を縫い上げるのは，当時の女性の嗜みであり，また楽しみでもあったのだ。また19世紀の半ばといえば，今ではその名も忘れられがちな大勢の女性作家が活躍した時代であるが，彼女たちが書くセンチメンタルな小説もこの時期の女性誌の売り物として多数掲載され，読者の紅涙を絞っていた。雑誌に寄稿して（あるいは雑誌を編集して）生計を立てる人びとを「マガジニスト」と呼ぶが，E・D・E・N・サウスワースをはじめ初期マガジニストに女性が多いのは，それだけ女性誌の需要が高かったことの証左でもある。

2. 大衆メディアの誕生（19世紀後半〜第2次世界大戦）

南北戦争後の技術革新とイエロー・ジャーナリズム

　ところがその雑誌の黄金時代も1857年の大不況，および1860年の南北戦争勃発を機に終焉を迎えることとなった。紙やインクの値上がりが出版コストの上昇を促し，多くの出版社が経営に支障をきたしたのである。ただ面白いことに南北両軍の兵士たちが『ゴーディーズ』をはじめとする女性誌を競い合うようにして読んだため，女性誌の出版社は戦時中も比較的安定した経営をすることができたという。兵士たちが女性誌を読むというのも妙な話だが，戦争などどこ吹く風といった調子で平時と変わらぬ編集を続けていた当時の女性誌を読んで，兵士たちは戦闘の合間の束の間の休息を得ていたのである。

　一方新聞業界の方はというと，少なくとも北部の新聞社に関しては各社ともそれなりに堅調な経営を続けていた。というのも戦争中，家族や友人を戦地に送り出している多くの人びとが詳細な戦況を知りたがり，情報を求めて新聞を読んだからである。またこうしたアメリカ一般大衆の期待に応えるかのように新聞社各社は従軍記者を多数投入し，公式戦況の情報不足を補った。ちなみに数段にわたる大見出しや，記事の冒頭部分だけを1面に載せる「リード方式」など，今日でもアメリカ新聞の紙面に見られる特徴の幾つかは，南北戦争時代に定着したものである。

　だがアメリカの新聞業界が真の活況を呈したのは，戦時中よりもむしろ戦後であった。木材パルプの登場で紙の値段が下落したこと，自動植字機と高速輪転機の普及で大量印刷が可能となったこと，また電話の実用化や通信社の発達で，全国的あるいは国際的なニュースの入手が迅速かつ容易になったことなど，新聞発行にかかわる諸条件が劇的に改善されたこともそうだが，これらに加えて義務教育の普及に伴う識字率のさらなる上昇，工業化の進展による都市部への人口集中，スポーツ・娯楽ニュースの多様化，好景気による企業からの広告出稿の増加など，この時期，新聞が爆発

■ イエロー・キッド ■

　1895年2月17日、『ワールド』紙の日曜版に一人の浮浪児が登場した。禿げ頭に突き出た耳、なぜか黄色いナイトシャツを身にまとった裸足の少年。まさに一度見たら目に焼きついてしまうこの異様な風采の少年こそ、「イエロー・キッド」ことミッキー・ドゥーガンである。「ホーガン横町」というスラム街を住処とする彼は、この横町に巻き起こるさまざまな事件・騒動を解説する形で当時の庶民の風俗を紹介し、時の政治を風刺した。

　イエロー・キッドの圧倒的な人気を見たハーストが、この漫画の作者リチャード・F・アウトコールトを『ジャーナル』紙に引き抜く一方、『ワールド』紙の方も別な漫画家を雇って連載を継続したため、一時は人気新聞2紙にこの浮浪児の活躍が掲載され、これが「イエロー・ジャーナリズム」という言葉の語源となったことは本文中に述べた通り。

人気新聞漫画の主人公、イエロー・キッド

的に発展する下地はすべて整ったと言ってよい。

　そしてこのような順風を受けて1883年にニューヨークに登場したのが『ワールド』紙である。ハンガリーからの移民ジョーゼフ・ピューリッツァーが既存の新聞を買収して新創刊したこの新聞は、さまざまな犯罪事件の顛末をセンセーショナルに書き立て、政治欄には風刺漫画を導入し、スポーツ欄や連載記事の充実で読者を惹き付けるという、いわば戦前のペニー・プレスを彷彿とさせる紙面作りをする一方、贅沢品や高所得者への課税強化、土曜半休制の導入や8時間労働の確立を呼びかけるなど、庶民の立場に立った社会改革を提唱する改革派の新聞でもあった。また日曜日を安息日とする風習が廃れてきたのを機に、特集記事やファッション記事、あるいはデパートの広告や連載漫画などを満載した分厚い「日曜版」を出し、男性ばかりでなく女性や子どもまでも新聞の読者に加えたのは『ワールド』紙の功績で、これら一連の新機軸により同紙の売れ行きは鰻登り、たちま

ち『タイムズ』紙や『トリビューン』紙の4倍に上る広告収入を得るまでになった。

　またそうなれば，『ワールド』紙の成功に倣ってセンセーションを売り物にする新聞が次々と創刊されたのも当然で，とくに銀鉱山主を父に持つサンフランシスコの新聞人ウィリアム・ランドルフ・ハーストが1895年に既存の『ニューヨーク・ジャーナル』紙を買収する形でこの市場に参入してくると，『ワールド』『ジャーナル』2紙の競争は熾烈なものとなり，ハーストがその莫大な資金力にものを言わせて『ワールド』紙から主要スタッフを引き抜けば，『ワールド』紙も負けずに『ジャーナル』紙の誤報をすっぱ抜くといった調子。両紙の過熱気味の泥仕合は，やがて事実の正確な伝達よりも民心を煽ることを眼目とした報道スタイルを生み出すことにもなった。こうしたジャーナリズムのあり方は，両紙に掲載された人気漫画「イエロー・キッド」（コラム）にちなんで「イエロー・ジャーナリズム」と呼ばれることとなるのだが，善くも悪くもこの時代のアメリカ一般大衆のエネルギーを表出するかのような賑々しくも喧しい一群の新聞は，19世紀末のアメリカを黄色に染め上げたのであった。

大衆雑誌の登場

　さて，南北戦争後から世紀末にかけてアメリカの新聞界が活況を呈していた時，アメリカの雑誌業界もまた一時の低迷を脱し，1865年に700誌ほどだった雑誌の発行点数は，1885年には3300誌になっていた。これは戦後になって紙の値段が下落したことに加え，1879年の郵便料金改正で雑誌の郵送料がさらに安くなったことから，雑誌の値段が下がり始めたことが大きな要因だった。とくに1880年代から1890年代初頭にかけて，人気雑誌間の値引き競争は激化した。

　だがこの値引き競争は，フランク・A・マンシーという雑誌界の風雲児が，自らの名を冠した雑誌『マンシーズ』を1893年から1部10セントという破格の安値で売り出したことで決着がついてしまった。無論，定価10セントでは雑誌の売り上げから収益を挙げることは望めないが，その代わ

■ 『リーダーズ・ダイジェスト』 ■

　現在アメリカで最も売れている雑誌の一つであるこの小振りな雑誌を生み出したのは，デウィット・ウォーレスなる人物。もともと出版業に携わっていた彼は，第1次世界大戦での負傷がもとで入院生活を余儀なくされている間に，さまざまな雑誌の中から面白い記事だけを抜粋し，それを簡潔に書き直して1冊にまとめたら，売れる雑誌ができるのではないかというアイディアを思いつく。そこで退院後，あちこちの雑誌社に話を持ちかけてみたのだが，生憎どこからも断わられてしまったため，仕方なく自力でこの雑誌を創刊してみたらこれが大当たり。興味深くかつ実用的な記事を短い時間で読み通せることがアメリカ人のライフスタイルに合っていたのか，発行部数も順調な伸びを見せ，創刊7年後に20万部，12年後には100万部を突破。現在では1250万部の怪物雑誌となっている。

　ただ他誌の記事を（書き直して）転載するという創立当初の基本方針を守るのはなかなか大変らしく，現在では大半の記事を『リーダーズ・ダイジェスト』誌が自前で作り，それを一旦他誌に掲載してもらってから再び回収するという，かなり手間のかかる作業を行っている。

り企業広告を多数掲載することで，そこから膨大な広告収入を得ることができる。つまり「十分な広告収入さえ挙げられれば，雑誌自体の売り上げが赤字でも構わない」という大胆な発想の転換によって，マンシーは低価格雑誌の出版に成功したのである。そしてこの『マンシーズ』の戦略に倣って他の雑誌も軒並み定価を下げ始めた結果，19世紀半ば頃までは中流階級以上のものであった雑誌は，今や一般大衆にも手の届くものとなった。そしてそのことを象徴するかのように，『レディーズ・ホーム・ジャーナル』という人気女性誌が1903年にアメリカ雑誌史上初めて，発行部数100万部の大台を突破している。大衆雑誌＝マスマガジンの誕生である。

　そして雑誌が大衆のものになると同時に，雑誌が扱う話題も一気に多様なものとなった。1876年に行なわれたアメリカ建国100年祭の影響もあり，当時アメリカの一般大衆は文化的なものに対して大いなる興味を抱いていたので，そうした大衆の興味・関心を掴むような雑誌が大いに人気を博したのだ。たとえば『ポピュラー・サイエンス』（1872年創刊）などの科学雑

誌や『ナショナル・ジオグラフィック・マガジン』（1888年創刊）などの地理雑誌は，アメリカ人の未知なるものへの好奇心を掻き立てたし，鉄道の発達に伴い種々さまざまな旅行記が雑誌の誌面を飾るようになった。また「野心の時代」とも呼ばれたこの時代にふさわしく，自己啓発や教育問題も重要なテーマで，ナポレオンやリンカーンなどの立志伝が好評をもって迎えられた。一方，文学作品に関しては娯楽性の高いものが好まれ，とくに女性作家による波瀾万丈のラブロマンスが人気を博したほか，ウェスタンやミステリーなどは粗悪な紙を使った「パルプマガジン」として盛んに出版された。そしてこの空前の雑誌ブームは第1次世界大戦勃発に伴う一時的な停滞を挟んで1920年代も継続し，それが『リーダーズ・ダイジェスト』（1922年創刊）（コラム）や『タイム』（1923年創刊）といった，アメリカを代表する雑誌を生み出す原動力ともなったのである。

ライカが捉えたアメリカ

　一方新聞業界の方に目を向けると，イエロー・ジャーナリズムの喧騒が一段落した1910年代，新聞は一時的な停滞を余儀なくされていた。第1次世界大戦の影響で紙やインクなどの値段が高騰したため，新聞社各社の経営が苦しくなったのである。その結果地方の新聞社が買収によって大手新聞社の系列に組み入れられ，新聞の「チェーン化」が進むというようなことも生じてきたわけだが，1920年代に入って新種のメディアであるラジオが普及してくると，アメリカの新聞業界はこの新たなライバルへの対応も考えなければならなくなっていた。そしてこの時，新聞業界が最も力を入れて取り組んだのが，新聞紙面への写真の導入である。1890年代にハーフトーン印刷の技術が開発されて以降，写真をそのまま紙面に掲載することはすでに可能になっており，またメディアにおける写真の有効性については第1次世界大戦時の報道を通じてすでに認識されていたが，この時期アメリカの新聞業界がとくに写真を重視したのは，ラジオのような音声メディアに対抗するには，音声では伝えられないもの，すなわち視覚的なメディアに頼るしかないという計算があったからである。

かくして1919年，その写真を大々的に活用した新聞がニューヨークに登場した。『イラストレイテッド・デイリー・ニューズ』（後に『デイリー・ニューズ』と改称）がそれである。ジョーゼフ・メディル・パターソンという男が始めたこのタブロイド判の新聞は，その名が示すように写真を多用した紙面が売りで，犯罪事件の報道などに写真を用いるのはもちろんのこと，日替わりでニューヨーク美人の写真を掲載するといった各種の企画を打ち出して人気を呼び，1924年には全米一の発行部数を達成した。

図 9-2 『デイリー・ニューズ』紙に掲載されたルース・スナイダーの処刑写真

またそうなるとライバル他社が写真入りタブロイド新聞の市場に参入してくるのは時間の問題で，これらが互いにセンセーショナルな報道を競い合い，ニューヨークの人びとの好奇心を煽り立てたことは言うまでもない。とりわけ『デイリー・ニューズ』とハースト系の『デイリー・ミラー』（1924年創刊），さらに「告白もの雑誌」の出版で名を挙げたバーナー・マクファデンによる『ニューヨーク・イヴニング・グラフィック』（1924年創刊）の有力3紙による報道合戦は，やがて度を越したセンセーショナリズムを生み，ルース・スナイダーという女性が愛人と共謀で夫を殺害した「ルース・スナイダー事件」（1927年）に関する報道では，主犯のルースが電気椅子で処刑される様子を盗撮した写真を『デイリー・ニューズ』紙が1面に掲載して世間をあっと言わせるということまで起こっている（図9-2）。1920

年代後半，ドイツのカメラメーカーのライカが小型カメラを開発して以来，この機動力に富む小型カメラを駆使して「決定的瞬間」を捉えることが可能になっていたが，センセーションが売り物のタブロイド新聞各紙がこの新技術を活用しないはずはなかったのである。

だが報道写真というものがより洗練された形でアメリカに定着するには，1936年に創刊された『ライフ』という新種のニュース雑誌の登場を待たなければならなかった。従来，報道の主役は文章で書かれた記事であって，報道写真はあくまでその記事を補佐するものとして使われてきたわけだが，『ライフ』誌はこの役割分担を逆転し，むしろ写真を「主」にして，写真そのものに現実を語らせるという手法，いわゆる「フォト・エッセイ」という手法を確立したのである。そしてこの「百聞は一見に如かず」を地で行く『ライフ』のフォト・エッセイは，ほぼ同時期に創刊されたライバル誌『ルック』と共に，テレビ以前の時代，アメリカの現実を視覚的に捉える唯一のメディアとなったのであった。

3. テレビ時代以降の活字メディア（第2次世界大戦以降）

マスマガジンの悲劇

1929年以降の大不況の影響でタブロイド新聞の時代が終わり，さらに1930年代の不況時代をどうにか乗り越えたアメリカの新聞業界は，第2次世界大戦の時代を越してからようやく好調に転じ，戦争直後には5000万部だった総発行部数も1950年には5400万部，1960年には5800万部，1970年には6200万部と順調に増加した。1950年代に普及し始めたテレビが活字メディアに及ぼすであろう影響は，ラジオの登場の時とは比較にならないほど大きいのではないかと思われていたのだが，少なくとも新聞に関する限りその心配は杞憂に終わった。結局テレビをよく見る人は新聞もよく読むという公式が成り立っていたのであって，新聞とテレビという二つの異なるメディアは，思いのほか両立し得るものだったのである。

だがその一方で雑誌業界は，テレビの影響をまともに受けることになっ

てしまった。前述したように『マンシーズ』誌の価格破壊以来，アメリカの雑誌出版社は企業から得られる莫大な広告料によって経営を安定させてきたわけだが，テレビの全国ネットワークが登場したことで，企業広告の大半をテレビに取られてしまう懸念が生じてきたのだ。そこで大手の雑誌出版社は，もともと一部売りの場合よりも安く設定してあった定期購読料をさらに安くし，それによって定期購読者の数を大幅に増やす戦術に出た。テレビ番組の視聴者数に負けないほどの読者数を確保して，雑誌の広告媒体としての実力がテレビのそれに劣るものではないことを証明しようとしたのである。マスマガジンの発行部数が1950年代に入って急激に伸び始めた理由はここにある。

だが定期購読料を無理して下げた分，雑誌の収益率が下がるのは当然で，1960年代に入る頃には，発行部数の多いマスマガジンを抱えた出版社ほど経営が苦しくなるという奇妙な状況が生じるようになっていた。そしてこの状況に追い打ちをかけたのが，1971年に郵政公社が決定した雑誌の郵送料の漸次値上げである。数百万部という発行部数を持つ雑誌にとって，郵送料のわずかな値上げですらそれによって受ける被害は大きく，ここまでかろうじて体面を保ってきたマスマガジン出版社も，この郵送料の値上げを受けて看板雑誌の継続出版を断念せざるを得なくなってしまった。たとえばアメリカを代表するマスマガジンの一つであった『サタデー・イヴニング・ポスト』は1968年に休刊に追い込まれ，また当時800万部近い発行部数を誇っていた国民的写真報道誌『ルック』『ライフ』両誌もまた，それぞれ1971年と1972年に相次いで廃刊となっている。テレビの普及を機に，マスマガジンという名の「恐竜」たちは，その図体（＝発行部数）の大きさゆえに自滅していったのである。

スペシャル・インタレスト誌の登場

だが滅びるものがあれば，その一方で栄えるものが出てくるのも世の習いであって，安い購読料で定期購読者を惹き付けてきたマスマガジンが低迷を続けるのを横目に，雑誌の内容そのものの魅力で勝負する雑誌を出版

■ スペシャル・インタレスト誌の登場とノンフィクション・ブーム ■

　長い間アメリカのマスマガジンにとって、「小説」は売り物の一つであり、アメリカの作家たちはこれらの大雑誌に作品を発表することで名を挙げ、また生計を立てていたわけだが、そのマスマガジンが 1960 年代後半以降、凋落の一途をたどったことによって、作家たちもまた作品発表の場を奪われることになってしまった。ノーベル賞作家のソール・ベローは「人びとは政治に興味を持ち、社会に興味を持ち、健康やスポーツやセックスに興味を持った。しかし、彼らはもはや小説には我慢がならなくなってしまった…」と述べ、このようなアメリカ作家の窮状を訴えている。

　一方、新たに登場してきたスペシャル・インタレスト誌がノンフィクションの特集記事を好んで掲載したこともあって、アメリカではこの時期ノンフィクション・ブームが沸き起こり、トム・ウルフやゲイ・タリーズといったノンフィクション・ライターが活躍したほか、トルーマン・カポーティ、ノーマン・メイラーといった既に名のある作家たちもまた、ノンフィクションの要素を採り入れた小説を発表するようになった。ゼネラル・インタレスト誌からスペシャル・インタレスト誌への移行の時代は、フィクション（創作）からファクツ（事実）への移行の時代でもあったのである。

していこうとする動きが、1970 年代以降のアメリカの雑誌業界に顕著に見られるようになってきた。従来のマスマガジンが多様な読者を満足させるべく総花的な内容を持った「ゼネラル・インタレスト誌」であったのに対し、この時代から登場してきた新しい雑誌の多くは、特定のテーマに興味を持つ読者のニーズに合うように編集されていたため、ゼネラル・インタレスト誌と区別して「スペシャル・インタレスト誌」と呼ばれている。

　スペシャル・インタレスト誌の特徴は、その内容が雑誌によって千差万別であるところにある。たとえば同じ「男性を対象にしたスペシャル・インタレスト誌」であっても、『プレイボーイ』誌などはその発行人であるヒュー・ヘフナーの享楽的なライフスタイルに共感する若い男性を主な読者として想定しているわけだが、「壮年の管理職男性」を想定読者としたライフスタイル誌などというものも存在し得るわけで、実際 1968 年に休刊した

『サタデー・イヴニング・ポスト』誌は，そういう雑誌として 1970 年に復活している。またスペシャル・インタレスト化の流れは女性誌の分野でも顕著で，『レディーズ・ホーム・ジャーナル』や『マッコールズ』といった総合女性誌，あるいは『ハーパーズ・バザー』『ヴォーグ』といったファッション誌など，伝統的に女性誌が得意としていたジャンルを扱う雑誌とは別に，ウーマン・リブ系の『ミズ』，知性派女性向けの『ニュー・ウーマン』，勤労女性向けの『ワーキング・ウーマン』，スポーツ・ウーマン向けの『ウィメン・スポーツ』，中年女性向けの『ミラベラ』など，個々の女性読者の嗜好や思想，あるいはライフスタイルに照準を合わせた多種多様な雑誌が次々と創刊された。「善き妻・善き母になるためのガイドブック」であり続けたアメリカの女性誌の一枚岩的なイメージは，この時，崩れ去ったのである。

パーソナル・コミュニケーションの時代

このように 1970 年代あたりから，一般大衆に向けてというよりは，より限定された嗜好を持つ個々人の集合に向けて雑誌が刊行される傾向が強まるにつれ，個々の雑誌が扱うテーマは狭まり，専門化し，結果として読者を選ぶようになった。たとえば，ヒスパニック向け雑誌や黒人向け雑誌に代表されるエスニック雑誌，あるいはゲイ・レズビアンを読者対象にした雑誌が市民権を獲得するようになったのはまさにこの頃からである。またこの時代の健康ブームを反映してフィットネス雑誌や健康食雑誌なども次々と創刊され，スポーツ雑誌に関してはテニス雑誌，ゴルフ雑誌，ジョギング雑誌など，スポーツの種類ごとに無数の専門誌が登場した。このほか『ローリングストーン』などのカウンターカルチャー誌や『ピープル』などのゴシップ専門誌もこの時代の産物であるし，『ニューヨーク』『テキサス・マンスリー』『ニューウェスト』など，地域限定の話題だけを扱う「シティマガジン」が生まれたのもこの時期のこと。そしてこれらのスペシャル・インタレスト誌でも扱わないような，もっと限定的なテーマに関心のある読者のためには，そのテーマに関するニューズレターも数多く創刊さ

れ，その種類は増加の一途をたどっている。スペシャル・インタレスト誌の隆盛にしたがってますます細かくジャンル分けされていくこのようなアメリカ雑誌のあり方を評して『タイム』誌は，「マス・コミュニケーションの時代は終わり，パーソナル・コミュニケーションの時代が到来した」とコメントしたが，多文化社会における価値観の多様化に追従するかのように，現代のアメリカ雑誌はますますパーソナルなものへと向かっているのである。

調査報道の70年代

　一方1960年代以降の新聞業界は，戦後の郊外の発達の影響で地元のニュースを掲載した小規模な「郊外新聞」が人気を博したり，カウンターカルチャーに根差す「アングラ新聞」がはびこるなどして，これらが大新聞の顧客の幾分かを奪うといったようなことはあったとしても，全体としては好調を維持していた。というのも，公民権運動やベトナム戦争といった国内外の大事件でアメリカが揺れていたこの時代，新聞報道への需要は否応なく高まっていたからである。速報性と視覚メディアとしてのインパクトではテレビに及ばない新聞は，調査報道部門を強化し，入念な調査に基づいた詳細なレポートを長期連載するといった手法で，活字メディアならではの報道力を強調しようとしていた。そしてそんな新聞の調査報道時代のハイライトとなったのが，1970年代初頭の「ペンタゴン・ペーパー事件」と「ウォーターゲート事件」である。

　前者は，泥沼化するベトナム戦争の只中にあったアメリカにおいて，戦争の正当性や有効性そのものを疑問視した一部政府首脳が，秘密裏に戦争の実態を報告させていた事件で，1971年に『ニューヨーク・タイムズ』誌が曝露したことで世に知られるようになった。また後者は，政府の機密情報の漏洩を恐れた時の大統領ニクソンが，独自の諜報機関を使ってホワイトハウスや民主党選挙本部に盗聴器を仕掛けようとしたことを『ワシントン・ポスト』紙がスクープした1972年の事件である。有力新聞の調査報道がきっかけとなって表沙汰となり，最終的には大統領を辞任へ追い込む結

果となったこれら二つの事件は，アメリカの正義が揺るぎ始めた時代の幕開けを告げると同時に，伝統的に「第4階級」と呼ばれ，強力な世論形成力を持つと言われてきた新聞というメディアの，その影響力の大きさをあらためて世に示す事例ともなった。

マク・ペーパーの登場

だが，世の嗜好というものは一つのところに長く留まるものではない。1980年代に入って国内の世論を二分するような政治・社会問題が大方収まり，保守化の波がアメリカを覆うようになると，政府の失策や巨大産業の裏事情などを曝露する詳細な調査報道よりも，むしろ平易な文章で書かれた短めの記事，写真や図解の多いニュース解説，気楽な読み物などが好まれるようになってきた。そしてこうした時代の流れに対応して1982年に創刊された新聞が『USAトゥデイ』である。

アメリカ最大の新聞チェーンであるガネット社が企画した『USAトゥデイ』は，一般紙としてアメリカ初の「全国紙」となったことばかりでなく，それまで活字メディアが得意としてきた詳細な解説記事を捨て，むしろ視覚メディアたるテレビに同化する戦術をとった点でも画期的な新聞であった。つまり同紙は，たとえ深刻なニュースを取り上げる場合であっても，それを長文の文章で詳細に報ずるのではなく，むしろ写真やカラーイラストを多用しつつ，ショーアップした形で報道することを目指したのである。もっともそのために『USAトゥデイ』の紙面は一種独特の軽薄さを持つようになり，それがまたハイブラウな新聞読者層から批判され，ファーストフードに譬えられて「マク・ペーパー」なる蔑称を与えられるに至ったわけだが，少なくともテレビ世代の人びとの間ではこのマク・ペーパーは確実に受け入れられており，また『USAトゥデイ』の成功を見た多くのライバル他紙もまた次第に「ソフトニュース」路線を採り入れ始めている。その意味で『USAトゥデイ』は，20世紀末の情報化社会の進展に伴い，新たな新聞のあり方を模索していたアメリカの新聞業界に対し，少なくとも一つのヒントを提示したとは言えるであろう。

アメリカを映す鏡

　ここまで新聞や雑誌がアメリカに根付いた時のことから始めて，その興亡の歴史を現代に近いところまで足早に概観してきた。無論，紙幅の都合もあり，大まかな流れをたどることに終始せざるを得なかったが，それにしてもこのように新聞や雑誌の動向を追ってみてあらためて実感するのは，どの時代にどのような新聞・雑誌が流行し，あるいは廃れたかを見ていくことで，その時代のアメリカの政治・経済・社会の状況や，あるいは人びとの嗜好・流行の有り様がある程度明確なイメージをもって浮かび上がってくる，ということである。移ろい易い社会の動きに，後になり先になりして寄り添ってきた新聞・雑誌は，時を隔てて顧みた時，歴史の実態を近似値的に描き出す残像となるのだ。月並みな言い方ではあるが，新聞・雑誌は「アメリカを映す鏡」なのである。

　本文でも述べたように，現在のアメリカは「多文化主義」を追認する方向で大勢が動いているので，雑誌のようなメディアは個々の読者の嗜好に合わせてパーソナルな方向へ，また新聞のようなメディアは逆に誰もが興味を持ち，理解し易い紙面作りを目指す方向へと向かっているように見える。しかしこれもまたすでに見てきたように，こうした新聞・雑誌の傾向は時代の流れに応じて変化するものであり，時として以前の流行が復活することもある。したがって現在の新聞・雑誌の傾向をもって，その将来の姿まで見通すことは不可能であろう。ただ，いずれにせよ確実なのは，アメリカ人が人間と人間の営為に興味を失わない限り，何らかの形で活字メディアはアメリカの一般大衆に寄り添い続けるだろうということである。新聞・雑誌がアメリカを映す鏡である限り，これらが今後ともアメリカ史の有力な目撃者となるであろうことは間違いない。

参考文献

　磯部佑一郎『アメリカ新聞史』ジャパン タイムズ，1984年。
　橋本正邦『アメリカの新聞』日本新聞協会，1981年。

金平聖之助 編著『アメリカの雑誌企業』出版同人，1979 年。

金平聖之助『アメリカの雑誌 1888 〜 1993』日本経済新聞社，1993 年。

Emery, Michael, Emery, Edwin. *The Press and America: An Interpretive History of the Mass Media* (7th edition), New Jersey: Prentice Hall, 1992.

Ford, Edwin H., Emery, Edwin, eds. *Highlights in the History of the American Press*, Minneapolis: University of Minnesota Press, 1954.

Horn, Maurice, ed. *100 Years of American Newspaper Comics: An Illustrated Encyclopedia*, New York: Gramercy Books, 1996.

Peterson, Theodore. *Magazines in the Twentieth Century* (second edition), Chicago: University of Illinois Press, 1972.

Tebbel, John, Zuckerman, Mary Ellen. *The Magazine in America 1741-1990*. New York/ Oxford: Oxford University Press, 1991.

（尾崎俊介）

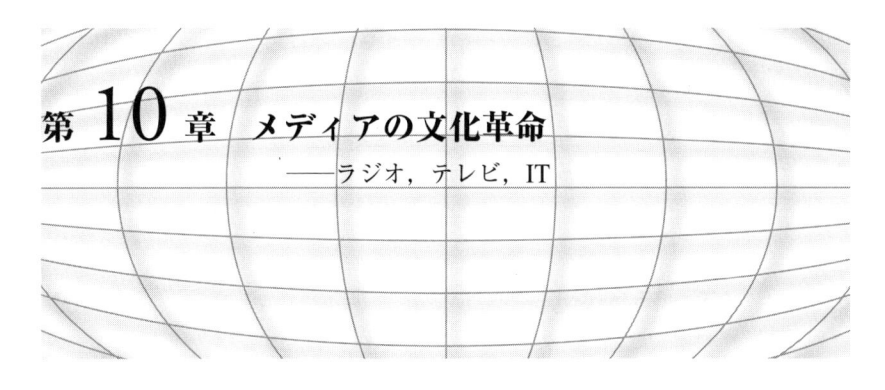

第10章　メディアの文化革命
―― ラジオ，テレビ，IT

「メディアはメッセージである」とマーシャル・マクルーハンは言った。普段，メディアが伝える内容だけにわれわれは注目しがちで，その形式，構造には注意を払わない。しかし，メッセージはメディアという入れ物に入れて伝えられる。だから，入れ物の形状や構造により，内容も変形される。内容物であるメッセージを理解するには，入れ物についても認識する必要があるのだ。さらに，新たなメディアの形状を受け入れる過程で，人間は新たな知覚習慣を身につける必要もある。また，新たなメディアが社会に入ると，既存のメディア中心にできあがっていた社会構造は変化せざるを得ない。このような意味でメディアをメッセージとして理解することが大切だとマクルーハンは指摘しているのだ。

マクルーハンは上のことを例証するために，グーテンベルグの活版印刷術をあげている。この技術が登場する以前の写本の時代には，読書は音読することを意味した。そして，この技術以降は黙読が一般的となった。他人の本を個人がそれぞれの字体で写す時代には，できあがる写本には写した人の個性が混入した。一方，活版印刷の時代には，均一のコピーがいくらでも作られ，均一の情報を伝えることが出来た。同時に，著作権の問題が生じた。このようにメディアの違いが，社会や人間の心，活動に大きな変化を生み出すのである。

マクルーハンは「すべてのメディアがわれわれ自身の身体と感覚の拡張である」とも言っている。上の例でも分かるように，メディアは人間のテ

クノロジーの成果なのである。技術は人間に生まれつき与えられた五感の能力を拡張するのだ。

このようなマクルーハンの主張を理解した上で，われわれは現代社会でのメディアのはたらきを考える必要がある。なお，この章でメディアと総称するものには，ラジオ，テレビ，インターネットを含める。

1. メディアと政治

開票速報から始まったラジオ放送

1920年代はラジオ時代の始まりだった。1920年11月2日に，ピッツバーグからKDKA局がウォーレン・ハーディング（29代大統領，共和党）とジェイムズ・コックス（民主党）によって争われた大統領選開票速報を伝えた。続いてレギュラー番組を放送し始めたことで，ラジオ時代の幕が切って落とされたのだ。当時は，局の「オペレーター」フランク・コンラッドが，「番組を聞いている人がいたら，どうか電話をするか手紙で受信状況を知らせてください」とアナウンスするほど心許ない状況だった。

一方，テレビの普及も政治に絡むものだった。テレビの商業放送も41年にすでに始められてはいたが，テレビの価値に目をつけた政治家が利用することで家庭や学校への普及が促進された。51年のサンフランシスコ講和条約締結時，トルーマン大統領の演説は，全米の95％のテレビが注視したと言われる。テレビ受像器は47年には20万台だったが，50年には1千万台が生産されるほどになっていた。50年代初頭には，人気ラジオ番組もテレビへと移行し，テレビ番組の魅力が増すと共に，映画の観客数は減少した。数年のうちに，大手配給会社の収入は3分の1に減った。ラジオ人気も下降線をたどり，番組を大きく改変せざるを得なくなった。

政治的利用の善し悪し

1933年3月4日，新大統領フランクリン・ローズベルトは，「炉端談話」をラジオの電波に乗せた。アメリカ市民は大統領との「直接対話」により，

経済恐慌の影響のまっただ中の難局を，大統領と共に乗り切る気分になった。在任期間中 28 回行われた「談話」は，ラジオを政治的に利用し成功した好例だ。

メディアを政治利用することが命取りになることもあった。47 年，マッカーシズムがアメリカ社会に現れ始めた。ジョセフ・マッカーシー上院議員が，共産主義がアメリカの自由主義に圧迫を加えるという恐怖心を煽ったのだ。50 年代に入るとこの動きは旋風となり吹き荒れた。共産主義者かその親派と見なされると，多くの人がブラックリストに載せられ，職を失い，家庭崩壊にいたり，ひどい場合は自殺へと追い込まれた。放送業界はこの流れになすすべがなかった。それは業界全体が広告によって支えられていて，社会の潮流に逆らうようなことをして，広告主の支持を失うことを恐れたからだ。80 年代や 90 年代になっても，物議をかもすような番組には，圧力団体やスポンサーからの圧力を恐れて，その原因となる登場人物や内容を取り除いたりすることは普通に行われている。

こうした状況のもとで，54 年にはジャーナリスト，エドワード・マーローとフレッド・フレンドリーがホストを勤めるテレビ番組で，マッカーシーの発言や行動をとりあげた。彼の異常に思える行動を，誰もいさめることができないとマーローは発言した。この番組は，テレビがどれくらい物事の真実に迫りうるかを示す番組となった。

同番組で反論の機会を与えられたマッカーシーは，自分の描かれ方とマーローを激しく攻撃した。マッカーシーの言動を支持する人たちでさえ，異常だと思えるほどの激しさだった。番組の後，陸軍に共産主義者の破壊分子がいると糾弾する公聴会が開かれた。ネットワーク各局はこれを総じて取り上げた。そこに映し出されたマッカーシーの常軌を逸した言動は，全米や議会に彼の行ってきたことに深い疑念の目を向けさせることになった。このことが，その年の暮れの上院議会での彼への非難決議につながり，彼を政治的に失脚させる原因となった。

■　テレヴァンジェリストと大統領　■

　60年代，カウンターカルチャーが勢いづくなか，アメリカ宗教界には信仰復興運動が起こった。プロテスタントの福音派の影響力が徐々に強まり，70年代中頃には，キリスト教系テレビネットワークが通信衛星を利用したケーブルテレビを通じて，福音派の人気伝道師の出演する番組をプライム・タイムに放送し，高視聴率をあげるようになった。テレビメディアと結びついた彼らは，テレヴァンジェリストと呼ばれた。先駆者であるパット・ロバートソンは，1977年にこのシステムにより全米2000局に専門番組を提供した。

　大統領と福音派との関係が注目されたのは，76年の大統領選でのジミー・カーターが初めてであった。彼は福音派との関係を公言し，自分がキリストによって生まれ変わった「ボーンアゲイン」であると告白したのだ。

　80年の選挙戦では，3人のボーンアゲイン候補，カーター，ロナルド・レーガン，ジョン・アンダーソンが闘い，ファンダメンタリストの支持を受けたレーガンが勝利した。つづく84年のレーガンの勝利に貢献したのも，人気テレヴァンジェリストのジェリー・フォルウェル師が1979年に結成したモラル・マジョリティだった。この団体は80年代に政治的影響力をふるった。クリントン大統領時代には勢いを潜めたが，テレヴァンジェリスト，パット・ロバートソンはキリスト教連合（Christian Coalition）を結成し，2000年の選挙で，ジョージ・W・ブッシュ政権誕生に協力した。彼らの組織票が，民主党候補アル・ゴア現職副大統領に対するフロリダ州での僅差の勝利に貢献したと思われる。その見返りにブッシュは，ペンテコステ派キリスト教信者ジョン・アッシュクロフトを司法長官に任命したと言われている。

メディアが個人イメージを植え付ける

　多くの人々はマスメディアの力が強大になり，彼らのもたらす情報と，それに基づいて自分たちがもつ考えが，社会に大きな影響を与えることに気がつき始めた。1960年，リチャード・ニクソンとジョン・F・ケネディのテレビ討論会で，この認識を裏付けることが起こった。選挙戦開始当時，前副大統領のニクソンが世論調査では断然有利とされていた。ところが，テレビの普及率は87パーセントとなり，7,500万人が注視したとされるテレビ討論会では，疲れた表情で地味な服装のニクソンより，メイクや衣装

の専門家についてもらい，見栄えの良いケネディが，テレビ視聴者には断然良いイメージを植え付けることに成功した。この時以降，ケネディに傾いた世論は当選するまで続いたのだった。現在でもテレビ討論会は大統領選挙を占う重要な要素に位置づけられている。

インターネットが政治を動かす？

インターネットはこれまでの大統領選にいくつかの変化をもたらしている。その一つはネットでの選挙資金集めである。2000 年，共和党の予備選挙でマケイン上院議員は，バーチャル選挙資金調達により全資金の 3 分の 1 を調達し，企業から巨額の資金援助を受けた現大統領ブッシュに善戦した。ネットを利用したこの方法は，選挙民一人一人から資金を募ることができる点で理想的で，今後の選挙システムに変化をもたらすかもしれない。

また，選挙投票のオンライン化がアメリカでは試行された。2000 年の大統領選挙では，アメリカの投票システムの問題点がフロリダ州で露呈したが，同年，アリゾナ州での民主党予備選挙でオンライン投票が試みられた。その結果，2000 年の投票数 39,942 人と，96 年の選挙時の投票数 12,800 人を大幅に上回った。前もって規定の手続きを書類ですませておけば，投票日にはインターネットで投票を行えるのだ。投票のしやすさが，投票者数だけでなく，ヒスパニックやネイティブ・アメリカンの投票率を飛躍的に向上させたことは，今後の候補者選びに大きな影響を与えそうである。

2. メディアと番組と広告

ラジオとビジネス界

20 年代に，アメリカでは多くのビッグビジネスが隆盛し，ジャズと狂騒と繁栄の時代となった。会社の広告を生でラジオ放送することで，製品や会社のイメージを社会に浸透させた。同時にラジオ業界もそちらから流れ込む資金により成長し，二つの業界の相互依存関係が生まれた。

最初のラジオ広告は，1922 年ニューヨーク近郊に建設した集合住宅の宣

伝のためのものだった。開発会社の社長が出演した10分間の「有料プレゼンテーション」に，ラジオ局は50ドルを請求した。ラジオを通じての広告はラジオ業界が生き延びるために必要な手段だった。

しかし，当時の商務長官ハーバート・フーヴァーは，「くだらないおしゃべりの広告で，ラジオ放送の可能性を減じることは許されざることだ」と発言した。ラジオの公共性に早くから気づいていたワシントン筋は，寄付金や政府からの助成金によりラジオ局が運営されるべきだと考えていた。だから広告には否定的な意見が体制を占めていた。ところが，収入源を確保できず，廃業するラジオ局が早くもたくさん出たことで，広告がその解決法と目されるのに時間はかからなかった。

26年にNBCが創設され，後発のCBSとABCを加えた3大ネットワークの先駆けとなった。NBCは全米をカバーし，なおかつニューヨーク，ウォルドルフ・アストリア・ホテルのボール・ルームから，一流オーケストラや話題のオペラ歌手などを出演させた強力な番組を放送した。この時，60秒間のコマーシャル放送を開始し，このスタイルが，ラジオ局の財政を支える方式となった。

多様な番組編成と広告エージェントの誕生

多様な番組が編成されるのに時間はかからなかった。教会からの礼拝が遠隔地の人々に電波に乗せて届けられた。また，野球のスコアや時報などはレギュラー番組となって伝えられた。商務長官ハーバート・フーヴァーなどの政治家も番組に登場した。なかでも，スポーツ番組の実況放送はラジオ本体の販売促進に大きな影響力があった。1921年ボクシングのジャック・デンプシー対ジョルジュ・カルパンティエ戦や，ヤンキース対ジャイアンツのワールドシリーズなどは，50万人が放送に熱狂したといわれる。ラジオ放送が始まって，わずか2年目であることを考えると，大変な聴取者数と言える。また，家庭で音楽を聴くためにはレコード・プレーヤーがすでに普及していた。リスナーはラジオではライブ演奏を聴きたがった。以前は劇場やナイトクラブなどに足を運び，入場料を払っていたものを，

自宅で無料で聴けるというのは魅力だったのだ。

　ラジオは教育や情報番組も放送したが，大半をしめる娯楽番組によって大衆の心を楽しませ，人々に日常の憂さを忘れさせた。数年のうちに，ラジオは大衆に娯楽を提供する道具となり，それを生産する産業を発展させることになった。

　ラジオ製造販売業者が最大の広告主となり，自動車，薬，美容，ボディケア製品を商う業者がそれに続いた。彼らは広告エージェントに広告製作を依頼するようになり，エージェントがメディア業界で巨大な力をふるうようになる。

図10-1　オーソン・ウェルズがラジオ演劇に登場
（©Getty Images/AFLOFOTOAGENCY）

ラジオの黄金時代と広告

　1937年にはラジオの黄金時代が訪れた。ラジオ番組の内容がさらに多彩になったのだ。舞台や映画のスターがラジオ劇に登場するのは当たり前だった。ラジオで演じられた多くの作品が印刷，出版された。文学者のアーチボルト・マクリーシュは，ラジオは詩のためのメディアだと発言したほどだ。この頃，演劇界の若き才人オーソン・ウェルズがマーキュリー・シアターを率いて，ラジオ演劇に登場した。

　この頃，すでにスポンサーの声は法律のように厳格なものだと業界では受け取られていた。さらに，賢明なスポンサーは広告エージェントの声に耳を傾けるものだとされていた。巨大な広告エージェント会社，J・ウォルター・トンプソン社，ヤング・アンド・ルビカン社，BBD&O社などが存

■　『世界戦争』　■

オーソン・ウェルズのラジオ劇で歴史に残るのは，1938年10月30日のハロウィーン・イヴの出し物，H・G・ウェルズ原作『世界戦争』である。この作品でウェルズは世間をパニックに陥れた。番組中，三度もウェルズがフィクションだとアナウンスしたにも関わらず，ドキュメンタリータッチで，火星人の来襲を実況中継する様子は，フィクションとは受け取られなかった。ニュージャージーやニューヨークの道路では，逃げまどう人々で大渋滞が起こった。消防や警察には，助けを求める人からの電話がひっきりなしにかかった。

このようなパニックになったのには訳があった。ドイツが近隣諸国へ今にも侵攻し始めるという不安感が，異星人襲来の恐怖を増幅してしまったことが一因だ。しかし，この芝居自体の持つ力が大きかったことはいなめない。ウェルズの用いたラジオ劇特有の音声上のリアルな演出も効果を上げた。音響効果を微妙に操作し，人物同士や周囲の環境との距離感，位置関係，臨場感を立体的に表現した。この高度な技術は，彼の映画作品『市民ケーン』でも使用されたものだ。さらに驚くのは，後に他国でこの作品が翻訳されてラジオ放送されたときにも，同じようなパニックが起こったのである。現在でもこの作品の放送は，いくつかの国で禁じられているほどなのだ。

在した。

このような状況下では，プロデューサーはただの従業員のひとりに過ぎなかったが，商品を売る手先ではなく，アイデアを売るクリエーターだという誇りを持っていた。ラジオ業界が手がける番組の25％ほどは，スポンサーがつかないことがあったのだが，プロデューサーの腕がためされたのはこの時だった。ネットワーク側は視聴者が最大となるプライムタイムを用意し，プロデューサーは質の高い，時には斬新な番組を放送する機会を手にした。このような機会を最大限に利用したのがオーソン・ウェルズだった。

ウェルズの企画，『世界戦争』が世間をパニックに陥れるのを見て，彼の手腕を高く評価した広告エージェントは，缶詰メーカー，キャンベル社を番組スポンサーにし，番組名に当該スポンサーの名を冠してしまった。それ以降，ウェルズは映画の焼き直し作品のようなありきたりの番組を作る

ことを要求され，番組から次第に革新性が失われた。

3．メディアと情報

現場からの中継放送

　特別な事件を生放送することがラジオの新たな活躍の場となった。リンドバーグの息子が誘拐された時には，そのことを報道しただけでなく，犯人への呼びかけにもラジオは利用された。このようなニュース的要素を扱うには，ラジオという媒体が適していた。ラジオでの情報は，その場所から時差なく伝えることができ，この点で新聞より勝っていたのだ。

　1933年頃，ヨーロッパでは戦争が起きそうな雰囲気になると，新聞とラジオの間にはメディア戦争がおきた。新聞側はUP，AP，INSという大手ニュースサービス社に，新聞社の系列ラジオ局以外に情報を流さないよう圧力をかけた。当時，ラジオ側は一日15分のニュースレポートを放送していただけだった。

　このような新聞社側の圧力に，ラジオ・ネットワーク各社は対抗する手段を持たなかった。はじめは，ラジオ業界はニュース報道を自主規制する妥協案をのんだ。プレス・ラジオ・ビューローを通じ手に入れたニュースについて，コメンタリーのみを日に2回，5分間，スポンサーなしで放送するのだ。しかし，即時性に勝るラジオの特性により，一年も待たず，通信各社はあらゆるニュース情報をラジオ側に提供し始め，妥協案は白紙に戻った。ネットワーク各社は自前の通信社を持つ必要を痛感するに至った。

ニュースはラジオ，テレビから

　40年代にはいると，ヨーロッパの戦争に関する情報を伝えるため，ラジオ放送ではより多くの時間がニュースに費やされた。戦況が連合国に有利になりだした44年には，ラジオニュースへの市民の関心も増し，20％の番組が戦争関連のニュース番組となった。

　1962年にアメリカ市民の90％がテレビを所有するようになると，テレビ

が情報を手に入れる一番の方法だと人々は考えるようになった。夕方の番組では，ニュースのための時間枠が従来の2倍，30分に延長されもした。そこに映し出されたワシントン大行進の模様や，キング牧師の「私には夢がある」の演説は，世論を公民権法成立に向かわせた。

視聴率至上主義の影響はニュース番組にも顕著になり，80年代，ニュース番組はインフォテイメント化していった。ニュース番組制作者は，ジャーナリズムに携わるものの責任を放棄し，政治情勢や政治家の影響力に屈して，音楽，芸能，スポーツを扱う番組と同じように，自分たちの番組を視聴率を稼ぐための道具にしてしまうのだ。

社会を目覚めさせる自覚

1965年には，テレビではカラー放送が主流になっていた。ベトナムからのニュースがカラー映像で茶の間に届けられた。多くの将兵が亡くなり，残酷な行為が映し出される画面に，アメリカ市民の関心は釘付けとなる。大学生をはじめとする，多くの市民が反戦運動に参加した。反戦思想は市民生活の多くの場で話題とされ，フォークソングなどにも盛り込まれた。

メディア業界は，当初ベトナム戦争反対を唱えたり，政府を窮地に陥れるような番組を作ることはなかった。ところが，66年頃には，反戦を唱える何百万人ものデモを無視することはできなくなった。業界内部の批判も強まるなか，真実をつきとめようとする勇気あるジャーナリストの告発ニュースが相次ぐようになる。ニュース番組のアンカーマンで，視聴者の信頼を得ていたウォルター・クロンカイトが，番組でベトナムでの軍事政策を非難した。これがきっかけとなり，当時の大統領，リンドン・ジョンソンは市民からの支持を失い，再選を断念せざるをえなくなった。

反主流，反権威主義の動きが市民の中で強くなるにつれて，そういう市民の声を増幅し，世論を形成する役割をメディアが担うようになってくる。ラジオ業界で，この流れの中で生まれたのが，アンダーグラウンド・ロックという形態だ。アンダーグラウンド放送では，大衆の声なき声や，そこにくすぶる満たされない思いを反映した番組づくりがはかられた。その後，

ドラッグで幻覚症状をおこし，解き放たれた精神であらたな芸術や思想を生み出そうとする流れに合流し，アシッド・ロッカーと呼ばれるようになる。ロックンロール・ミュージックが受け入れられ，社会がキング牧師やロバート・ケネディーの暗殺などにより激動し変化する時代に，若い聴衆は従来の形式の音楽番組に飽きたらなかったのだ。

4．メディアと人権

メディアの民主化

ラジオがアメリカ大衆に浸透する過程で，1922年にはアフリカ系アメリカ人のラジオ業界への進出も見られた。ハーレム・ルネッサンスやジャズの流行で，アメリカ社会での彼らの認知度が高まっていたことを反映した現象である。ノーブル・シスルやコメディアンのバート・ウィリアムズがニューヨークのラジオ局に登場した。しかし，彼らがラジオ番組に常時登場するのはまだ先のことだった。

子どもたちの生活にラジオは必需品となっていた。午後3時から6時までが子どもが一番多くラジオに耳を傾ける時間で，「スーパー・アワー」と呼ばれていた。

ラジオでもテレビでも放送内容が，子どもの考え方や行動に影響を与えることは心配された。子ども向け番組の中に，わざとではないにしても人種差別や性的差別が入り込んでいたのだ。「ディック・トレイシー」，「バック・ロジャーズ」，「アニーよ銃をとれ」などの放送が開始されていた。人気番組において，マイノリティーの登場人物はステレオタイプに描かれた。また，女性の登場人物がいたとしても，男性主人公の添え物程度にしか扱われなかった。特に，懸念されたことは暴力だった。暴力描写を少なくし，清潔，公正，真の勇気，敬意を払うことなどの徳目を，子どもたちに植え付けることをネットワークは心がけた。

60年代には，黒人，女性，マイノリティたちは，性差別や人種差別を会社組織，番組の登場人物，物語など放送業界のあらゆる面から追放しよう

図10-4　ビル・コスビー・ショー
(©Getty Images/AFLOFOTOAGENCY)

と試みた。反戦や環境運動の活動家が，自分たちの活動をメディアに公正な目で取り上げるよう働きかけた。こうした努力が実り，70年代終わりまでに，人種差別的な描き方はテレビからほぼ無くなった。黒人家族の日常を描くドラマが作られ，黒人が主人公となることも増えてきた。84年に始まった「ビル・コスビー・ショー」は，父親が医者で母親が弁護士の黒人中流階級を偏見無く描き出した。これまでにない黒人家庭の描き方はアメリカ社会の中での黒人の地位の高まりを示した。コスビー一家は低い地位にとどまっている人々の目指すべき目標ともなった。

　一方，性差別は依然として無くならなかった。女性は男性の性欲の対象とされるか，家庭で男性に仕える役どころしか与えられなかった。子ども番組では男性がリーダーの役割をほとんど担い，女性がリーダーとなる場合は，失敗すると必ず男性が助けに来てくれるような筋書きとなっていた。こうした女性登場人物への性差別的扱いは，80年代，90年代も続いた。

メディアの右傾化

　90年代には，政治問題を扱うトークショーが人気となり，毎日いくつもの番組が組まれた。社会が保守化傾向にあったので，右翼的な主張をする番組は支持された。極右的な番組も150ものラジオ局により放送された。このような状況に対する報告では，300以上のラジオ局や2,000ものインターネット・サイトが極右団体により運営されていることが示された。現在，メディアを利用した，政治的，宗教的，人種的，民族的な嫌悪感を全米に広めることに危機感が高まっている。オクラホマ市連邦ビル爆破やコロン

バイン高校での銃乱射事件で示された暴力も，このような事態に影響を受けたのではないかと一部の人には考えられている。

5．メディアとテクノロジー

テクノロジーの進歩が生み出す新たなメディア

1921年には，ウェスティングハウス社が最新技術の粋を集めたラジオを販売し始めた。価格はラジオ受信機と今でいうヘッドセットを含め60ドルだ。これは中流や上流家庭には購入可能な価格だったが，日給1ドルの労働者階級には高嶺の花だった。彼らには10ドルの廉価ラジオが売れた。2年後には，本体とスピーカーのセットもさまざまな業者から販売されるようになり，予算に合わせて購入することが出来るようになった。こうして，メディアがアメリカ家庭に入り込んだ。45年末の統計では全米89％の家庭がラジオを所有していた。

テレビは70年に，95％の家庭に普及した。その後，71年頃には，ケーブルテレビは視聴者が自分の考えやしたいことを，世間に向けて発信できる手段となり始めた。月面からの中継が69年に行われ，72年には衛星を利用した中継放送が本格化した。78年にはコンピュータが放送で重要な役割を果たすようになった。

こうして，80年代には技術の発達により，新たなメディアや新しい利用法などがうまれた。ケーブルや衛星放送が身近となり，光ファイバー，高画質テレビ，デジタル放送などが導入された。経済的に繁栄した80年代末まで，これらの新技術が注目を集めた。

メディアの進化と多様化にともない，多メディアを一手に支配しようとする事業体，複合企業体が生まれた。複合企業体が次々と生まれるなか，情報とメディアの独占がおきると心配されたが，90年代に入ってもそのようなことは起こらなかった。多様なメディアを消費者が自由に利用できたからだ。91年までにケーブルテレビの普及率は60％になり，ビデオレコーダー，CD，衛星放送の利用率も高まった。さらに，パソコンの家庭への普

及により，遠くない将来インターネットの普及も予測されていた。

新メディアと法律

　新たな競争相手を前に，ネットワーク各社のプライムタイムの視聴率が低迷したままとなった。ケーブル局やビデオレコーダーなどの家庭に導入されたテクノロジーが原因だった。有料ケーブル局は放送番組の不正コピー問題に手を焼き，1986年には信号をスクランブル化することで対抗した。ところが，その信号を非合法的に解除するデコーダーが家庭に普及する始末だった。

　法規制はテクノロジーの家庭への普及も助けた。家庭でテレビ放送をビデオ録画することは一時非合法とされたが，後に合法とする判決が下された。88年には，衛星からの信号を個人が受信できるようにした法律が可決され，家庭に設置したアンテナで衛星放送受信が直接可能になった。

　96年に施行されたテレコミュニケーション法は，60年以上の長きにわたり放送業界に定着していたほとんどの規制をほぼ全廃した。この結果，インターネット利用率は50％上昇し，利用者数は3,600万人に上った。放送業界も含めさまざまな会社が情報をウェブ上に掲載し始めた。ケーブル，インターネット，電話など異分野の通信メディアを一括して所有する会社も出現し始めた。ラジオやテレビ業界ではこれまで以上の企業合併が進み，スーパー・ジャイアントと呼ばれるタイム・ワーナーのような企業体が生まれた。ケーブル業界でも同じように合併が相次いだ。

薄れる現実と虚構の境界線

　ケーブルテレビ局はますます勢いを増して，1994年には全米家庭の3分の2に配信するほどの成長をとげた。ネットワーク側はこの事態に対抗するため，ネットワーク傘下でニュースの配信を受けるテレビ局の数を増加し，生中継ニュースを多く放送しようとした。こうして，95年には前年までの2倍多くの生中継ニュースが伝えられた。さらに94年，ネットワーク側は，双方向マルチメディア・システムを導入し，離れていった視聴者を

取り戻そうと考えた。アル・ゴア副大統領の押し進める，高速大容量通信網を全米に行き渡らせる構想，インターネット・スーパーハイウェイが現実化に向けて動き出し，ヴァーチャルな経験が現実の経験を上回る気配すら漂い始めた。

こうしてメディア報道の即時性がますます高まるとともに，視聴者は自分の生活とかけ離れた次元の現実を目の当たりにするようになり，現実と虚構の境界線が薄れる傾向が生まれた。95年に生中継され，全米が注目したO・J・シンプソンに関連するニュースもそのひとつだ。シンプソンは元プロフットボールの大スターで，引退して映画界へ入ってもアクションスターであった。

図10-5　O・J・シンプソン事件を紹介する *TIME* の表紙
（©Getty Images/AFLOFOTOAGENCY）

ことの始まりは，彼が元妻とそのボーイフレンドを殺害した容疑者となったことだ。映画のアクションスターが実生活で，昼間にパトカーと高速道路でカーチェイスをしているところが中継された。まさに虚実の壁が無くなったような感覚を覚えさせる事件だった。その後の裁判でも判決が下されるまで，テレビ中継され続け，多くの人がこれに見入ったのだ。

2001年9月11日には，二機の旅客機がニューヨークの世界貿易センタービルへ突っ込み，崩壊させた。イスラム過激派のアメリカ経済帝国主義のシンボルへのテロ攻撃だった。しかし，これは多くの映画で繰り返し見てきた光景の焼き直しでもあった。中継映像を見て，現実なのか虚構なのか瞬時に判断できた人がどれくらいいただろう。虚実の壁が薄くなった時代には情報番組の方が，娯楽番組よりも多くの「楽しみ」を与えてくれると

大衆が思い始めたのも無理はない。

6. メディアの将来

インターネットの始まり

　1980年代初頭に，アメリカのコンピュータ・サイエンティストがプログラムの情報を加工，修正する際に，互いに連携することを求めたことからコンピュータのネットワークが作られた。このスポンサーになったのが国防総省だった。やがてこのネットワークは一般的な学術分野へも広がった。情報や知識を広範囲に交換，共有し，知的活動全般に関わる重要なインフラストラクチャーへと発展する。90年代に一般ビジネス用に解放され，WWW（world wide web）と閲覧ソフトが開発されて以来，爆発的なスピードで世界中に広まった。

　インターネットが世界中のコンピュータをつないだことで，ネット社会が誕生した。ラジオ，テレビの時代には，視聴者は与えられた情報を受け取るだけだった。最近のどこでもネットにつなげる環境の普及も手伝い，インターネットが生み出す情報網は，消費者が自分の望むままに，時や場所を選ばず情報を取り出し，それを加工し発信することが可能になった。このことは何を意味しているのだろうか。

　94年，副大統領アル・ゴアは，ナザニエル・ホーソンの『七破風の家』から，次のような引用を演説の中に組み込んだ。「電気のおかげで，物質世界はあっという間に何千マイルにわたって振動する，一つの巨大な神経となった。むしろこの丸い地球は巨大な頭，知性あふれる頭脳となったと言ってよいでしょう」

　この比喩はマクルーハン的に言い換えると次のように解釈できる。活版印刷を導入したとき，部族社会に取って代わり，国家の概念がで生まれ，さらに個人の概念が生まれた。こうして絆を失った個人の集団が近代国家を形成することになった。今度は，すべての人間を完全に相互に結びつける電気回路（インターネット）の出現により，国家は解体され個人も再び部

族的絆を取り戻す。インターネットにより，地球はグローバル・ヴィレッジ化したのだ。

　この村社会では，人間が相互依存の度合いを高め，プライバシーやアイデンティティが失われる。光の速さで情報を共有し，コンピュータ画面を見つめる個人は匿名の大衆となるのだ。どこでも誰でもインターネットを通じて情報にふれる，ユビキタスな社会の住人はアイデンティティを必要としないのだ。メディア世界の合併が示すように，大きな流れを作ったものがすべてを飲み込むのかもしれない。

図10-6　9・11ニューヨークで起きた同時多発テロ
（©Getty Images/AFLOFOTOAGENCY）

ネット社会

　アメリカのインターネット利用者数は2000年の時点で1億3350万人で，世界の利用者数の42％を占めていた。このアメリカ市場を独占的に獲得できれば，マルチメディア企業は情報化社会のシステムに大きな流れを作り出し，世界市場をも独占できるかもしれない。すでに英語はインターネット社会で独占的な言語の地位を築いている。マクルーハンの言うように，世界を情報化されたグローバル・ヴィレッジ化することは，異言語，異文化などを均一化してしまう危険性がある。このような強力な情報化の流れに埋没してしまうことを嫌う動きは活発で，コンピュータ・ウィルスを蔓延させたりハッキングなどの犯罪行為にはしるものが多数存在する。彼らの存在を突き止めることは難しいが，逮捕されたものたちは，自分の存在を社会に知らしめるために犯罪を犯したことを認めている。マクルーハンの指摘するように，均一化されることを拒み，犯罪や暴力行為により自己顕示することは，グローバル・ヴィレッジ化社会では当然のことと言える

■ パソコンとカウンターカルチャー ■

　1960年代70年代，汎用大型コンピュータは数億から数十億円した。したがって資力のある政府や大企業だけがこれを使って生産効率を上げることが出来た。しかも使いこなせたのも高度な訓練を受けた専門家だけであった。経済成長とともに，一部の人間が一般人の公的生活を厳しく管理する情報化社会が生まれた。

　パソコンはこのような結果をもたらした汎用大型コンピュータへの批判として，アメリカのカウンターカルチャーから生まれた。60年代後半から70年代前半はベトナム反戦運動が行われていた。人々を抑圧する軍隊の汎用大型コンピュータではなく，人々を解放する市民のパソコンを作ろうという声が上がったのだ。反体制派の人々のひとりだったスティーブ・ジョブズは，対話型インターフェイスであるGUI（Graphical User Interface）を生み出しアップル・コンピュータ社を設立する。専門的知識もなく誰でも使えるパソコンが生まれた。こうして人々を抑圧してきた公的情報や，大衆を操作するマスメディアに，個人が対抗できる新たな手段が大衆にもたらされた。

　さらに論理素子を小さなシリコンチップ上に高度に集積したマイクロプロセッサーの誕生と性能の向上，その大量生産技術の開発により，90年代には汎用大型コンピュータより高性能の小型コンピュータが廉価で販売されることになった。実際に個人がパソコンを所有できるようになると，反体制的，カウンターカルチャー的方向に利用するのではなく，個人々が権力＝情報処理能力を持つ意味の重要性が増すことになった。個人の私的欲望をどこまでも拡大する方向でパソコンは利用されるようになった。

のかもしれない。現在のさまざまなテロリズムを，このような流れの中に位置づけることも可能なのだろう。

メディアの先端を走り続けるアメリカ

　マクルーハンが「すべてのメディアがわれわれ自身の身体と感覚の拡張である」と言ったことと，メディアの世界で，アメリカが先端を走り続けることは結びついていると思われる。1600年代以来，ヨーロッパからアメリカ東海岸へやってきた人々は，時代を経るに従い，成功の夢を抱いて，西に広がる広大な土地へ移動し始めた。民主主義とキリスト教を広めるこ

とは，神がアメリカ人に定めた普遍的な運命だとするマニフェスト・デスティニーと名付けた思想を手に，そこに先住していたインディアンやメキシコ人などを追い払い，領土を拡張した。さらにハワイ，フィリピンなど国外地域を領有することにもつながった。現在では中東諸国へもアメリカン・デモクラシーを普及させようとしている。アメリカ人は自分たちが普遍的と考える思想を，世界へ拡張するため常に活動的であるのだ。

このような精神を持つアメリカ人にとって，メディアは彼らの身体と感覚を拡張し，彼らの普遍的思想を世界中に広めるために必要不可欠なものなのだ。アメリカ人がメディアの開拓者であることと，アメリカン・デモクラシーを普遍化する行為とは，かたく結びついていると言えるだろう。

参考文献

青山公三『IT大国アメリカの真実』東洋経済新報社，2001年。
亀井俊介『わがアメリカ文化誌』岩波書店，2003年。
キャリンジャー著，藤原敏史訳，『「市民ケーン」，すべて真実』筑摩書房，1995年。
中田平『マクルーハンの贈り物――インターネット時代のメディアを読み解く』海文堂，2003年。
西垣通『IT革命――ネット社会のゆくえ』岩波書店，2001年。
ピラード，リンダー著『アメリカ市民宗教と大統領』堀内一史他訳，麗澤大学出版会，2004年。
マクルーハン著，栗原裕他訳『メディア論――人間の拡張の諸相』みすず書房，1994年。
村井純『インターネット』岩波書店，1995年。
村井純『インターネットII――次世代への扉』岩波書店，1998年。
ヤング著，日暮雅通訳『スティーブ・ジョブズ――パーソナル・コンピュータを創った男』上巻，JICC出版局，1989年。
Hilliard, R. L., Keith, M. C. *The Broadcast Century and Beyond, A Biography of American Broadcasting*, Boston: Focal Press, 2001.
Maltin, Leonard. *Great American Broadcast, A Celebration of Radio's Golden Age*, New York: New American Library, 1997.

（坂本季詩雄）

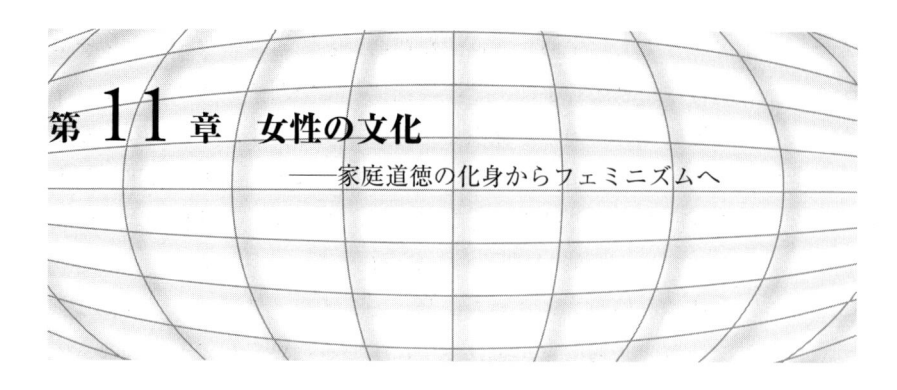

第11章 女性の文化
——家庭道徳の化身からフェミニズムへ

　1848年7月19日水曜日，ニューヨーク州の片田舎のセネカ・フォールズにあるウェズレアン・メソディスト教会で，アメリカで初めての女性の権利を求める大会が開かれようとしていた。議長を務めたのは，ルクレシア・モットの夫，ジェームズ・モットで，11時に開会を宣言した。初日は女性だけでという当初の計画だったが，すでに40人もの男性が詰めかけていた。演説の口火を切ったのはエリザベス・ケイディ・スタントン。彼女は独立宣言文を模した「女性の権利宣言」を起草し，「すべての男と女は平等に作られ，神によって侵すべからず権利を与えられていることは，自明の真理であると考える」と宣言した。「女性の権利宣言」は何度も読みあげられ，議論され訂正を加えられた。その白熱した議論は，夜半過ぎまで続けられた。

　翌20日木曜日，女性権利会議では朝から11条の決議文が議論され，検討された。第9条をのぞく，他10条は満場一致で採択された。第9条とは女性の参政権を要求するものであった。ルクレシア・モットでも，時期尚早と却下した条文である。参政権の要求を強く主張した雄弁なスタントンでさえ，多くの人の合意を得ることはむつかしかったが，元奴隷で，奴隷制廃止運動家のフレデリック・ダグラスが「参政権に性別はない」と支持演説をした。その結果かろうじて参政権を求める決議文は採択され，ここに女性の参政権を求める運動は産声を上げたのである。

1. 独立建国の精神から

アメリカ独立宣言文

　アメリカ・フェミニズムの始まりとされるセネカ・フォールズでの女性の権利大会であるが，この芽をはぐくんだ豊かな土壌がすでにあったことを述べておかねばならない。スタントンが模したアメリカの独立宣言文は，ヨーロッパ啓蒙思想の影響を受けて，万人の平等性を主張した。たとえ，万人とは白人男性のみを暗黙に指していようが，教養があり，財産もある白人女性たちは男性との平等性を主張していくことになる。また植民地時代のコミュニティの主体であった教会組織をになうものが，経済の発展に伴い，男性から女性と変化した。教会活動に参加する女性たちは敬虔な，道徳の守り神とたたえられ，女性は道徳的に男性より優れていると考えられるようになった。同時に，男性は職場に，女性は家庭という領域に囲い込まれることになり，女性は家庭道徳の化身と見なされるようになった。

共和国の母

　アメリカ独立革命はすべての市民によって支えられる共和国の設立を目指していた。この共和国思想において，女性は国家の政治に参加はできないが，市民を育てる母としての重要な役割があるとされた。子育てという女性の私的な行動が，市民を育てるという公的な意味を持つようになったのである。「共和国の母」である女性は公徳心高く知的でなければならず，またそのように教育されるべきであると考えられ，女性の教育の必要性も認められるようになった。その結果，1787年フィラデルフィア・ヤング・レイディズ・アカデミーをはじめとして，アカデミーと呼ばれる女子中等教育機関が男性によって設立され始めた。続いて，19世紀には女性の手によるセミナリーと呼ばれる女子高等教育機関が設立されるようになった。それは同時に中産階級の女性に教師という職業を提供し始めることでもあった。

■ アビゲイル・アダムズ——進歩的なファースト・レディ ■

　アビゲイル・アダムズは第2代大統領ジョン・アダムズの妻であり，第6代大統領ジョン・クィンシー・アダムズの母として有名である。しかし，今日フェミニストたちに注目されているのは1776年アメリカ合衆国建国のために大陸会議に出席していた夫ジョンに宛てた彼女の手紙である。アメリカ独立の政治状況を夫から知らされていたアビゲイルはその手紙の中で，次のように書いている。「あなた方が独立を宣言するのを心待ちにしています。あなた方の作られる新しい法律において，女性たちのことを忘れないで，昔の人より女性に寛大で，好意的であるように願っています。夫たちに無制限な権力を与えないでください。男は誰でも独裁者になりたがることを忘れないでください。もし，女性たちに特別な注意が払われないなら，私たちは謀反を起こしますよ。女性の声の反映されない法に縛られるつもりはありませんから」。アメリカの代表権のないイギリス議会の定める法にしたがう必要はないというアメリカ独立の論理を，男性と女性の関係に援用して，女性への不当さを訴えたのである。彼女の手紙はアメリカ独立建国の精神が明らかに女性の権利意識を目覚めさせた証明である。

　アビゲイルは独立戦争中，夫不在の農場経営にも才能を発揮し，アビゲイルの才能を認めていた夫ジョンは，当時男性の責任であった子どもの教育もアビゲイルに任せている。また，国務のため渡欧する夫に息子を同伴させ，国家に役立つ市民となるべく教育をした。息子も大統領になり，アビゲイルはまさしく「共和国の母」となった。彼女もまた独立建国という大きな政治変化によって，社会的地位が高められ，自信をつけていった多くの女性たちの一人であった。

アビゲイル・アダムズ

女の暮らしの変化

　植民地時代では，自給自足の生活を余儀なくされていていたので，女性の仕事は多岐にわたり，辛苦を伴った。牛乳絞り，チーズ・バター作り，パン焼き，ろうそくづくり，牛，豚の飼育，時にはとさつし，塩漬け肉を作り，糸くり，織物，縫製もしなければならず，一生の間に新調できる衣服の数も限られていた。しかし，19世紀に入って，市場革命が起こるにつれて，ろうそくや石鹸，パンなどが手作りせずとも手にはいるようになり，日常生活は徐々に変化してきた。洗濯，シャワーのような習慣は19世紀始め頃から広まり始めたが，19世紀末になっても，バスタブは高嶺の花であった。一般的に水の供給源は井戸で，トイレは屋外にあった。寒さの厳しい北部では，夜間用にチェンバーポットと呼ばれる小便つぼがおかれ，朝，家中のチェンバーポットを集めてきれいにするのは主婦のつとめであった。植民地時代と異なり，戸外での労働時間が減少し，家庭が主に女性の仕事の場となるにつれて，妻や母としての女性の役割が強調され始めた。1832年に出版されたリディア・マリア・チャイルドの『倹約するアメリカの主婦』は一般庶民向けに，家庭を清潔にするだけでなく，快適にするという女性の役割の重要さを説き，版を重ねた。

　1810年以降都市部では，オイルランプが使われ始め，1830年までには，フィラデルフィア，ニューヨーク，ボストンの上流階級ではガス灯がともった。また，上流階級のパーラー（応接間）では，ピアノが富の象徴として置かれた。教養ある娘がピアノを弾きながら，センチメンタル・パーラー・ソングを歌う図は洗練された家庭の象徴であり，多くの中流階級の物質的，社会的野心をかき立てた。ルイザ・メイ・オルコットの『若草物語』のなかで，三女ベスが，隣の資産家ローリーの家にあるピアノに憧れていたのを思い出していただければ，その様子を思い描くことができるだろう。女性の象徴的仕事であった，糸紡ぎ，織物も機械生産が始まり，粗野な作りのホームスパンは都市部から姿を消し始めた。台所でも大きな変化が起こり，植民地時代には，皆が炉端で料理をしたが，1820年代から，徐々に調理用のストーブにかわった。田舎の雑貨店でも，スパイス，紅茶，コー

ヒー，砂糖が並ぶようになり，とくにコーヒーは，独立期の紅茶ボイコットの影響もあって消費が増え，1830年代には紅茶に取って代わって一般的な飲み物になった。

　19世紀の初めに約7人だった出生率は19世紀末には3.5人に落ちるが，性に対する認識も大きく変化した。1820年代ごろまでは，女性の性的衝動も認められ，性の楽しみも肯定されたが，家庭の守り手である女性にふさわしい性質として，女性は男性ほど性的関心がないという新しい通念が生まれてきた。また，結婚前の妊娠は汚点として見なされ始め，女性の性的純潔が求められた。西部の女性や南部の奴隷，都会の貧しい人の間では，植民地時代と変わらず助産婦が出産を取り上げたが，1840年には都市部の中流階級以上では男性の産科医が，引き受けるようになった。

宗教と女性

　ピューリタニズムは，その宗派の違いによって程度は異なるものの，一様に旧教にはみられなかった女性の解放をもたらした。神と人の契約に置いては男女の差はないとする思想が，女性に新しい状況を提供した。とりわけ，ピューリタンの一派であるクエーカーは，神の前での男女の平等を信じたので，女性の説教師を認めるなど，女性の活躍する場所を与えることになった。19世紀の女性権運動家や奴隷制廃止運動家にはクエーカーに属するものが多い。セネカ・フォールズの会議を生み出す契機となったルクレシア・モットは，19世紀の女性権利運動のリーダー的存在であったが，彼女もまた，クエーカー教徒である。クエーカー教徒の多くは奴隷制廃止運動に関わるものが多く，奴隷制廃止運動はまた女性の権利運動と轍をともにしていた。南部出身のグリムケ姉妹は，北部でクエーカーに改宗して，奴隷制廃止のための講演活動を行っていたが，当時のキリスト教会衆派の牧師から，女性が男女の聴衆の前で演説することは女性にあるまじき行為と非難された。人種差別と性差別は根が同じであると感じていたグリムケ姉妹は，聖書を援用して女性の権利も主張した。奴隷制廃止運動は，女性の権利運動に思想的な基盤を与えるとともに，運動の組織化といった実践

的な訓練の場を提供した。

　19世紀に入って，植民地時代のような敬虔な宗教心が薄れていくと，産業化の進展に伴って男性が教会から離れるようになり，女性が教会活動の中心になった。彼女たちが行った慈善活動は，1830年代には，ブームのようになり，次々と慈善団体や道徳改善団体が組織されるようになった。

　ユニテリアン派の牧師や文人が提唱した，トランセンデンタリズムと呼ばれるロマン主義思想でも，女性の能力と平等性が認められた。中心的な人物の一人であったマーガレット・フラーは，『19世紀の女性』をあらわし，19世紀アメリカの女性権運動の思想的な基盤を提供し，エリザベス・ケイディ・スタントンやスーザン・B・アンソニーらの女性参政権運動家に大きな影響を与えた。

ヴィクトリア的女性像

　男性が，産業化に伴い家庭を離れて職場を得るようになると，家庭は女性の領域となった。また，男性が産業社会で宗教心を忘れ実利性を求めるようになり，女性が教会活動の中心になったので，女性は宗教心・道徳心の守り手として見なされるようになった。男性のために家庭を快適なものにするという女性の役割が強調され，女性の持つべき美徳として，宗教心，男性への従順，性的な純潔，家庭性が求められた。このような女性の理想像が，イギリスのヴィクトリア女王治世（1837-1901）に一般的になったので，ヴィクトリア的女性像と呼ばれる。家事と育児に専念する優しい妻であり，母であるという理想像は女性を家庭に閉じ込め，女性から経済的自立を奪う結果となった。しかし，忘れてならないのは，このような理想像が可能であったのは白人の中流以上の家庭であり，貧しい労働者や移民の女性，奴隷の黒人女性たちにとっては，あこがれであっても，現実は厳しいものであった。

■ アメリア・ブルマー ■

　映画「風と共に去りぬ」の中で，主人公スカーレットが乳母にウエストを締め上げられている有名なシーンがある。きゅっと細いウエスト，床まで届く長くて膨らんだスカートの19世紀の女性の服装は，女性にとって健康を損なうほどの過酷な服装だった。ウエストは細ければ細いほど美しかったので，コルセットで締め上げられ，内蔵が歪むほどであった。スカートは何重にもなったペチコートで膨らませ，5～6キログラムほどの重さがあった。また，1840年頃から布製のペチコートにかわって，クリノリンと呼ばれる針金や鯨骨を使ってスカートを膨らませるものができたが，それによって，女性の動きはますます抑えつけられてしまうことになった。クリノリンは，その最盛期には直径が6メートルに達するほどで，外出の際，クリノリンが絡まって転倒するような場合があった。家庭内ではもっとシンプルな服装だったが，それでも当時の重労働の家事をこなさなければならなかった。

　かねてから女性の服装改革に関心のあったアメリア・ブルマーは，友人がハーレムパンツのようなパンツスタイルの活動的な服装をしているのをみて，彼女の発行する女性禁酒協会の機関誌『リリー』にそのパンツスタイルの服装について言及した。反響は予想以上で，何百という人が作り方を知りたいという手紙を送ってきた。『リリー』の発行部数も1ヵ月500から4,000にと飛躍的に増えた。アメリア・ブルマーのその友人とは，エリザベス・ケイディ・スタントンとそのいとこであった。

ブルマー服

　ブルマーの提唱した活動的な服をフェミニストたちが好んで着たので，ブルマー服は時の話題となり，流行歌や風刺劇で揶揄されるばかりでなく，町でブルマー服を着て歩けば卵をぶつけられたりした。フェミニストとっては，ブルマー服は解放のシンボルであったが，男性の多くの人にとっては，男性の権利や地位を脅かすものの象徴に見えたのである。この反撃の凄まじさに，フェミニストたちは，ブルマー服を着ることにエネルギーを使うことは賢明ではないと考えて，旧来の服装に戻った。しかしアメリア・ブルマーの発行した禁酒運動の機関誌は，まもなくフェミニストの機関誌に変わったのである。

2. 南北戦争後

女性の職業

　南北戦争中は北部だけでも，約50万人もの志願兵があった。これらの男性が職場から去った後，約30万人の女性がその職場に入った。政府でも，初めて女性が事務職，郵政事業，造幣局などの職場に進出した。これらの職業は，女性としては高給であったが，同じ仕事をする男性の半分ほどの給料であった。また，戦争中に政府は傷痍兵の看護のために女性看護婦省を設立し，看護婦が職業とみなされるようになった。1873年生産を開始したタイプライターの出現によって，事務職は男性から女性の職業へと変化し始めた。背景に初等教育の急速な普及により識字能力のある女性が増加したこともあげられる。また新しく出現したデパートの店員も識字能力と簡単な計算能力が求められたが，これも圧倒的に女性の職業となった。中流以上で，専業主婦となった女性にとっては，既製服や缶詰食品が出回り，パン屋洗濯屋など家事労働の外注ができるようになったので，家事労働は減ったが，家庭の管理運営と上手な子育てが要求された。『ホーム・コンパニオン』(1873)や『ウーマンズ・ホーム・ジャーナル』(1878)のような女性向け雑誌は，近代的な主婦になるよう読者にすすめた。紡績や衣服生産の工場労働者となった女性たちには，東ヨーロッパからの移民女性たちが多かったが，労働条件が劣悪で，労働組合に関わるものも多くいた。労働組合の一つである労働騎士団は，人種，男女の差別をしなかったので，1886年の活動のピーク時には約5万人の女性賃金労働者が加わっていた。

分裂の時代

　奴隷解放をかけた南北戦争中は，奴隷制廃止運動家と女性参政権運動家は共闘していたが，戦後黒人男性の参政権が認められても，女性の参政権は認められなかったので，女性の参政権運動は二つに分裂した。即時女性の参政権を求めるスーザン・アンソニーやエリザベス・ケイディ・スタン

トンたちと，妥協して黒人男性のみの参政権を支持したルーシー・ストーンらとに決裂し，前者は1869年全国女性参政権協会を設立し，後者は同年末にアメリカ女性参政権協会を設立した。スタントンとアンソニーはニューヨークを拠点に活動し，機関誌『革命』を出版し，女性の参政権にとどまらず，広く離婚や売春といった女性の問題も取り上げた。一方，ストーンらは，ボストンを中心に女性の参政権のみに的を絞り，穏健なやり方で支持者を増やしたので参政権運動の主流となった。1870年創刊された機関紙『ウーマンズ・ジャーナル』は，『革命』が2年と短命だったのに比べ，1910年まで刊行された。

母性の延長 ──女性キリスト教禁酒同盟

　1870年代，ニューヨーク西部やオハイオなどの中西部で，女性による禁酒運動が高まった。禁酒運動は，女性の領域に閉じ込められながらも，唯一参加の許された公的な場である教会活動に精を出した女性の多くが最も関わった改革運動であった。飲酒による夫の暴力や経済的破綻から妻や子どもを守る，ひいては家庭を守るという大義名分のもとに，町の酒場の前で祈りや歌声を上げて千軒を超える酒場を閉鎖に追い込んだ。家庭と道徳の守り手であるヴィクトリア的理想の女性の延長線上で社会に受け入れられ，女性キリスト教禁酒同盟は会員数20万人を超えるという当時最大の女性団体でもあった。女性の権利運動家の多くが，この禁酒運動の中から生まれてきた。女性キリスト教禁酒同盟の最大の貢献者であるフランシス・ウィラードは女性参政権を支持し，1881年の年次大会には，スーザン・B・アンソニーを招いている。

　晩年のウィラードが関わった活動のひとつに社会浄化運動がある。社会浄化運動とは，売春廃止（最初は公娼制反対）運動である。19世紀後半は，ヴィクトリア的女性の理想像として性の純潔を女性に求めたが，男性にとっては，性が商業化され，ボストン，ニューヨーク，シカゴのような大都市では，売春宿が隆盛を極めた時代である。社会浄化運動も，家庭を守るという第一義のもとではあったが，性のダブルスタンダードを正すことにも

なった。

移民と労働者階級の女たち

　中産階級の女性たちが，ヴィクトリア的女性の理想像に束縛されていた一方，このような理想像と無縁な生活を強いられていた女性たちもいた。移民の女性たちと貧しい労働者階級の女性たちである。移民の中で，圧倒的に女性の占める割合が多く，50パーセントを超えたのはアイルランド移民であった。アイルランド移民の女性は一人で来る独身女性が多く，住居と食事の与えられるメイドの仕事を好んだ。1830年ニューヨーク市のメイドの大半は黒人であったが，1850年にはメイドの80パーセントがアイルランド移民であった。アイルランド移民の第2世代では，教育をつけ，もはやメイドになることは少なく，秘書，教師，看護婦という職業に就き始めた。1910年までに北部の都市にある公立学校の教師の5分の1がアイルランド系の女性であった。

　一方，極端に女性の割合が少なかったのは中国系移民であった。ゴールドラッシュに惹かれ，多くは大陸横断鉄道の建設に従事する出稼ぎ労働者であったので，女性を伴うことはほとんどなかった。1870年全米で中国系移民の男女比率は14対1であった。また，カリフォルニアの中国人女性の61パーセントが娼婦として記録されていた。家の借金のために売られてきた女性も多く，中国人コミュニティでは，娼婦は堕落した女というより，親孝行な娘が苦界に落ちるという受け止め方があり，西洋社会の娼婦ほど汚点を伴っていなかった。

　奴隷から解放された黒人女性は，主人からの一方的な性的要求を拒否できるようになったものの，差別構造は依然として残っていた。北部ではアイルランド移民の女性たちに取って代わられたメイドの職業も南部では圧倒的に黒人女性の仕事であった。また，洗濯女として働くものも多かった。

3. 世紀末「新しい女」

「新しい女」

　1880年頃から既成の女性の枠にとどまらない「新しい女」が出現し、社会的なトピックとなった。良き妻、良き母というヴィクトリア的女性の理想像と一線を画し、高等教育を受けた自立心のある（夫に依存しない）女性たちのことである。このような背景には女性の大学進学が高まり、中産階級に属する高学歴の女性たちがヨーロッパのフェミニズムの影響を受け、自己探求の道を求めたことにある。女性のための高等教育機関、すなわち女子大学は、1855年のエルマイラ大学の開設に始まって、東部名門女子大が1875年までに次々と設立されている。また、1860年頃から開校され始めた中部・西部の州立大学は、「平等に門戸を開く」ことが条件だったので共学となった。1870年に女子学生が占める割合は全大学生の21％であったが、1890年には全大学生の半数を超えるまでになった。19世紀末に大学教育を受けた女性のうち、ほぼ半分は結婚しなかった。また結婚しても遅い結婚で、子どもの数は少なかった。このような女性は、男性に占有されていない職業の分野、すなわち、教育や福祉という分野に参入し始めた。大学で、テニスやゴルフといったスポーツに親しんだ女子大生たちは新しいライフスタイルを生み出した。チャールズ・ディナ・ギブソンが描いた活発に行動する女性のイラストが流行し、ギブソン・ガール（図11-1）と呼ばれた。一方、女性が教育により頭を使いすぎると、子宮に悪影響があり、子どもが産めなくなるという「科学的」警報が医師からも発せられ、一般に「新しい女」は過激な女と見なされることもあった。

図 11-1　ギブソン・ガール

■ シカゴ万国博覧会 ■

　1893年コロンブスのアメリカ到達400年を祝うコロンビア万国博覧会がシカゴで開かれ，72カ国が参加，その夏に2,700万以上の来場者を集めた。この万博は女性たちにとって記念碑的な意味を担っていた。人工ラグーンの周りに並ぶ古典調の12のパビリオンの中で，女性館は最も小さかったが，女性の手によって建てられたからである。女性館の誕生は，1889年からの女性の粘り強いロビー活動が功を奏して，連邦議会でシカゴ万博が決議されたとき，女性館の参加が認められた。1890年にはアメリカ各地から集められた117名の女性からなる女性責任者委員会が結成された。女性館を設計したのは，マサチューセッツ工科大学を最初に卒業したばかりの女性であるソフィア・ヘイドン，建物に附随する修飾や彫刻，内部の大壁画も女性の手によった。しかも，女性館だけでなく，来館する女性のためのデイ・ケア・センターになる児童館や宿泊施設まであった。

　展示室では，女性先住民が作った装飾品や女性写真家が撮ったグランド・キャニオンの写真などが展示され，図書室には，女性による書籍が4000冊も集められた。女性の組織を紹介する部屋ではYWCAや女性キリスト教禁酒同盟といった全国的な組織が紹介され，全米女性参政権協会のブースには多くの来訪者があった。また，女性代表者世界会議では，約500人の論客が81のセッションで話し合ったが，いくつか開かれた世界会議の中で，もっとも参加者の多い世界会議であった。

女性館

産児制限

　植民地時代は，聖書に「産めよ，殖せよ」とあるように中絶・避妊は，不倫でもない限り禁制であったが，19世紀に入ると白人中産階級から次第に，出産する子どもの数を制限するようになった。1830年代に書かれたロ

バート・デール・オーエンの『道徳的な哲学』やチャールズ・ノールトンの『哲学の果実』といった避妊情報を扱った本は，2万から3万部売れ，中流以上の家庭によく読まれた。胎児が動くまで中絶は罪ではないと考える人が多かったが，19世紀後半になると，男性産科医の要請によって，中絶に対する法的規制がきびしくなった。また1873年アンソニー・コムストックによる猥褻物取締法ができると，避妊情報が猥褻物に含まれていたので，公に避妊情報を伝えることは非合法となった。「産児制限の母」と呼ばれるマーガレット・サンガーは，産児制限を単に産まないための手段ではなく，出産について女性の自由な選択の権利として主張し「望んでなる母親運動」を提唱した。ニューヨークで看護婦として働いていたサンガーは，貧しい移民女性たちが避妊情報を知らないために多産や危険な中絶によって命を落とすのを見て，社会主義的見地から，産児制限クリニックを1916年に開設した。サンガーはコムストック法により逮捕され投獄されたが，ひるむことなく産児制限運動は続けられた。1920年代になって，優生学的見地から産児制限運動は主流派の支持を受けるようになり，1921年第一回産児制限会議がニューヨークで開かれた。1937年コムストック法は，ようやく猥褻物の範疇から産児制限の情報や器具を除外した。

4. 20世紀初頭

婦人参政権運動の実り

　南北戦争後二つに分裂していた女性参政権運動は，1890年にルーシー・ストーンの娘アリス・ストーン・ブラックウェルによって合併され，全国アメリカ婦人参政権協会となった。初代会長には75歳のエリザベス・ケイディ・スタントンがなり，2年後スーザン・B・アンソニーが跡を継いだ。しかし，内部には戦略面での分裂が残ったままだった。アンソニーは憲法修正を目指したが，多くの会員は州レベルの改正を主張した。1900年代には協会内の内部分裂をしりめに若い大学卒の女性たちは新しい戦略を模索し始めた。大学平等参政権同盟のような団体は，労働者階級の女性と連携

し，新しいレベルの草の根運動を始めた。また，過激なイギリスの女性参政権運動にも刺激された。豊かな大卒者の間で慣習になっていたヨーロッパ旅行で，実際に見聞し参加することで，イギリスの参政権運動の過激な戦略を学ぶことになった。女性参政権運動は国際的な運動になり，国際女性参政権連合が1902年に設立され，アメリカ人のキャリー・チャップマン・キャットが会長になった。

　全国女性参政協会の中でも新しい若いリーダーが生まれた。クェーカーのソーシャルワーカーだったアリス・ポールは，イギリスでエメリン・パンクハーストら戦闘的な女性参政権運動家と共に大規模なデモに参加し，投獄，断食ストを経験していたが，1913年に全米女性参政権協会の議会委員会に加わり，女性参政権パレードを組織した。ウッドロー・ウィルソンの就任式前日，ワシントンDCで約5000人の女性がパレードしたが，当時女性によるそのような政治活動そのものが珍しかったので，世間の関心を引いた。しかし，方針面で協会と相容れなかったポールは，議会連合を結成し，参政権運動は再び分裂することになった。1916年女性党を結成，1917年全国女性党に発展させ，フェミニストを自称し始めた若い急進的な女性たちをひきつけた。1917年ホワイトハウス前で6ヵ月ピケを張り，マスメディアを利用し，大統領に圧力をかけるというやり方で憲法修正を目指した。

　一方，保守的だった全国婦人参政権協会もキャリー・チャップマン・キャットを会長に迎え，彼女の支持で，グレーター・ニューヨーク婦人参政権党が1909年に組織され，階級と民族を超えた運動が展開された。300万枚近くのチラシが配られ，数千回に及ぶ青空集会が開かれた。1916年までに婦人参政権は，全国的な政治課題のひとつになった。1917年アメリカが第1次世界大戦に参戦すると，キャットたちは戦争を支援したので，彼女たちの運動が愛国的な色彩を帯びて，多くの人の支持を取り付けることに成功した。1918年戦争のさなか，下院では連邦参政権修正を可決した。しかし，上院は修正を否決したので，全国女性党は再びホワイトハウス前でピケを張り，キャットは統制の取れた各州組織に最後の一押しとなる活

図11-2　憲法修正を目指して，ホワイトハウス前で6ヵ月間ピケを張る急進的な女性たち

動を促した（図11-2）。1920年8月26日，37州の批准を得て憲法修正第19条は通過した。セネカ・フォールズでの会議以来，72年の歳月を要した。

ジャズ時代とフラッパー

　1913年に「セックスの時代」が始まったとある雑誌が書いたように，ヴィクトリア的な性道徳は中流以上の若い女性たちの間でも急速に崩壊しつつあった。労働者階級の若い女性たちはそれ以前から派手な服装と夜の社交，ダンス好きで有名だった。安い賃金で働く女性たちの中には，売春とまでは行かなくても，援助交際まがいの男性との交際をするものもあり，「チャリティ・ガール」と呼ばれた。もともと労働者階級の娯楽であった映画館に中流階級の人びとが足を向け，黒人街で生まれたジャズも広く受け入れられるようになった。1920年から施行された禁酒法にもかかわらず，人びとはスピークイージーと呼ばれるもぐりの酒場で，ジャズを聴きながら「きわどいダンス」に興じ，時代は禁欲の時代から享楽の時代へと変化していた。

■ **ヘテロドクシークラブ** ■

　1914年「フェミニズムとは何か」というテーマの講演会がニューヨークで開かれた。この講演会を開催したヘテロドクシークラブは，1912年ニューヨークのボヘミアン的な文化のグリニッジ・ビレッジで結成され，クラブの会員に求められる唯一の条件は「意見がオーソドックスではない事」であった。会員の女性たちの多くは，ジャーナリスト，弁護士，学者など専門職に就き，自らをフェミニストと呼び始めた急進的な女性たちであった。フェミニズムという言葉は，もともと1880年代にフランスで参政権運動家によって使われ始めた言葉で，イギリスを経由して，1900年代にアメリカで使われ始めた。フェミニストたちは単に政治的な女性の権利だけでなく，それまでタブーであった性的な解放も要求し，ヴィクトリア時代的な性道徳を批判した。知識人の間で読まれたフロイトの精神分析は性の問題を公の場に持ち込み，新しい心理学は，積極的な女性の性を健康なものとみなしていた。

　また，彼女たちは社会階級の抑圧と性の抑圧を同等にとらえ，その女性解放運動は社会主義運動と密接に結びつき，社会主義的な革命思想と同じく，女性の解放においても革命的，急進的であろうとした。また，そのファッションも革新的で，髪を切り，コルセットのない，丈の短いドレスを率先して身につけて，世間の耳目を集めた。急進的な彼女たちにとって，フェミニズムとは新しい変革のエネルギーを表現する言葉であった。

　1920年代を「ジャズ時代」と命名し，自らもその時代の寵児であったF・スコット・フィッツジェラルドの小説にあるように，当時出現した自由奔放な上流階級の若い女性はフラッパーと呼ばれ，時代のシンボル的な女性たちであった。かつては売春婦のしるしであった口紅をつけ，ショートスカートに短いドレスという大胆なファッションに，公然とフロイト流のセックス談義をする姿は，最もヴィクトリア的道徳観にとらわれていた上流階級の「お上品な伝統」に挑戦するものだった。しかし，彼女たちのファッションは，19世紀末に登場した「新しい女」やヘテロドクシークラブに属するような女性たちのファッションの模倣だった。先行した女性たちは専門職を持って経済的にも精神的にも自立した女性であったが，フラッ

図 11-3　フラッパー

パーと呼ばれた女性たちは，高等教育を受けつつも，職を持たず，上流階級の消費生活を享受する女性たちであった。フラッパー（図 11-3）が担った象徴的役割は性道徳の打破と来るべき消費生活の顕示である。フラッパーとは，「まだ十分に飛ぶ力もない雛鳥」の意味であるが，自由奔放に見えて実際には自立していなかったことからの命名であろう。

大恐慌とニューディール政策

　1929 年に始まった大恐慌は，20 年代の享楽的なアメリカの生活を一変させた。都市は失業者であふれ，スープやパンの配給に長い行列ができた。厳しい現実に，19 世紀末からおきていたフェミニスト的な主張はすっかり影を潜めた。毎日の悲惨な状況の中で，夫が家計を支え，妻が依存するという従来の性的役割が多くの家庭で不可能になり，また夫が働いているにもかかわらず，仕事を持っている既婚女性に対する風当たりが強くなり，そのような女性の雇用を禁止したり，制限したりする法律ができた。しかし，このような風潮にもかかわらず，現実には賃金の低い女性労働者は増加した。1932 年フランクリン・D・ローズベルトが大統領に選出され，失業者や貧困者を救済する福祉国家が生まれると，女性の政治的役割も増加した。19 世紀末からセツルメント運動を通して，女性が開拓してきた新しい福祉や教育の政治の現場で，女性の声が届くようになった。また，大統領の妻エレノア・ローズベルトは結婚前にセツルメン

トと全国消費者同盟で働いた経験があり，社会福祉の面ではエキスパートであったので，彼女を中心として社会福祉の政治的なネットワークが生まれた。

5. 第2次世界大戦とその後の冷戦

大戦中の変化

10年に及ぶ不況からようやく脱却し始めた1941年，日本の真珠湾攻撃によってアメリカは第2次世界大戦に突入を余儀なくされた。若い男性が兵隊にとられ，いまや仕事はどこにでもあり，女性にふさわしくないといわれた仕事も愛国的義務となって，女性にもできる仕事なった。女性を工場に誘うために，政府はメディアを使い大規模な宣伝活動を繰り広げた。「リベット打ちのロージー」（図11-4）は国民的ヒロインになった。また，陸軍，海軍，海兵隊などの軍でも女性部隊ができた。35万人近くの女性がこれらのさまざまな部署で働き，1,000人ほどの女性が女性空軍サービスパイロットとなって飛行機を飛ばした。国防の必要を女性労働者で満たすという政府のキャンペーンは功を奏し，職に就いたことのなかった600万人の女性が戦時中労働市場に加わり，また職についていたものの多くは農業やサービス業から産業労働へと移行した。伝統的な若い独身者だけで

図11-4　リベット打ちのロージー（政府ポスター）

なく，年配の既婚者も働く女性となった。

大恐慌の時代には影を潜めていた性の解放が，戦時中のせつな的な雰囲気の中で再燃してきた。戦争によって伝統的な性の規範が薄れたと，異性愛の男女が感じたように，同性愛の人たちにとっても新しい状況が生まれてきた。レズビアン・バーが匿名性の高い大都会だけでなく，地方の都市にも現れた。

ベビーブーム

景気が回復し始め，父親を徴兵から免除するという規定を含む1940年の選抜徴兵法が可決すると，大恐慌の時代に落ち込んでいた出生率は，突然あがり，戦後のベビーブームのさきがけとなった。戦後男性が戦争から戻ると，多くの女性は職場から家庭に戻ることを余儀なくされた。安定した家庭を求める声がにわかに大きくなり，戦後仕事を完全にやめた若い女性の層はそのまま婚姻率の増加とベビーブームという人口学的な現象を生み出す集団となった。男女の平均初婚年齢も下がった。戦後の好景気による「楽観主義」は人びとをより家庭へと向かわせた。政府の低金利融資政策によって郊外の住宅が中流以上の家庭だけでなく，労働者階級の人びとの手が届くものになって，アメリカ人のほぼ70％までが家を所有することができるようになった。1920年代に始まっていた家庭の電化，すなわち，電気掃除機，電気アイロン，電気冷蔵庫のような電化製品が一般大衆の家庭においても必需品となった。大量消費をし，娯楽やレジャーを追及するというアメリカン・ドリームがほとんどのアメリカ人に可能であると感じられ，新しく広まったテレビが放映する『パパは何でも知っている』のようなホームドラマに人びとは熱中した。新しく生まれた郊外型の家では，壁が取り払われたオープン・キッチンが人気を博し，新しくファミリールームが作られるようになった。郊外の家の主婦は，新しく移住してきたものばかりのコミュニティで従来の連帯を失い孤独を感じるものや，若い母親たちは子どもを中心とした新しい組織を生み出したりした。職場という公的な場所と距離的にも切り離された家庭という私的な場所で変化が大きかった

のは，育児方法である。ベンジャミン・スポック博士によって広められた「甘い子育て」は子どもの個性を厳しい規則でおさえつけずに育てるというもので，母親の責任が強調された。子どもを学校やスポーツ施設に送り迎えをする母親という，新しい子ども中心のライフスタイルがうまれ，ワゴン車はそのシンボルになった。

「フェミニン・ミスティーク」

1950年代一種のマイホームブームと共に，家庭の主婦の理想像が商業主義的メディアや大衆文化を通して強調された。その理想像とは，料理や裁縫といった家事が上手なのは当然のこととして，なおかつセクシーであどけなく，子どもの育児と夫のキャリアアップに生きがいを見出すような女性である。1963年ベティ・フリーダンは『フェミニン・ミスティーク』を出版し，著書の中でこのような理想像が「フェミニン・ミスティーク——女らしさの神話」にすぎないことを指摘した。多くの高等教育を受けた女性がこの理想像にあわせて生きようとするため息苦しさや不満を感じており，この女性の問題を「名前のない問題」と名づけ，この理想像がいかに抑圧的なものであるかを示した。『フェミニン・ミスティーク』は出版されると同時にベストセラーとなり，多くの女性が共感を示した。この「名前のない問題」を解決するためにはフリーダンは，女性も男性と同様，一生続けられる意義のある職業を持つことだと説いた。フリーダンは60年代の女性解放運動のリーダーとなり，『フェミニン・ミスティーク』は女性解放運動に大きな影響を与えた代表的著作となった。60年代の女性解放運動が『フェミニン・ミスティーク』から始まったといっても過言ではないだろう。

6. ウーマンリブから現代のフェミニズムへ

公民権運動とフェミニズム

1950年代から始まった黒人たちに公民権を求める熱い戦いは，50年代の

新しい「家庭と母性の神話」に縛られていた女性たちに刺激を与えた。1964年の公民法は，人種，信条，出身国に加えて，性によって雇用差別をしてはならないという禁止事項第7編を含んでいた。最初，ヴァージニア州選出の年配の下院議員であったハワード・スミスは，全国女性党の支持者に促されて，人種，信条，出身国という項目に「性」も含むべきだと提案した。彼は熱心な人種隔離主義者であったので，この修正案を出すことによって法律そのものを破棄するのが狙いであった。しかし，その狙いは外れて，この修正案は通過した。この前年には，賃金均等法が通過し，同じ仕事をする男女に異なった賃金レートを適用することが違法とされていた。

　法律は整ったけれども，まだ多くの男性はこの修正案がちょっとした冗談だと考えていた。『ニューヨーク・タイムズ』は，この法案を「バニーの法律」と呼んだ。ベティ・フリーダンたちは，これらの法律を遵守させるための全国女性組織（NOW）を結成し，その組織の目的を「アメリカ社会の本流に女性が完全に参加できるようにすること，男性と本当に平等なパートナーとしてすべての特権を享受し，かつそれに伴う責任を負うこと」であると明確にした。

ウーマンリブ

　1960年に解禁された避妊用ピルは初めて性行為と生殖を切り離した。女性の主導権を持ってほぼ避妊が100％確実になり，女性は性の自由を手に入れることができた。大学のキャンパスに集まった若者はTシャツジーパン姿で，フォークソングを歌い，この性革命を享受した。50年代に心配された結婚前の純潔のような性道徳は消え去り，乱交のような性的実験さえ行われた。アメリカの物質主義や偽善を非難したビート族での文化でも，ジェンダーによる不平等を批判することなく，セックス，麻薬，禅を称揚したが，女性は性的なオーガズムをもたらすものに過ぎなかった。1960年代後半に生まれた，愛や共同体といった従来女性的と考えられてきた価値観を強調した若者の対抗文化のなかでさえ，男女平等の主張が真剣にとり

あげられることはなかった。公民権運動やいろいろな社会運動に参加する女性たちの多くが，その運動の中でさえ差別されている構造を目の当たりにして，新しい女性たちの絆を認識し始めた。その中から新しいフェミニズム運動が過激な形で生まれ，ウーマンリブと呼ばれた。1968年のミス・アメリカ美人コンテストでは，生きた羊を女王にして王冠をささげた後，女性を苦しめていたガードル・ブラジャー・カーラー・雑誌『レイディーズ・ホーム・ジャーナル』などが「自由のゴミ箱」に投げ捨てられた。ウーマンリブが最盛期を迎えた1975年には，全国規模のフェミニズムの行事が300を超えた。

女性学

1970年高等教育機関卒業生のうち女性が占める割合は，医学部で8.4％，法科大学院で，5.4％に過ぎなかったが，1979年には，医学部卒業生で23％，法科大学院で28.5％と飛躍的に伸びた。また，人文学や社会学の分野での女性の進出は，量的な変化のみならず，質的な変化も生み出した。フェミニズムの影響を受けて，女性に関する研究や授業が生まれた。1970年には女性学の授業が始まり，1972年には，バークシャー女性史会議のような女性学関係の学会や学術誌が創設された。従来の学問の規範では男性だけが想定されていたので，ジェンダーの視点から新しいパラダイムを構築する必要があった。

一方，伝統的な女性たちはフェミニズム反対の立場を主張した。双方にとって，ERA（平等憲法修正条項）と中絶論争は争点となった。右翼の反対者は，ERAは女性を徴兵し，同性愛を認め，中絶の権利を保障すると攻撃した。全国的なプロライフ（中絶反対）運動が盛り上がり，性，出産，家族という私的な問題が政治的課題となった。

2004年4月25日ワシントンで，女性の妊娠中絶を選ぶ権利を訴える大規模なデモと集会があり，50万から80万人の人びとが参加した。アメリカ大統領選挙が絡んで，中絶問題は社会を二分する政治問題となった。2005年

共和党大統領ジョージ・ブッシュが再選され就任するにあたって，女性の問題は保守化の傾向が強まった。

2008年民主党大統領選挙キャンペーンでは，バラク・オバマ氏とヒラリー・クリントン氏が候補者争いのデッドヒートを繰り広げ，初のアフリカ系アメリカ人の大統領か，初の女性大統領かとメディアをにぎわせた。最終的にはオバマが初のアフリカ系アメリカ人の大統領となり，女性初の大統領は実現しなかった。

2016年，主要メディアの予測に反して，共和党ドナルド・ジョン・トランプが，民主党ヒラリー・クリントンを僅差で破り，翌年大統領に正式に就任した。またもや，女性初大統領の機会は失われた。移民や性的マイノリティはもちろん，女性に対しても差別的な発言の多いトランプ大統領は，就任直後から女性への締め付けを強化する政策をとろうとしている。例えば，就任4日目には，人工中絶を支援する非政府組織に対する連邦資金援助を禁じる政策を復活させた。一方女性たちは，トランプ大統領の就任に異議を唱える「女性の行進」を組織し，2017年1月の第一回「女性の行進」では470万人が参加した。2019年1月の第3回目「女性の行進」では，全米の200箇所以上で数十万人が参加し，組織だった抵抗の姿勢を見せている。

参考文献

サラ・エヴァンス『アメリカの女性の歴史』明石書店，1997。

武田貴子他『アメリカ・フェミニズムのパイオニアたち』彩流社，2001。

Steinem, G. ed. *The Reader's Companion to U. S. Women's History*, New York: Houghton Mifflin Company , 1998.

（武田貴子）

第12章　多文化主義と混血化
―― 21世紀の人種のるつぼ

　アメリカでは1790年以来，10年に一度人口センサス（国勢調査）が行われてきたが，2000年のセンサスでは，人種の項目で複数の選択肢を選ぶことができるようになった。従来のように自分を単一の人種によって――例えば「白人」あるいは「黒人」として――規定する代わりに，「白人」でありかつ「黒人」として，あるいは，「黒人」でありかつ「先住民」として，つまり，多人種の存在として規定することができるようになったのである（図12-1）。調査の結果，約680万人のアメリカ人が複数の人種を選択した。これは全人口の2.4％を意味するにすぎないが，年齢別に見ると，18歳未満の人口においては4.2％を占めており，18歳以上の1.9％よりも高い。その点に留意すれば，アメリカの混血化は進行を進めており，今後その割合がさらに高まることも予想される。

　20世紀から21世紀への変わり目において，ア

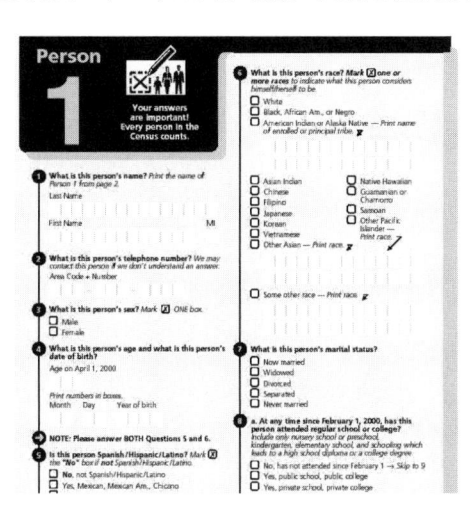

図12-1　2000年センサスのアンケート用紙（部分）

メリカ合衆国という国はこれまでにも増して人種の融合が進んでいるのだろうか。そして，もしそうだとしたら，そのことは1960年代から顕著になったエスニック・リヴァイヴァルおよび多文化主義の動きとどのように関係するのだろうか。本章では，多民族国家アメリカにおける統合モデルの変遷と多文化主義の動向を紹介したうえで，主として90年代のアジア系アメリカ文学に例を採りながら，混血化のテーマについて考察する。

1 多民族国家アメリカとその統合モデル

「アングロ・コンフォーミティ」から「るつぼ理論」へ

　移民の国であるアメリカは多民族国家であると言われる。17世紀前半にイギリス人による入植が始まって以来，北アメリカには多種多様な移民が移り住んできた。18世紀までは主としてイギリス，スコットランドなどからアングロサクソン系の移民が到来したが，19世紀になると，大半がカトリック教徒であるイタリア系やアイルランド系の移民が流入し，ゴールドラッシュを一つのきっかけにして，多くの中国人も渡来した。また，19世紀後半から20世紀初めには，ロシア・東欧から大量のユダヤ人も移住した。言うまでもなく，こうした移民の到来以前から，アメリカ大陸にはアメリカ先住民（インディアン）が住み続けており，また，労働力確保のためにアフリカから多くの黒人奴隷が移入されていた。すでに18世紀に，フランス生まれのクレヴクールが，アメリカ人を「イングランド人，スコットランド人，アイルランド人，フランス人，オランダ人，ドイツ人，スウェーデン人の寄り集まりである」と言って，アメリカの多民族状況を指摘しているが，19世紀後半ともなると，アメリカは，アングロサクソン系プロテスタントの白人（ワスプ）を中心にしながらも，さまざまな人種民族集団が共存する多民族国家の様相を呈していたのである。

　人種，歴史，宗教を異にする者たちが一つの国の中で共存していくためには何らかの統合モデルが必要であった。移民の圧倒的多数がアングロサクソンに限られていた頃には，新たな移民は，アングロサクソンの住民た

ちが形成する主流社会の風俗習慣に自らを合わせることを余儀なくされた（アングロ・コンフォーミティ）。第3代大統領トマス・ジェファソンは，「わが政体は，英国憲法の持つ最も自由な諸原理と，自然権および自然理性に由来する諸原理とによって成り立っている」と述べたが，この言葉はしばしばこうしたアングロ・コンフォーミティの考えを表明するものとみなされてきた。しかし，19世紀後半の移民の大量流入の結果，アメリカが多民族社会としての相貌を明確にし始めると，アングロ・コンフォーミティの考えに代わる同化モデルが提示されるようになった。いわゆる「るつぼ（melting pot）理論」がそれである。これは，移民の異なる文化的背景が人種のるつぼの中に入れられて溶かされた後に，「アメリカ人」という新しい文化的アイデンティティとして生まれ変わるとする考えで，イギリスのユダヤ人作家イズラエル・ザングウィルの戯曲『るつぼ』（1908年初演）によって広まった。ザングウィルの戯曲では，ロシア系ユダヤ人のデイヴィッドが，求愛するキリスト教徒の女性ヴェラに，るつぼの中では「東と西を，北と南を，棕櫚と松を，極地と赤道を，イスラム教とキリスト教を，錬金術師である創造主が浄めの火でもって溶かし，融合させるのだ」と説くのだが，文化的宗教的背景の差異がアメリカというるつぼの中で溶けあった後に一つになるというイメージは，多民族国家の統合をあらわす卓抜なイメージとして広まった。

文化多元主義──「人類のオーケストラ」

　るつぼ理論は，植民地時代からアメリカの多様性を表す言葉として用いられた E Pluribus Unum（多からなる一）という標語をあざやかに描き出すイメージではあったが，問題がなかったわけではない。るつぼの中で溶けあうのは，あくまでヨーロッパからの移民であり，アフリカ系やアメリカ先住民，あるいは，アジア系の移民が想定されていたわけではないし，また，るつぼの中で溶けあい，「アメリカ人」として生まれ変わるとは，結局のところ，アングロサクソン系アメリカ人からなる主流文化に同化することを意味するのではないかという批判もあった。結局，「るつぼ理論」とは

■ 多言語主義 ■

　アメリカは多民族国家であるが，その統合モデルにおいて，差異の容認の対象となるのは主として宗教・慣習であって，言語ではなかった。多文化主義に基づくエスニック集団の権利主張（回復）に伴う教育プログラムや文学研究においても，扱われるのは，主として英語で書かれたテクストであった。アメリカ人であるためには「英語を話すこと」が暗黙の条件とされていたのである。

　こうした英語中心主義の風潮に対して，1990年代の後半頃から，真の多文化主義はバイリンガリズム（二言語使用）にあるとする主張が出てきた。チャイナタウンやメキシコ系住民の居住区バリオの存在に見て取れるように，アメリカは今も昔も多言語国家であり，それゆえ，真の多文化主義を追求するのであれば，「イングリッシュ・オンリー」ではなく，「イングリッシュ・プラス」，すなわち，英語とそれに加えてもう一言語の使用を想定すべきであるというのである。たしかに，父祖伝来の言語を維持したうえで，英語という共通語を使用するという多言語主義の主張は，多文化主義の主張に一致するもののように見える。だが，二言語習得の困難に加え，個別の民族集団の独立性を高めるようにも見えるこの立場には，守旧派からの批判も多い。

「アングロ・コンフォーミティ」の考え方と大差ないのではないかというのである。

　こうした「るつぼ理論」への批判を具体化したのが，ホレス・カレンの「文化多元主義」（cultural pluralism）であった。彼は1915年に「民主主義対るつぼ」という論文を発表し，移民は祖国をあとにしてアメリカに移り住んだとしても，祖先から受け継いだ文化的遺産を失うわけではないことを強調した。「程度の差こそあれ，人は自分の服を，政治的立場を，妻を，宗教を，哲学を変えることはできる。しかし彼は自分の祖父を変えることはできない。ユダヤ人がユダヤ人であることをやめ，ポーランド人がポーランド人であることをやめ，アングロサクソン人がアングロサクソン人であることをやめるためには，生きていることをやめなければならない」と言うカレンの主張は，「るつぼ理論」が想定する，移民はアメリカ人になる際に，出身国の文化を失うという考えを是正するものであった。カレンはそ

れゆえ，アメリカを「人類のオーケストラ」という比喩で語っている。オーケストラのそれぞれの楽器にそれぞれの音色と調性があるように，「社会においては，それぞれの人種集団が自然の楽器であり，その精神と文化がテーマであり，メロディである」と言うのである。カレンは，アメリカ人はむしろ，それぞれが持つ文化的遺産を保持したまま協力的なハーモニーを奏でるのだと主張したのであった。

　ユダヤ人であったカレンが提唱した文化多元主義は，るつぼ理論と同様，ヨーロッパからの移民を想定したものであり，彼の言う人類のオーケストラにはアフリカ系や先住民，あるいは，アジア系移民は入っていなかった。また，この理論が進歩的な知識人の間にひろまったにも拘わらず，それは政治的影響力を持ちうることはついぞなかった。彼の主張とはうらはらに，1920年代には移民排斥論が唱えられ，移民の流入を制限する法律が制定されていったのである。しかし，異なる文化的背景を持つ移民の共存をめぐるカレンの見解はここで死に絶えたわけではなかった。その後1960年代になると，今度は「多文化主義」（multiculturalism）と呼ばれる，類似した，新しい統合モデルが提唱されたからである。

2. 多文化主義

エスニック・リヴァイヴァルと「サラダボウル」

　アフリカ系アメリカ人に対する法の下での平等を求める公民権運動は1950年代から激化したが，1960年代になると，それに歩調を合わせるように，アメリカ国内の他の少数民族集団も自分たちの権利回復あるいは獲得のための運動を展開した。アメリカ先住民の活動家たちが19世紀に虐殺の行われたウーンディド・ニーやアルカトラズ島を占拠したり，日系アメリカ人が第二次大戦中の収容所隔離に対する補償を求めたのはその例である。こうした運動は，学生を主体とした反体制運動とベトナム反戦運動に，また女性の権利拡充の運動にも呼応するものであったが，1960年代以降の多文化主義のうねりはこうした少数民族の権利主張の現れ（エスニック・リヴァ

イヴァル)から生まれたものであった。

実際には,「多文化主義」(multiculturalism) という言葉自体が広まったのは 1990 年代になってからであった。教育学者ダイアン・ラヴィッチが 1990 年の論文で用いたのが最初期の用例の一つと言われるが,その論文の副題が E Pluribus Plures (多からなる多) とされていたことが示すように,多文化主義はアメリカという国が複数の人種民族集団からなるとともに,それら相異なる集団が一つに統合されるのではなく,複数のまま共存することを主張した。アングロサクソンの主流文化にそれ以外の人種民族集団が同化するのでもなく,また,人種のるつぼの中で溶けあって均質なアメリカ人として生まれ変わるのでもなく,異質な集団がそれぞれの文化的独自性を保ちつつ共存するという考えである。そこでのキーワードは多様性 (diversity) であり,異なる素材が溶けあうのではなく単に混ざり合うだけである「サラダボウル」,あるいは,異なる生地がつなぎ合わされて全体を形作る「パッチワーク・キルト」が多文化主義のイメージとしてもてはやされた。

1920 年代にカレンらが文化多元主義を唱えたとき,その主張は一部の進歩的知識人の間で共有されただけで,実際の政治的影響力を持たなかったのに対し,1960 年代以降の多文化主義は,政治面,教育面での具体的施策として結実した。公民権運動から生まれた「アファーマティヴ・アクション (積極的差別是正措置)」が実施され,アフリカ系を中心とする少数民族の雇用と高等教育の促進がはかられたのはその一例である。いくつかの大学では,アメリカの少数人種民族集団の歴史,社会,文化を研究する各種センターが設立され,また,ヨーロッパ中心のカリキュラムを是正する運動が展開された。例えば,カリフォルニア大学ロサンジェルス校 (UCLA) では,1969 年に,アフリカ系アメリカ研究センター,アメリカ・インディアン研究センター,チカーノ研究センター,アジア系アメリカ研究センターが設立され,スタンフォード大学では 1987 年に,非白人の学生たちによって,ヨーロッパ中心のカリキュラムに代わる「コア・カリキュラム」設定の要求が提出された。初等・中等教育においても,各地でさまざまなエスニッ

第12章　多文化主義と混血化　267

ク集団の文化・歴史を学ぶカリキュラムが採用された。社会の多様性の尊重を広めるために，クリントン政権においても，またその後のブッシュ政権においても，積極的に非白人の閣僚が採用された。政治・教育の現場においても，またマスメディアにおいても，「インディアン」ではなく「アメリカ先住民」，「黒人」ではなく「アフリカ系アメリカ人」といった「政治的に正しい」(politically correct) 言葉の使用が奨励された。

　こうした動きは多文化主義の理念が現実の政治や教育現場において実践に移された例だが，一方では，多文化主義の理念と実践に対する批判も表明され，激しい論争が繰り広げられた。批判の一つは，個々の人種民族集団の分離主義的傾向に対する懸念として表された。個々の人種民族集団がそれぞれの権利を主張するあまり，アメリカの他の人種民族集団との共存の姿勢が薄れることが懸念されたのである。たとえば，アフリカ系アメリカ人の中には，教育カリキュラムにおけるヨーロッパ中心主義を批判し，自分たちの人種の歴史・文化を教えることを主張する「アフリカ中心主義」(Afrocentrism) を唱える者も現れた。歴史教科書で中心的に扱われるヨーロッパの出来事の代わりに，彼らはアフリカ人およびその子孫の歴史に注目したのである。たとえば，マーティン・バナールは『黒いアテナ』で，古代ギリシャ文明における北アフリカ地域の影響を強調し，モレフィ・アサンテは『アフリカ中心の思考』で，歴史におけるアフリカ人の文化的遺産の意義を強調した。こうしたアフリカ的文化の価値づけに対して，たとえば前述のダイアン・ラヴィッチは，それがアメリカ社会を「多からなる一」ではなく「多からなる多」と形容

図12-2　ディズニーの『ポカホンタス』のポスター
(©Disney)

figural 12-3 Mattel社が出したバービー人形の黒人版（Kira）
（©Getty Images/AFLOFOTOAGENCY）

せざるを得ないものにしてしまうと批判し，アーサー・シュレジンガー・ジュニアもまたアメリカの分裂を招くものだとして警鐘を鳴らしたのである。

多文化主義の文化・文学

多文化主義は国民統合の理念として，また，政治・教育の場における機会平等推進のための，さらには，教育カリキュラムにおけるヨーロッパ中心主義是正のための理念として提示され，また実践されてきたが，同時にそれは社会におけるさまざまな文化活動にも影響を及ぼしてきた。教育カリキュラムにおけるヨーロッパ中心主義是正の要求から推察されるように，新聞，雑誌，テレビ等の報道や特集においても，アフリカ系，アジア系，先住民ら，非白人（非ヨーロッパ系）の人種民族集団の活動により焦点があてられることになった。教育カリキュラムにおいて人種民族的偏向を改めさせる運動が起こったのと同じように，子ども向けのバービー人形にもアフリカ系やアジア系のモデルが製作され，ディズニーのアニメ作品においても，『ポカホンタス』や『ムーラン』など，先住民や中国系の歴史・神話を題材にしたものが作られ

た（図 12-2, 12-3）。ディズニー以外のハリウッド映画においても，より多くの少数人種民族集団出身の俳優や監督が脚光を浴びるようになり，『ルーツ』や『アミスタッド』（アフリカ系），『ヒマラヤ杉に降る雪』や『夜明けのスローボート』（アジア系），『ダンス・ウィズ・ウルヴズ』（先住民）や『エル・ノルテ』（ヒスパニック）など，さまざまな少数人種民族集団の歴史や内面を深く描く作品が制作された。

単にこれまであまり顧みられてこなかった少数人種民族集団の歴史や社会の描出が脚光を浴びたばかりではない。『ダンス・ウィズ・ウルヴズ』や『ドゥー・ザ・ライト・シング』のように，異なる人種民族集団同士の関係性に焦点をあてる試みもなされたのである。前者では，それ以前には白人社会を脅かす蛮族として，また戯画化された存在として描かれることの多かった先住民の人間性が明るみに出され，白人登場人物との友情がモチーフとされた。後者は，逆に，1992 年のロサンジェルス暴動で明るみに出たアフリカ系と新興の韓国系住民の軋轢を踏まえ，異なるエスニック集団の摩擦の問題を正面から捉えた。いずれも多文化主義の浸透とそれをめぐる議論を踏まえた作品と言える。

多文化主義の主張と相俟って，マイノリティ集団の歴史・社会・文化への注目が高まったのは文学の世界も同様である。白人の書き手によるアフリカ系や先住民を題材にした文学作品は古くから書かれており，また先住民には長い口誦文学の伝統が，アフリカ系にも 18 世紀以来の詩や小説あるいはスレイヴ・ナラティヴの歴史があった。ことにアフリカ系の文学の歴史は，アメリカの奴隷制や人種差別との闘いの一環として，またそうした政治的活動との関連を別にしても，アメリカの他の少数民族の文学の追随を許さぬ豊富なものとなっていた。しかし，1960 年代以来のエスニック・リヴァイヴァルと多文化主義の動きとともに顕著になったのは，アジア系アメリカ人やヒスパニック，あるいは，カリブ海地域出身者の手になる文学作品への注目であった。このことは，1965 年の移民法改正に伴い，これらの移民が急激に増大したことを反映したものとも言えるが，一方で，アジア系のように，19 世紀からの移民の歴史がありながら，アメリカ人とし

ての認知がなかなか得られなかったというケースもある。多文化主義は，こうした「不可視」の人種民族集団の社会的・歴史的経験を反映する作品を世に送り出し，彼らの存在を認知させたのである。マクシン・ホン・キングストン（中国系）の『チャイナタウンの女武者』，エイミー・タン（中国系）の『ジョイ・ラック・クラブ』，チャンネ・リー（韓国系）の『ネイティヴ・スピーカー』，ジェシカ・ハゲドン（フィリピン系）の『ドッグイーター』，ルイーズ・アードリック（先住民）の『ラヴ・メディシン』，レスリー・マーモン・シルコー（先住民）の『儀式』，ルドルフ・アナヤ（メキシコ系）の『ウルティマ，僕に大地の教えを』，ジャメイカ・キンケイド（アンティグア出身）の『アニー・ジョン』，エドヴィージ・ダンティカ（ハイチ系）の『クリック？ クラック！』といった作品が評判となり，また大学における必読図書にも加えられた。

　一方，エスニック・リヴァイヴァルおよび多文化主義の隆盛に伴い，少数民族によって書かれたかつての作品の掘り起こしも積極的に行われた。日系アメリカ人二世のジョン・オカダが書いた『ノー・ノー・ボーイ』が1957年の出版後19年を経て再刊され，日本人とアメリカ人という二つのアイデンティティの間で二者択一を迫られた，第2次大戦中の日系人の経験が顧みられたのはその一例である。アフリカ系の場合も，19世紀のスレイヴ・ナラティヴや20世紀初頭のハーレム・ルネッサンスの小説などの掘り起こしが行われ，ハリエット・ジェイコブズの『ある奴隷少女の人生』やネラ・ラーセンの『パッシング』などの作品が再刊された。こうした少数人種民族集団の文学作品への着目と再発見の動きに伴い，大学で教科書として用いられる文学史や文学作品のアンソロジーにも多文化主義の視点を採り入れたものが数多く出版された。

3. 多文化主義と混血化

「私たちの文学」における他者

　多文化主義に伴うマイノリティ文学の隆盛に関して興味深いのは，それ

が多なる文化の共存に向かうというよりは，個々の人種民族集団の歴史や社会・文化の称揚に終始する嫌いがあることである。たしかに，多文化主義に基づく文学史やアンソロジーは，白人作家による文学作品のみではなく，さまざまな少数人種民族集団の文学にも焦点をあて，アメリカの文学を複数の人種民族集団が織りなしてきたものとして位置づけることに成功している。しかしその一方で，先に触れた個々のマイノリティ文学の著作の多くは，それぞれの少数人種民族集団の歴史や社会を紹介したり，それらが過去に，あるいは現在，直面する問題を提示する類のものとなっている。こうした文学作品の出版は，それらの人種民族集団に属する者にとって，それまで手にすることのできなかった「私たちの文学」の獲得を意味したのである。アメリカに生まれ，アメリカに育ったにも関わらず，肌の色をはじめ，外見から主流社会の外部に位置する者と見なされてきた者たちが，社会における自分たちの存在の認知を求め，また自分たちの権利を主張したことはすでに述べたとおりだが，学校教育においても，また，文学研究の場においても，これまで主として白人による主流社会を描いた作品を読まざるを得なかった彼らは，こうした作品により，疎外感を解消することができたのである。

　しかし，少数人種民族集団に属する者たちがこれらの文学作品を「私たちの文学」として称揚し，また作家たちが自らの人種民族集団固有の歴史・社会を好んで描くとすれば，その風潮は多文化主義の批判者たちが主張する「アメリカの分裂」を体現するものと見えたことだろう。多文化主義がそれまでのアメリカ像を修正して，複数の人種民族集団がキルトのようにつなぎ合わされて全体を構成するという新しいアメリカ像を提示するものであるのなら，文学作品の創作と受容においても，単に自身が属する人種民族集団ばかりでなく，他の人種民族集団との接触や繋がりへの着目がなされてしかるべきだろう。こうした観点から眺めたとき，多文化主義の時代に書かれた少数人種民族集団の文学における他の集団の描写，あるいは，集団と集団を隔てる境界線がどのように描かれているかという問題が浮上する。アジア系アメリカ文学を例にとって，この点を考察してみよう。

アジア系に限らず，アメリカの多くのマイノリティ文学において問題となるのは，通常，白人主流社会との関係であり，他のマイノリティとの関係が主たるテーマになることは稀である。古典的なアジア系作家の作品に現れるアフリカ系の人物に話を限っても，オカダの『ノー・ノー・ボーイ』において，アフリカ系の若者たちが，「ジャップ，トーキョーへ帰りな」と言って，主人公の日系人イチローを威嚇する様が描かれ，語り手がこれを「迫害された者の間延びした声による迫害」と形容していること，キングストンの『チャイナタウンの女武者』で，町を徘徊し，狂人とみなされていたアフリカ系の男が，台湾から密入国をはかってフロリダの沼地に潜伏していた男と結びつけられていること，日系女性作家のヒサエ・ヤマモトが短編「フォンタナの火事」で，白人居住区に建てた家に火を付けられて殺されたアフリカ系の家族のことを書いていることなどが僅かな例として挙がるにすぎない。いずれも主流社会から疎外された者同士の連帯感を暗示的に示してはいるが，このようなマイノリティ同士の連帯の姿勢はアジア系アメリカ文学には希薄であった。

　この点から判断すれば，アジア系アメリカ文学，ひいては多文化主義時代のマイノリティ文学が，自分たちの属する人種民族集団の歴史と社会にしか関心を示さず，多文化主義のモデルとされる，相異なる雑多な布地がつなぎ合わされてアメリカというキルトを形成するというイメージを体現するものではなく，むしろ，アメリカの分裂とそれぞれの人種民族集団の孤立主義を表しているとする批判も否定できないものに見えるだろう。だが，より新しい世代の作家たちの作品の中には，マイノリティ同士の関係に焦点を当てる作品，あるいは，マイノリティ同士の関係を考えざるを得ない状況に置かれた者を扱う作品も見られるようになってきた。例として，中国系のギッシュ・ジェンによる『約束の地のモナ』と韓国系のハインツ・インス・フェンクルによる『亡霊となった兄弟の想い出』を採り上げてみたい。いずれの作品も，従来の人種・民族アイデンティティの境界線を曖昧にする可能性を秘めている。

『約束の地のモナ』――別の人種民族への越境

　1997年に出版された『約束の地のモナ』は，1960年代にニューヨーク郊外の町に育った中国系二世の高校生モナ・チャンを主人公とするユーモアと風刺に富んだ青春小説である。しかしこの小説は同時に，中国系，ユダヤ系，アフリカ系，ワスプといったさまざまな人種民族的背景を担う人間の共存とその困難を描き出す多文化主義の教科書といった性格も有している。この作品は，中国系というマイノリティ集団固有の歴史・社会・文化を描くものと言うよりは，ユダヤ系やアフリカ系をはじめとする他のマイノリティ集団との関係を寓意的に描くことにより，アメリカという多民族社会における異なる集団同士の共存のあり方を問いかけるのである。

　ユダヤ系人口の多いスカーズヒルという町で，モナはある時自分もユダヤ人になろうと思い立ち，ラビから教えを受けた後，ユダヤ教に改宗する。モナは仲の良いユダヤ人の同級生バーバラと，シナゴーグが運営する電話相談所の相談役を務めたり，その相談所のアドヴァイザーを努めるヒッピー風のユダヤ人青年セスとの恋愛を経験したりしながら成長していく。一方，両親はアフリカ系に対する偏見に捕らわれ，また，自由と平等を主張するモナを中国系である自分たちの価値観の中に閉じこめようとする。両親が営むパンケーキ屋にはアフリカ系のアルフレッドらが働いているが，彼が住むところを失うと，モナはバーバラとセスと協力して，彼をバーバラと彼女の従姉妹のイーヴィーが住む家に住まわせることにする。するとまもなく，アルフレッドはブラック・ムスリムの思想に感化されたレイをはじめとするアフリカ系の仲間たちを家に連れ込み，バーバラの家は一種のコミューンのようになる。そこで彼らは，イーヴィーやモナ，バーバラ，セスともども輪になって床に座り，手をつないで瞑想したりするのだが，家の貴重品が紛失したことをきっかけに，アルフレッドと仲間たちは家を出る。また，アルフレッドがイーヴィーと関係を持っていたことがバーバラの母親に知れるところとなり，責任を感じたモナの両親はアルフレッドを解雇する。両親，特に母親とモナの関係は悪化し，ついにモナは家を出るが，物語は最終的にハッピーエンドで終わる。

中国系二世として生まれたモナがユダヤ教に改宗することで，中国系アメリカ人の伝統からの逸脱を試みるという筋に見出せるのは，人種民族的出自のみならず，宗教や文化もまた自己のアイデンティティになりうるのであり，しかも人はそれを自由に選択することができるのだという主張である。モナが母ヘレンに言う，「アメリカ人というのは好きなものになれるということを意味するの。そして私はたまたまユダヤ人になったのよ」という言葉は，まさに文化アイデンティティの選択の自由をうたうものである。彼女が続けて言うように，モナは自分の人種を変えることはできない。しかし，宗教は変えることができるのであり，それによって，両親とは異なる新たなアイデンティティを獲得することができるのである。中国系の親から生まれたのだから，中国系の人間の多くに認められる行動や慣習に従わなければならないという本質主義に対し，ここに見られるのは，人のアイデンティティは，少なくとも部分的には選択することができるとする非本質主義である。

　そのことはまた，人は一つの側面のみによって自己を規定するのではなく，複数のアイデンティティを担うハイブリッドな存在であるという考えをも反映する。サラダボウルやキルトといったモデルが示唆するように，多文化主義の視点から見たアメリカ人は，必然的にハイブリッド性を担うものであった。彼らはアジア系，アフリカ系など人種民族的出自に基づくアイデンティティを担うと同時に，アメリカ人という包括的なアイデンティティをも持つのである。しかし，モナの例が示すのは，人種民族的出自とそれが往々にしてもたらす身体的特質——アフリカ系のアルフレッドはモナに，ユダヤ人であるのなら，鼻を大きくしなければと言う——によるアイデンティティに加え，アメリカ人は，通例他のマイノリティ集団のものとして考えられる文化アイデンティティを選択することもできるということである。実際，モナは，人種を変えることはできないと言った後で，公民権運動の活動家であったアフリカ系アメリカ人を真似て，互いを「ブラザー」と呼び合ったり，ソウル・フードを食べたり，頭髪を可能な限りアフロ風にしたりする若者たちにも言及しているし，モナの姉コーリーのルームメートであるアフリカ系のナオミは彼女とともに中国語を学んでいる。

こうしたハイブリッド性に基づく非本質主義的なアイデンティティ観は，しばしば少数人種民族集団の歴史と社会を題材に書かれ，その集団内の結びつきを強固なものにする結果を生んできた多文化主義時代のマイノリティ文学の中では新しいものと言える。『約束の地のモナ』に顕著な特徴は，個々のマイノリティ集団の枠を越え，他のマイノリティ集団の文化的遺産を共有する姿勢に対する賛歌に他ならない。白人主流社会に同化するのでもなく，るつぼの中で溶けあって均質な「アメリカ人」になるのでもなく，マイノリティ集団の独自の遺産を頑なにまもるのでもなく，多くのマイノリティ集団の文化を個々人のバックグラウンドにとらわれることなく共有していくという姿勢こそが，この小説の著者ギッシュ・ジェンの見る多文化主義であり，アメリカ像であるに違いない。

『亡霊となった兄弟の想い出』──異人種間結婚

　もっとも，ジェンが描く流動的なアイデンティティ観が示すのは，あくまで宗教的文化的越境であり，人種を選択する可能性は想定されていない。血縁によって構成される人種民族集団への帰属は変更不能のものとされ，あくまで言語や慣習，行動スタイルや考え方の選択における自由が想定されているにすぎない。しかし，物語の最後で，中国系のモナはユダヤ系のセスと結婚し，アフリカ系のアルフレッドはやはりユダヤ系のイーヴィーと結婚する。この筋立ては，帰属する人種民族集団からの越境というテーマのさらに先にある問題を暗示する。人種民族集団からの越境は異人種間の結婚によって可能になるからである。その結婚から生まれた子どもは必然的に母親と父親の両方の人種的特質を受け継ぐ，出自の上でもハイブリッドな存在となるのである。

　しかし，アメリカの人種関係の歴史を振り返れば，異人種間結婚と混血というテーマは実は深刻な問題を孕んでいる。アメリカの統合モデルという観点から見れば，多民族が共存するこの国において異人種間の結婚が進むことは，国民的統合の進展として歓迎すべきことのように思えるかもしれない。実際，学歴，失業率，平均賃金等で格差があるだけでなく，社会

■　パッシング　■

　一般に，ある人種民族集団に属する者が異なる人種民族集団に属するものと偽って生活することを「パッシング（passing）」と言う。アメリカでは，肌の色の薄いアフリカ系の人間が白人になりかわって生活することを指すことが多い。「ワン・ドロップ・ルール」のもと，外見上白人と大差のない「黒人」も，他のアフリカ系の人間同様，レストランに入店できないなどの人種差別的待遇を受けたが，このような「黒人」は，ときに法的な人種を偽って，白人として振る舞ったのである。

　19世紀末から20世紀前半にかけて，パッシングを題材にした数多くの文学作品が執筆された。ラーセンの『パッシング』のほかにも，マーク・トウェインの『うすのろウィルソン』，チャールズ・チェスナットの『ヒマラヤ杉に隠れた家』，ジェイムズ・ウェルドン・ジョンソンの『かつて黒人だった男の自伝』，ジョージ・スカイラーの『ブラック・ノー・モア』などがよく知られている。

的偏見と憎悪犯罪をももたらしている白人とアフリカ系の異人種間結婚が進めば，人種差別や偏見の是正が進展するだろうという見方もある。アジア系とアフリカ系の混血であるプロゴルファーのタイガー・ウッズが多文化主義の申し子として脚光を浴びたことも記憶に新しい。しかし，アメリカでは長い間，白人と非白人との結婚がタブー視され，また法律で禁じられてきたという事実も忘れるわけにはいかない。異人種間の結婚から生まれてきた者も，両親のいずれかの人種を選択できたわけではなく，州によっては，ほんのわずかでも黒人の血が含まれれば黒人とみなすとする，いわゆる「ワン・ドロップ・ルール」の規定を受けなければならなかった。かつての奴隷制のもとでは，異人種間結婚に対する禁忌にも拘わらず，逆に，白人奴隷所有者が自ら所有する女性奴隷との間に関係を持ち，それのみならず，そのようにして子をもうけることによって自分の奴隷を増やすことすら行われていた。異人種間結婚はこうした重い過去を引きずるテーマであるがゆえに，現代においてすら，一方ではまさに人種のるつぼを進展するものとみなされながら，それに対する強い反発が消えないのである。

　1960年代以降，多文化主義と呼応するかのように発展してきたアジア系

アメリカ文学の世界においても，異人種間結婚が見られないわけではない。アメリカにおいては，アフリカ系と白人の結婚にくらべるとアジア系と白人との結婚はタブー視される度合いが低く，実際，たとえば，タイ系あるいは日系の女性と白人男性との結婚は数が多い。そうした白人との異人種間結婚を，「モデルマイノリティ」であるアジア系アメリカ人の白人主流社会への同化と見なす者もいることだろう。しかしその一方には，より困難な状況のもとに生じた異人種間結婚もある。アジア系の女性がその出身国で，駐留していたアメリカ軍兵士との間に関係を持ち，子どもを生むのはそのような例の一つである。アメリカ人とアジア系の人間の間に生まれた子どもには「アメラジアン」という呼称が用いられることがあるが，近年のアジア系アメリカ文学においては，アメラジアンによる，あるいは，アメラジアンを題材とする作品がいくつか書かれている。韓国系のハインツ・インス・フェンクルによる『亡霊となった兄弟の想い出』はその一例である。

　この小説は，朝鮮戦争後のいわゆる「戦争花嫁」とその子どもに焦点を充てた半自伝的な作品である。主人公で語り手のハインツは，戦争中，韓国人の女性とドイツ系アメリカ人の兵士との間に生まれた。父は家の近くの米軍キャンプに住んでおり，ハインツにはたまにしか会わない。母親は米兵相手の駐屯地売店で働いている。ハインツはアメリカン・スクールに通っているが，そこでは韓国語の使用が禁止されている。アメリカ国内の人種関係はアメラジアンの子どもの生活するアジアの地でも繰り返され，アメリカ人のGIたちは韓国人を軽蔑し，アメリカ人のコミュニティの中でも人種による差別が横行する。たとえば，ハインツの友人でアフリカ系アメリカ人と韓国人との混血であるジェイムズは，アメリカン・スクールの校長によって，「この猿めが」と言われながら，アフリカの彫刻が施された巨大なスプーンで殴られる。彼は自分の家の周囲でも友人ができず，韓国人の子どもたちは「半分黒人である彼に石を投げる。」差別は混血の子どもたちのなかにも伝染し，アメリカ白人と韓国人の子どもであるハインツの別の友人は，アフリカ系に対する差別的な歌を大きな声で歌う。ジェイム

ズとその母は結局韓国を捨ててアメリカへ旅立ち，ハインツの母親も同じようにアメリカへ旅立つ計画を持っている。

　この小説において，異人種間結婚によって生まれたアメラジアンの子どもは，韓国社会でも，またそこに駐留する米兵をはじめとするアメリカ人のコミュニティでも「二級市民」として扱われている。そして，アメラジアンの子どもの間でも，アフリカ系とアジア人の子どものほうが白人とアジア人の子どもよりも厳しい差別を受ける。この小説に描かれるアメラジアンの子どもたちをめぐる状況は，アメリカ国外でのものであるとはいえ，アメリカ国内での人種にまつわるポリティックスを予測させるものであり，『約束の地のモナ』の「エピローグ」に見出される，異人種間の結婚をめぐる希望的な叙述に暗い影を投げかける。ハインツやジェイムズは，自らの意思に拘わらず，人種民族集団の越境を果たしてしまっているのだが，同じ越境ではあっても，モナの文化アイデンティティの選択による越境とは，その社会的政治的意味が明らかに異なる。彼らは文化アイデンティティのみでなく，人種においてもハイブリッド性を具現するのだが，そのことはアメリカの人種に関わる差別構造の直中に投げ入れられることを意味するのである。アメリカに渡るジェイムズやハインツを待ち受けるのは，混血に対する偏見，そしてアフリカ系の血をひく者への差別と偏見であると予測される。異なる人種民族集団の文化を選択し，さらには，人種民族を異にする者同士が結婚することによって，アメリカ人がハイブリッドな存在に変化していくことは，多文化主義からのさらなる進展と言えるだろうが，異人種間結婚と混血化に対する禁忌は，その進展に立ちふさがる大きな障壁となっているのである。

　冒頭で紹介したように，2000年のセンサスにおいて複数の人種を選択することが可能になり，マスコミなどではアメリカの混血化を予測する記事が書かれている。『タイム』誌はすでに1993年の特別号で，複数の人種の特徴をコンピュータで複合した女性の顔を表紙に掲げ，これを移民の流入によって形成される「多文化主義社会アメリカの新しい顔」と評していた

図 12-4　*Time* 1993 年特別号の表紙

（図 12-4）。また，『ニューズウィーク』誌も 2000 年に特別レポートを掲載し，そこで複数の人種民族の混血であるアメリカ人たちを顔写真つきで紹介している。いずれの特集においても，扱われているのが白人とアフリカ系の混血のみではなく，アジア系やヒスパニックなど数多くの人種民族集団の混血であることが注目され，アメリカの混血化というテーマが 1960 年代以来の新移民の大量の流入との関連で論じられている。今後，アメリカ社会において，実際に混血化が進み，それによって長年にわたる人種差別や偏見が解消されるのか否か，安易な予測はできない。しかし，もし混血化が進展すれば，アメリカ社会は再びるつぼのイメージによって語られることにもなろう。そこでは，アフリカ系やアジア系をも含むさまざまな人種民族集団の出自からなる者たちが，るつぼの中で，混血化という真の融合を果たし，複数の人種が混ざり合い，異なる文化的遺産を担うハイブリッド

な存在となるのである。そして，そのような社会の到来を可能にするのは，異人種間結婚とそれにより生まれた子どもたちに対する社会の眼差しの変化であるに違いない。

参考文献

アジア系アメリカ文学研究会，*AALA Journal* 6 (2000).

明石紀雄・飯野正子・田中真砂子『エスニック・アメリカ——多民族国家における同化の現実』有斐閣，1984 年。

油井大三郎・遠藤泰生編『多文化主義のアメリカ——揺らぐナショナル・アイデンティティ』東京大学出版会，1999 年。

ホリンガー著，藤田文子訳『ポストエスニック・アメリカ——多文化主義を超えて』明石書店，2002 年。

Census 2000 Gateway，http://www.census.gov/main/www/cen2000.html，2004.5.1.

（長畑明利）

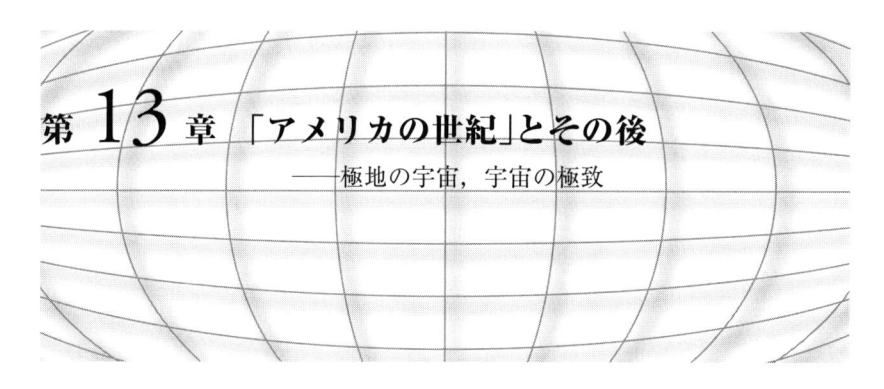

第13章 「アメリカの世紀」とその後
―― 極地の宇宙，宇宙の極致

1. フロンティアの精神と仮想敵の論理

　最初に北米大陸を一瞥したヨーロッパ人は，10世紀末のヴァイキングのひとりビャーニ・ヘルヨルフソンだった。しかし彼は決して上陸することなく北欧へ引き返し，ヴィンランド上陸の手柄を赤毛のエリックに譲っている。その時，上陸をためらったビャーニの心には何がよぎっていたのか。サーガに記される「水にも薪にも不足していないから」という理由，彼がむしろ得体の知れない土地よりも「グリーンランド」のほうに関心を抱いていたという理由は，表面的なものにすぎない。ひょっとしたら，この新しい土地が，夢とともに悪夢をも引き起こすかもしれないことを，彼は見抜いていたのではなかったか。アメリカの夢と悪夢は，アメリカが新大陸として「発見」される以前から始まっている。

　げんにそれより500年ほど遅れた15世紀末，南欧出身のコロンブスは黄金の島ジパングをめざし，北米大陸に到達するも，上陸後には原住民のインディオに対して恐るべき虐殺をくりかえし，むしろ植民者自らの手でこの新大陸へ悪夢をもたらす。さらにいうなら，今日のアメリカを創設したといわれるWASPにしても，北米大陸の丘の上に新しい神の国を構築しようとするまさにその足取りにおいて，ピューリタニズムの教義に適わない異端者や異民族を徹底的に撲滅せんと謀った。アメリカという時空間はたえずフロンティアを更新し続ける一定のユートピアニズムすなわちアメリ

カの夢によって彩られてきたものの、しかしそのユートピア的理想が完全を期そうと欲すれば欲するほどに、たえず仮想敵をも更新し続ける恐るべきテロリズムすなわちアメリカの悪夢が台頭せざるを得ないというパラドックスにも悩まされてきたのである。

にもかかわらず、アメリカが稼働し続けるためには、こうした矛盾せるユートピアニズムの構造を保持しつつも、その拠って立つジオポリティカルな位相だけはたえずズラしつづけていく必要があった。ふつうアメリカのフロンティアといったら、1892 年に消滅するというのが最も教科書的な記述だが、しかしのちにジョン・F・ケネディ大統領が米ソ冷戦の渦中でニュー・フロンティア構想を打ち出すのを引くまでもなく、フロンティアの概念は一枚岩では切れない。かくして、アメリカは地上のフロンティアから宙空のフロンティアへ、物理的なフロンティアから抽象的なフロンティアへ、そしてさらには内宇宙と外宇宙が交わりとてつもない妄想が集団的に増幅されかねない電脳的なフロンティアへと、めまぐるしくフロンティアそのものの本質を塗り替え、それとともに黄色人種から共産主義へ、ソ連からイスラーム圏へと、それが打倒せんとする仮想敵の肖像をもめまぐるしく書き換えていく。必ずしも一定のフロンティアを探求し開発するのではなく、古いフロンティアを新たなフロンティアへとたえず刷新し、それと同時に仮想敵をも再構築し続けていくのが、アメリカの世紀を力強く保証したソフトウェアであった。その詳細については、すでにほかのところで述べたのでくりかえさない（巽孝之『アメリカ文学史――駆動する物語の時空間』慶應義塾大学出版会、2002 年）。

この最終章でとくに注目するのは、昨今では以前ほど情熱的に語られなくなっている宇宙開発である。それは文字どおり「空間開発」といってよい。アメリカという新大陸が支配されたあと、フロンティア・スピリットは消費空間や電脳空間に開発すべき奥行きを見出したが、しかし実体としての宇宙すなわち空間がいまも模索され続けていることは、19 世紀以来の極地探検が 20 世紀には宇宙開発に取って代わったいきさつからも明らかだ。逆にいえば、新しい空間の中に新しい大陸を求める指向にこそ、アメ

リカの世紀が象徴されていたことを，ここではひとつの体系として取り出してみたいと考える。

2. 極地幻想の時代

19世紀の南極幻想

　アメリカ大陸にまだ未踏のフロンティアが残り，西漸運動が高揚していく時代は，まったく同時に，南極をめぐる幻想が燃えさかった時代であった。
　まっさきに思い出すのは，19世紀前半，アメリカ南部出身のジョン・クリーヴ・シムズが地球空洞説を提唱し，絶大な影響をふるったことである。彼は，地球の内部には無数の地球が同心円状に連なっているばかりか，地球の中心をつらぬく一本の穴を通ってわれわれは地球内部を探検でき，その穴の両端こそ南極と北極にほかならない，と措定した。そんな思索がやすやすと展開できたのも，当時はまだ両極ともに到達した猛者がいなかったせいだろう。シムズ自身，1820年にはこの「シムズの穴」の内部に純白の肌の人びとが住む理想郷を描いた小説『シムゾニア』をアダム・シーボーン名義で出版しており，同書こそが彼の理論に傾倒する弟子ジェレマイア・レナルズをしてシムズ説を「新理論」として普及させ，チャールズ・ウィルクスをして具体的な南極探検に着手させ，ロマン派作家エドガー・アラン・ポーをして『ナンタケット島出身のアーサー・ゴードン・ピムの体験記』（1838）を執筆させるに至る。
　ちなみに，ウィルクス指揮するところの探検が議会を通過したのは1836年，じっさい探検隊が出発したのが1838年。アメリカにおける南極探検熱はこのころから高揚しつつあり，それはすべて地球空洞説と絡み合っていた。以後も，この理論は大西洋を超えて猛威をふるい，ポウに感化されたフランス人作家ジュール・ヴェルヌが『ピム』続編として『氷のスフィンクス』（1885）を書くばかりか，それに先立ち，『地底旅行』（1865）において空洞地球内部に暮らしつつ闘争する古代恐竜たちを描いたことは，忘れがたい。

20世紀の極地探検

　20世紀を迎え，1909年にはアメリカの探検家ピアリーが北極点を制覇してしまったため，1910年から1912年まで南極一番乗りを賭けたデッドヒートが起こり，とりわけ1911年12月14日にはノルウェーの探検家ロアルド・アムンゼンが，それに1ヵ月遅れた1912年1月17日にはイギリスの探検家ロバート・スコットがつぎつぎと南極到達を遂げる。アムンゼン＝スコット基地が成立したゆえんだ。ちなみに，まったく同じ時期に彼らと競い合い，1912年1月28日に南緯80度の地点へ到達したのがわが国の白瀬矗陸軍中尉であり，流氷とブリザードのためそれ以上の南進を諦めるも，以後，南極の地図には白瀬海岸の名が刻まれるようになる。スコット隊が帰路遭難したことを考えると，このときの白瀬の退却は英断と評価されてよい。ちなみに，同じ1912年の4月14日には，かの豪華客船タイタニック号が，北太平洋で遭難。第一次世界大戦の勃発した1914年8月には，初の南極横断を試みたイギリス人探検家アーネスト・シャクルトンがエンデュアランス号で出航するも，五ヵ月後の1915年1月には氷にはまりこみ遭難し，乗組員たちは以後1916年8月まで，何と19ヵ月もの艱難辛苦。これらのエピソードは，当時の探検熱と観光熱に高いリスクが伴っていたことを証言しよう。

　いずれにしても，ようやく20世紀に至って，とりわけスコットが残した調査記録から，南極が地球空洞説の根拠どころかアトランティスやレムリアなど失われた大陸の系統ですらなく，まさに今日わたしたちが知るような自然科学的対象であることが明らかになった。昨今では，1990年代以降，南極横断山脈でジュラ紀前期の恐竜の化石が発掘され，古生物学的調査が本格化しているほどだ。南極のすがたは，いまこそめくるめく変容を遂げているのである。

3. アポロ計画の夢と悪夢

ロケットの世紀

　そのような極地幻想が宇宙幻想を導き出したのは，論理的必然だった。前掲ポーは『アーサー・ゴードン・ピムの体験記』で地球空洞説に立脚する南極幻想を表現したが，まったく同時に「ハンス・プファアルの無類の冒険」（1835）のごとき月世界旅行を主題にした小説も書いており，双方は決して無縁ではない。物理的空間のフロンティアは想像力のフロンティアを導くが，その逆に，想像力のフロンティアから物理的フロンティアが開拓されることも往々にしてありうるからである。

　ふりかえってみると，20世紀を生きた人類が初めてほかの天体を探検したのは，1969年夏にアメリカのアポロ11号が歴史上初めての月面着陸を成し遂げたときだった。その前年1968年にはスタンリー・キューブリック監督の『2001年宇宙の旅』が封切られ，そこでは月面で奇怪なる漆黒の直方体が発見される光景が印象的に演出されていたから，月面探検に託されたアメリカの夢は，いやがおうにも高まっていた。現実のアポロ11号の月着陸は，まさにその夢を成就する瞬間にほかならない。その結果，これまでおびただしい神話伝説で語られてきた月をめぐるイメージは，修正を余儀なくされる。そこには竹から生まれたかぐや姫のすがたもなければ，もちをつくウサギのすがたもなく，女神アルテミスもいなかったのだから。

　しかし，この時に成功した月面進出が，泥沼化するヴェトナム戦争のさなか，いってみれば米ソ冷戦の絶頂期に行われたことを忘れてはならない。ここでもまた，新たなフロンティアの征服は新たな仮想敵との戦争と裏腹の関係を結ぶ。

　アメリカ・メタフィクションの巨匠トマス・ピンチョンの第三長篇『重力の虹』（1973）が主題化したように，20世紀はある意味でロケットの世紀であった。第2次世界大戦下，ナチス・ドイツがヨーロッパからロンドンを襲撃するのに着々と生産しヒトラー最大の報復兵器となったのが慣性誘

> ■　核戦争作家サリンジャー　■
>
> 　20世紀アメリカ文学を代表するJ・D・サリンジャーといえば青春小説の傑作『ライ麦畑でつかまえて』(1951年)が有名だが，彼には戦争文学者としての顔がある。じつは何よりも『ライ麦畑』の中にこそ，その最大の可能性が隠されている。というのも，同書第18章には，主人公で語り手を務める少年ホールデン・コールフィールドが，下記のように語る一節が含まれているからだ。「とにかく，僕は，原子爆弾が発明されて，うれしいみたいなもんだ。今度戦争があったら，爆弾の上にまたがってやるよ」(ペンギン版126頁，白水社版の野崎孝訳と村上春樹訳双方を参照)。
>
> 　このくだりが大切なのは，以後，キューバ危機をはさむ1964年のキューブリック監督作品『博士の異常な愛情』において，アメリカ空軍爆撃機B52に搭乗するキング・コング大尉が，あたかもサリンジャーの一節をなぞるかのように，文字どおり核弾頭にまたがりテンガロンハットをふりまわし「ヤッホー！」と叫んで落下していく場面を含んでいるからである。ケッパー基地司令官は，第2次世界大戦末期に日本焦土作戦を実行したカーチス・ルメイ将軍がモデルというが，昨今で興味深かったのは，この作品からきっかり40年後の2004年，サリンジャーとキューブリックにともに影響を受けた矢作俊彦が長篇『ららら科學の子』(文藝春秋，2003年)で三島賞に輝いたことだろう。その第23章には，こんな一節がある──「志垣に話すと，声をたてて笑った。おまえ，原爆が発明されて嬉しいみたいだぜ。／彼は答えた。同じように笑って。今度，戦争があったらその(原爆の)上に跨ってやるよ。もし，そこに居合わせざるを得ないなら，ロデオのカウボーイのように跨って，テンガロンハットを振ってやる」。

導方式ミサイル・V2ロケット(Vは報復のV〔Vergeltungswaffen〕)であり，これこそは大陸間弾道弾や核戦争の悪夢と恐怖をもたらすとともにアメリカ的宇宙開発への夢を募らせていくのだが，そもそもこれを実現したナチス技術者ウェルナー・フォン・ブラウン自身が「アメリカ宇宙開発の父」なる栄誉をも掴む。V2ロケットは大戦後に消え去ったのではなく，むしろフォン・ブラウンらドイツ人ロケット工学専門家たちがアメリカへ連行され協力要請された結果，今日の軍事ビジネスにも宇宙ビジネスにも何かし

図 13-1　スタンリー・キューブリック監督作品『博士の異常な愛情』
（©INTERFOTO/AFLOFOTOAGENCY）

ら影を落とす。ソ連は V2 ロケットをいくつか捕獲したあげくに四百基にものぼる複製を完成させたほどだし，V2 技術を盗用＝再利用したレッドストーン・エンジンは 1958 年，アメリカ初の人工衛星エクスプローラー打ち上げに大いに貢献した。その前年，1957 年にソ連のスプートニク打ち上げが成功してしまったことがアメリカ側の競争心を劇的に煽り立てたのは，まず疑いない。1950 年代のドワイト・アイゼンハワー政権はたしかに冷戦の絶頂期にしてパクス・アメリカーナとも呼ばれるアメリカ黄金時代を迎えたが，それが 1960 年代初頭のジョン・F・ケネディ政権とともに，いつ核戦争が起こり全世界が滅んでもおかしくない 1962 年のキューバ危機をもたらすのは，冷戦がけっきょくロケット戦争だったことを最も協力に裏書きしよう。そうした国際的緊張を睨まざるをえない 1963 年，すなわちケネディ暗

殺の年にスタンリー・キューブリック＝ピーター・ジョージ＝テリー・サザーンの共同脚本になるブラックユーモア映画『博士の異常な愛情』（図13-1）が製作され翌年1964年に封切られたこと，それが核戦争小説の傑作である小松左京の『復活の日』発表と同年であったことは，決して偶然ではない。

変質する宇宙開発計画

　かくして後のアポロ計画から湾岸戦争，それにイラク戦争に至るまで，V2ロケットの末裔たちはいたるところで活躍中だ。そもそも，それらのスペクタクル映像を映し出して全世界へ届け，わたしたちの直接的な「現実」を組み立てている衛星放送システムそのものが，進化したV2ロケットたちにほかならない。したがって，こうしたロケット工学こそは，ひとつの奪取すべき聖杯として，米ソ冷戦時代から9.11同時多発テロ以後の時代までを彩る。戦争のためにロケットが利用されるというよりは，ロケット同士がその完成度を競うところ，そこに国威発揚を見るところにこそ真の戦争があった。

　してみると，1969年に決定的な曙を見たはずの宇宙開発が遅れているのは，何とも奇妙に見えることだろう。なぜか。作家・小川一水もいうように，ひとつの理由は予算だ。アポロ計画全体で10兆円もの予算が使われながら，チャレンジャー号を代表とする事故による被害が少なくなく，2000年の段階でも軌道上にものを運搬するのに4億円から10億円の予算が必要である。もうひとつの理由は動機だ。宇宙開発初期には，少なくとも国威発揚という起爆剤が保証され，月着陸以後も，米ソ間ではスカイラブ計画とサリュート計画，スペースシャトル計画とブラン計画，フリーダム計画とミール計画などがつばぜり合いを演じたが，冷戦解消以後，アメリカ的資本主義が全世界を覆い尽くしてからというものは，科学の発展よりも利益の獲得なるお題目のほうが優先し，インターネットやカーナビゲーション，地表図作成のための衛星打ち上げばかりが頻発するようになり，学術的目的のための有人宇宙船による外宇宙探査などは，予算の無駄遣いと目

されるようになる。それでは，ほんとうにアポロ時代のフロンティア・スピリットは失われてしまったのか。

4. 火星をめぐる物語

月から火星へ

　必ずしも，そうとは言い切れない。
　2003年8月27日に観察された火星大接近は，火星と地球とのあいだが5,600万キロメートルにまで縮まる点で，21世紀全体を通してもめったにない大事件であった。火星は2年2ヵ月ごとに地球に接近し，15年から17年ごとに大接近が起こるが，今回ほどに近づくのは，人類の歴史上でも5万7千年ぶりになる。これが火星小接近であれば1億キロメートルほども離れてしまうため，いかにちがうかは明らかだろう。今回を逃すとこれに準ずるものは2050年8月まで，これと同じほどの大接近は2287年まで，ありえない。
　そのせいか，このところ再び，火星をめぐるさまざまな論議が沸騰し，開拓者精神すなわちフロンティア・スピリットが再燃して，火星への関心が高まっている。これを奇妙な現象と受け取る向きも，あるかもしれない。というのも，もともと女神アルテミスとは対照的に，軍神マースは，好戦的なオリュンポスの神々から見ても残虐きわまる存在だった。不和の女神ディスコルディアとは兄妹，死者の国の王プルートーとは親友。さらに19世紀末にはイギリス作家H・G・ウェルズが代表作『宇宙戦争』(1898)でグロテスクな地球侵略者であるタコ型火星人まで登場させたのだから，印象は強烈だ。月の優しさに比べて，火星の怖さは格別なのである。
　にもかかわらず，どうしてわたしたちは火星に長く惹きつけられてきたのか。いちばん大きな理由は，やはり太陽系において，火星は地球のお隣りであるばかりか，第二の地球といってもいいぐらいよく似ている，ということだろう。もちろん，その大きさだけとれば，火星は地球のほぼ半分ぐらいしかない。重力もはるかに弱いし，そこにはいまのところ海も存在

図 13-2 火星のマリネリス渓谷
（©小森長生『火星の驚異　赤い惑星の謎にせまる』平凡社，2001 年）

しない。ところが，おもしろいことに，火星の全表面積というのは，地球における陸地の全表面積とほぼ等しい。それから何よりもわたしたちが親近感をおぼえるのは，火星の自転周期が 24 時間 37 分，つまり地球の 1 日である 24 時間とほとんど同じだ，ということだ。ただし火星の公転周期は 1.88 年，つまり地球の 2 倍近いので，季節の移り変わりのほうは地球における春夏秋冬がそれぞれほぼ 2 倍の長さに渡って続く。

火星文学の発展

　それでは，火星をめぐる物語は，いったいどのように発展してきたのか。これが肝心なのは，文学史上の火星像の中にこそ，アメリカ的フロンティア・スピリットを刺激する物語がふんだんに詰め込まれてきたからだ。火星をめぐる物語は，着実に宇宙をめぐる計画を促進してきている。その水準において，物語は現実と，文学史は文化史と不即不離の関係を結んでいる。ここで，わたしは火星をめぐる物語の発展段階を，おおむね三つに分けて考える。

　まず第一に，火星というよりも火星人にポイントが置かれた物語。第二に，火星をきっかけにして人間の内面世界を探求し宇宙開発批判を行う物語。そして第三に，じっさいに火星へ赴き人類が火星を地球なみの住みやすい環境へ改造しようとする，開拓者精神つまりフロンティア・スピリットあふるる物語。

　第一の段階である火星人をめぐる物語という点では，イギリス作家 H・G・ウェルズが 19 世紀末，1898 年に単行本として出版するに至った前掲『宇宙戦争』をもって嚆矢とする。19 世紀後半には，フランスの天文学者カ

ミーユ・フラマリオンやアメリカの天文学者パーシヴァル・ローウェルのように，火星の表面に走る無数の線を火星の運河と見て，運河が建設されているぐらいだから，それだけの技術をもつ高度な知的生命体が棲息しているはずだ，つまり火星には火星人が住んでいるはずだ，という学説をうち立てる人びとがいて，多大な影響を与えていた。かくして，地球を襲ってわがものにしようとする知的生命体のイメージが生まれ，ウェルズ以後，火星人転じては宇宙人といったらタコやイカ，エビやカニといった，いわゆるシーフード系であるという固定観念がもたらされた。『宇宙戦争』がいちばんの衝撃を与えたのは，今後火星人に地球が植民地化されたら，地球人は火星人のペットないし家畜にされてしまうしかないのではないかと匂わせているところだろう。ウェルズがこの小説を発表し，とくにアメリカで絶大な評判をまきおこした世紀転換期は，ちょうど日清戦争から日露戦争へ至る時代だったので，そこには当然，アングロサクソン系の帝国に暮らす人間が黄色人種すなわちアジア系の進出を恐れる気持ちが働いていたのかもしれない。

　おもしろいことに，このウェルズの小説が1937年にオーソン・ウェルズによってラジオドラマ化された折には，ほんとうに火星人が襲来してきたのだと思って人びとが逃げまどうという，一大パニックまで起こっている。この精神は今日のハリウッド映画においても，ローランド・エメリッヒ監督の『インディペンデンス・デイ』(1996)やティム・バートンの『マーズ・アタック！』(1997)にも引き継がれた。ただし，大急ぎで付け加えておかなくてはならないのは，1965年から1973年にかけてアメリカの火星探査機マリナーが，そして1976年のヴァイキング計画におけるランダー1号，2号が，火星には運河どころか海すら存在しないこと，しかも生命の存在すらありえないことを明らかにしたことだろう。

　このような火星探査計画によるイメージの修正が図られたあとには，むしろ火星をきっかけにして人間の内面世界を探り，宇宙開発を風刺するたぐいの物語が発表されるようになる。ここで，火星をめぐる物語はその第二段階へ入る。たとえば火星探査機マリナーの計画がスタートしたすぐあ

と，アメリカ作家フィリップ・K・ディックは短篇小説「追憶売ります」を発表し，これはのちの1990年，ポール・ヴァーホーベン監督，アーノルド・シュワルツェネッガー主演の映画『トータル・リコール』として製作されるが，この作品は何の変哲もない安月給のサラリーマン・クウェールが火星旅行を夢見るあまりにとうとうにせものの記憶を販売するリコール株式会社の門を叩き，「惑星間刑事警察機構の秘密捜査官として火星に出張」というコースを選ぶも，事実はまったく逆で，平凡な一市民としての記憶のほうこそじつはにせものであり，従順な妻カーステンもクウェールの監視役だったことが判明するという物語である。

　いっぽう，外宇宙開発に血道をあげるアメリカニズムを一貫して批判してやまないイギリス作家J・G・バラードは，1992年に傑作短篇小説「火星からのメッセージ」を発表した。2001年にアジア系による宇宙進出がはじまるとアメリカ航空宇宙局は一念発起，ついに本格的な火星探査計画をスタートさせる。2007年には5人の多国籍宇宙飛行士を乗せたゼウス4号が出発，ぶじ火星を探検して，2008年には地球へ帰還。ところが，歓迎パーティの準備が整う中，宇宙船の中からは誰ひとり出てこない。どのような説得工作も成功を収めぬまま，10年がたち20年がたち，とうとう60年以上の年月がたつ。いったい何があったのか，いっさいは不明のまま。その間，アメリカの開拓者精神を代表していた宇宙船そのものが本来の機能を失い，いまでは遊園地の一角を占めるばかり。物語はカフカ的寓話の余韻を残して幕を閉じる。

　こうしたディックやバラードの手法は，まだ地に足のつかなかったアメリカ的な宇宙開発に対する痛烈な風刺として，意味を持っていた。

　ところが，じっさいには1980年代から90年代にかけて，英米SFでは，最新の火星に関する知識をフル活用して，具体的にそこに移り住み，地球とそっくりな環境で暮らしていこうとする人びとを描く作品が増えてくる。もともと20世紀初頭のアメリカでは，スペースオペラすなわち宇宙版西部劇の元祖である作家エドガー・ライス・バローズの作品群にも見られるように，火星は新たなるアメリカ西部のフロンティアで，火星人は新たなる

アメリカ原住民だという図式があり，これは1950年代に抒情詩人レイ・ブラッドベリの発表する『火星年代記』(1950)にも受け継がれるが，しかしまだその段階では，火星はアメリカ西部のようなものだ，というたとえにすぎない。

やがて，1970年代のヴァイキング計画の結果，火星に生命が存在しない，ということが確実になってからというもの，それでは火星を地球と同じような環境に造り替え，地球人が住みやすいようにしてしまってもいいのではないか，というきわめて具体的なかたちのテラフォーミング，すなわち惑星地球化計画が検討されるようになる。アメリカ開拓の歴史は植民地化の歴史だから，火星でもそのシナリオがなぞられるというわけだ。ここで火星をめぐる物語はその第三段階に入る。その代表として，イギリス作家イアン・マクドナルドが1988年に発表した長編小説『火星夜想曲』と，アメリカ作家キム・スタンリー・ロビンスンの手になる，後述する火星三部作 (1992-1995) を挙げておく。

イアン・マクドナルドの『火星夜想曲』は，現実にテラフォーミングが行われ，ひとびとがそこに住んでいる未来の現実社会から出発するが，まさにそうした現実社会の中で，それも小さな町の中で，時間や空間を超越するような魔術的空間が時折割り込んでくる。作者はこの火星の町を，アメリカ西部ではなくアフリカはナイロビに実在する町の雰囲気で描きあげた，といっているが，さらに全体を貫いているのは，ガブリエル・ガルシア＝マルケスらに代表されるラテンアメリカ文学における魔術的リアリズムの多文化的なスタイルなのである。

5. 究極のネイチャー・ライティング

キム・スタンリー・ロビンスンの横顔

つぎに，本章をしめくくるのに，20世紀末を飾る極地文学および火星文学として最高峰をきわめたキム・スタンリー・ロビンスンという作家について，少々詳しくご紹介しておきたい。地球空間のみならず宇宙空間をも

「自然」と捉え、新たなネイチャーライティングの可能性まで追求する彼の方法論は、アメリカニズムの将来を確実に占うからだ。

キム・スタンリー・ロビンスンは1952年3月23日、イリノイ州のウォーキーガンに生まれ、西海岸は南カリフォルニアで育つ。カリフォルニア大学サンディエゴ校に入り、大学院修士課程ではボストン大学へ進むも、最終的には1982年にカリフォルニア大学サンディエゴ校の博士課程を修了。今日では映画『ブレードランナー』や『トータル・リコール』『マイノリティ・リポート』の原作者として広く知られる前掲フィリップ・K・ディックを研究対象に博士号請求論文を執筆し、これはのちの1984年、UMIから公刊される。じつをいうと、筆者が初めてロビンスンの名前を知り彼の書くものを手に取ったのは、この論文『フィリップ・K・ディックの小説』が最初であり、遺作『ヴァリス』をめぐる秀逸な分析に舌を巻いた記憶がある。このときのロビンスンの指導教授というのが、北米ではマルクス主義批評の大御所にしてポストモダニズムの理論家、本邦でも『政治的無意識』など翻訳の多い、現在デューク大学教授のフレドリック・ジェイムソンで、以後、本書をも含むロビンスン作品には必ずといっていいほど深い影を落とす。目下、ロビンスンはサンフランシスコ近郊に位置するカリフォルニア州デイヴィスに、環境化学者の妻リーサとふたりの息子とともに暮らしている。かつて80年代にはスイスにしばらく住んでいたこともあるものの、いまではこの町で自然を愛し、地域共同体のニューズレター編集にも精を出す。カリフォルニア大学デイヴィス校でも教鞭を執り、先輩詩人であり最後のビート作家でもあるゲイリー・スナイダーと親密な関係を結ぶ。

ここで興味深いのは、1984年というのが、彼の博士号請求論文とともに、事実上のデビューにあたる二大長篇『荒れた岸辺』と『アイスヘンジ』の出版された年でもあるということだ。とくに前者はロサンジェルス南の太平洋岸に位置するオレンジ群を舞台に、核攻撃後60年のうちに孤立させられた近未来アメリカでいかにサバイバルしていくかをティーンエイジャー集団を中心に描くポスト・アポカリプスSFとしてヒューゴー賞長篇部門賞候補になるなど高い評価を受け、彼はさらに続編のディストピアSF『ゴー

■ 先端宇宙技術 ■

　惑星地球化ないし惑星環境工学の訳語で親しまれるテラフォーミング（terraforming）なる専門用語は，1942年にアメリカSF界の長老ジャック・ウィリアムスンがその作品〈シーティー〉シリーズで初めて使い，それ以後，地球以外の惑星に人類の居住可能な環境を建造する概念として，現実の科学技術にも大きな刺激を与えてきた。ふりかえってみると，そもそも今日のインターネット社会をもたらした衛星放送技術にしても，それより3年後，イギリスのSF作家アーサー・C・クラークが「地球外中継」（1945）なる〈ワイヤレス・ワールド〉誌発表の記事の中で構想したのが最初。そこで彼は，3基の人工衛星を打ち上げテレビ中継を行えば，全地球的ネットワークができあがることを説明している。さらにクラークがもうひとつ，SF小説によって現実の技術へ大きな衝撃を与えたのが，軌道エレベータの発想だ。これはロシアのロケット工学者コンスタンチン・ツィオルコフスキーが1895年のエッセイ「空と大地の間，そしてヴェスタの上における夢想」の中で，赤道上から高度3万6,000キロメートルまで伸びる塔を建てていけば，引力と遠心力が均衡し無重力状態となり，さらに高く昇れば遠心力の作用で人間はもとへ投げ返されるはずだと構想したのが起源。しかし，現実の技術上はさまざまな障害があるため，以後，理論的な再検討を経たあと，1960年にはレニングラード大学のユーリー・アルツターノフが，こんどは地上から塔を建てていくのではなく，静止軌道上から上下に伸ばされる柔軟構造のチューブを構想する。その魅力をまんべんなく活かしたのがクラークのSF小説『楽園の泉』（1978）であり，この一冊が以後の軌道エレベータ技術の進展に決定的影響を与え，2004年にはブッシュ政権がイラク戦争後の明るい話題として，15年後の実現へ向け，新宇宙政策へ組み込むことになる。

ルド・コースト』（1988），さらなる続編のエコトピアSF『太平洋岸』（1990）を刊行，これら三長篇は絶望から希望を見出す「オレンジ群三部作」として親しまれる。

　だが正確なところ，予定としてはこの三部作以前に完成し出版予定の長編小説があった。それが1985年，宇宙そのものを表現する究極の音楽を主題にした異色の交響楽的SF『永遠なる天空の調』（内田昌之訳，創元SF文庫／原題 The Memory of Whiteness を直訳すれば『白の記憶』）である。それま

でロビンスンといえば、『荒れた岸辺』と同じ1984年にウィリアム・ギブスンが第一長篇『ニューロマンサー』を出版したあと一大ブームをまきおこしたサイバーパンク陣営とはまったくの対極を成すヒューマニスト陣営の作家という印象ばかりが先行したが、本書を一読して、その先入観はまるっきり変わってしまった。クラシックとロックが異種混淆するばかりでなく、音楽がSFになりSFが音楽になるような、いわばキメラの音楽文学こそは、ロビンスンの隠れたる原点を成す。以後の『南極大陸』でも、ワーグナーやドビュッシーなどクラシックへの造詣からジミ・ヘンドリックスを彷彿とさせるロックの描写まで、随所からあふれだすロビンスン的音楽観をも楽しむことができる。

火星文学の最高峰

　しかし、何といってもSF作家キム・スタンリー・ロビンスンを確立したのは、『レッド・マーズ』（92年発表、93年度ネビュラ賞長篇部門賞）『グリーン・マーズ』（93年発表、94年度ヒューゴー賞長篇部門賞）『ブルー・マーズ』（95年発表、97年度ヒューゴー賞長篇部門賞）の通称「火星三部作」に尽きる（2006年の現時点で最初の二作のみ大島豊訳、創元SF文庫）。

　火星三部作の背後には、前述のとおり、1970年代のヴァイキング計画の結果、火星に生命が存在しない、ということが確実になってからというもの、それでは火星を地球と同じような環境に造り替え、地球人が住みやすいようにしてしまってもいいのではないか、というきわめて具体的なかたちのテラフォーミング、すなわち惑星地球化計画が検討されるようになった経緯がひそむ。その結果、ロビンスンは最終的には人類の夢想でしかなかった火星の運河を建設するところまでまざまざと見せてくれる、アーサー・C・クラークらSF界の巨匠たちが口をそろえてこれを1990年代火星SFの最高傑作と讃えた理由が、ここにある。とりわけいちばんの読みどころは、最初の火星植民のうち、「最初の百人」と呼ばれる人びとがさまざまな論争を経てテラフォーミングを決断していくいきさつだろう。テラフォーミングについてまわるのは、仮に火星に少しでも生命の可能性があった

らそれは原住民とも呼べる存在だ
し，その生態系を変質させてしまう
惑星地球化計画，いいかえれば植民
地化はいかがなものか，という疑問
である。火星三部作では，こうした
テラフォーミングに反対する陣営が
「レッズ」，テラフォーミングに賛成
する陣営が「グリーンズ」と呼ばれ
る。ところが，とうとう惑星地球化
が促進されるようになり，人材や物
資をより円滑かつ迅速に輸送するた
め火星の地表上から軌道上の小惑星
とのあいだに伸びる壮大な宇宙エレ
ベーターまで敷設されるも，あると
き火星植民地内部で革命が勃発，こ
の巨大な宇宙エレベーターが倒壊す
るという大事件が起こる（図 13-3）。

図 13-3　宇宙エレベーター
（©長谷川正治画「火星の軌道エレベータの遠景」
『軌道エレベータ』（石原・金子共著）裳華房，
1997 年）

これは 1990 年代初頭に書かれた『レッド・マーズ』のクライマックスだが，
いま読むと，それこそ 2001 年の 9.11 同時多発テロにも迫る衝撃的なスペク
タクルに，誰しも目を見張るはずだ。ちなみに，同三部作はジェイムズ・
キャメロン監督の手で映像化が決まっているという。

　以後の火星研究は，じつのところロビンスンが火星三部作を完結した矢
先の 1996 年，アメリカ航空宇宙局が，火星から飛来した隕石のなかに生命
の可能性があるという発表を行ったため，またしても新しい方向へ進みつ
つある。

　ロビンスン自身も，1997 年に『南極大陸』を出したあとには，2002 年に
歴史改変小説の傑作『米と塩の歳月』でヒューゴー賞長篇部門最終候補に
残り，新境地を開拓した。これは中世の黒死病がヨーロッパをほぼ壊滅さ
せ，以後 21 世紀へ至るまでの世界史七百年間が中国系とイスラム系の覇権

で動き，啓蒙主義もインドで勃興し，アメリカ大陸も彼らと北米原住民から成る三大勢力に統治されているという，とんでもない作品。彼の愛するディックは第二次世界大戦後，アメリカが日本とドイツに分割統治されているという歴史改変小説『高い城の男』(1962) をものしたが，いってみればその達成をさらに壮大なるスケールで更新しようとする野心作といってよい。

火星は南極である

このようにロビンスン作品を概観すると，彼がいかに全地球的なパースペクティヴから大陸の自然史そのものに深い興味を抱いてきたかがわかるだろう。そこには，もちろん彼個人が世界の山々をめぐる強健なる登山家であり，1960 年代文化の影響の強いエコロジストであるという背景がひそむ。しかし，ここで大切なのは，彼が火星を描くときにも南極を描くときにも，とりたてて区別していないことだ。両者のちがいはせいぜい，作家がさすがに火星の砂は踏んだことがないが，南極には 1995 年，本書でも言及される米国科学財団 (NSF) の援助でじっさいの調査に赴いたことがあるという点にすぎない。この調査は，ロビンスンの作風のみならず火星三部作とも関わりの深い『南極大陸』そのものを理解するのに重要なのでいま少し補足しておくなら，彼はすでに 1990 年代の初頭，火星三部作第一作『レッド・マーズ』を書いているとき，南極のドライ・ヴァレーが地球ではいちばん火星的なところだという情報をつかみ，さらに NSF の恩恵を受けたスティーヴン・パインの『氷——南極への旅』(1986) に大いに刺激されて，自身も NSF の研究助成金に応募したことがあった。ところがこのときには，彼が執筆しているのが火星 SF というのでいったん落選している。

一念発起したロビンスンは，火星三部作全体をすでに書き終える段階で，こんどは南極小説を書くという目標を掲げた申請書を提出，これがめでたく審査を通り，1995 年の NSF 援助による南極調査が可能になったというわけだ。ドライ・ヴァレーの中にマーズ・パスファインダーが着陸した火星風景と酷似した部分を発見して，彼が驚喜したのは言うまでもない。その

結果，1997年に完成したこの小説は南極のNSF売店にも置かれ，誰よりも何度も越冬を経験している南極人たちからの賞賛を浴び，1999年には作家本人がほかならぬNSFで「ディストピアSF『南極大陸』を書いた著名SF作家」なるふれこみで講演に迎えられている。

　それでは，火星との縁浅からぬ南極は，どのように物語化されたのだろうか。

　もちろん，先行作品としては，前述したわが国の小松左京の『復活の日』(1964) が，全世界に疫病が蔓延したためサバイバルしようとする人びとが避難し群れ集う拠点としての南極を描き出している。またアメリカ作家ジョン・カルヴィン・バチェラーの『南極人民共和国の誕生』(1983) もまた，近未来の中東戦争と石油危機によりヨーロッパを中心とする世界秩序が崩壊し，難民が南極をめざすという，9.11同時多発テロ以後の現在を先取りしたような南極像を，北欧神話とともに分厚く構築してみせた。そうした南極文学史がすでに紡がれているところへ，キム・スタンリー・ロビンスンは自らの南極体験をふまえつつ，1997年に南極小説の決定版『南極大陸』を発表する。

　舞台は21世紀と思われる近未来。世界は石油不足に悩み，それまでこの極圏を純粋な科学的研究の対象と定めてきた南極条約の存続すら危うくなるほどに，多国籍企業体が虎視眈々と南極進出をもくろむ。南極の石油資源は約500億バレルにのぼると推定されるからである。だが，そこで相争うのは，さらに急進的な環境保護運動を促進する国際的エコタージュ組織（"ecotage" は生態学［ecology］と妨害活動［sabotage］をかけあわせた造語）と，南極においてもむきだしの自然から何とか糧をしぼりだし自給自足の意義を追求するフェラルなる多民族集団（"feral" は野生に返る者の意だが，彼らはむしろ南極人たることを自覚する）。そんな構図の中で，環境保護論者であるアメリカ上院議員フィル・チェイスのスタッフとしてやってきたウェイド・ノートンは，エコタージュ組織がシステムの弱点を突くテロリズムへの対抗措置を練る。登山家であるとともに南極ガイドを務める長身の美女ヴァレリー（ヴァル）・ケニングは自分たちを救ってくれたフェラルとともに暮ら

すことを考え始め，そしてヴァルの元恋人で一般野外作業補助員であるXは，探鉱キャンプの爆破事件や通信妨害といったテロリズムに遭遇したあと，南極大陸最大のマクマード観測基地とも無縁ではないところでフェラルの生き方を継承できないかと思案する。この物語全体に枠組みを付しているのが，じっさいにガイドを務めるヴァルではなく，中国系風水師でもある詩人ジャーナリストのタ・シュウだという仕掛けもおもしろい（本書とまったく同年に出たトマス・ピンチョンの長篇『メイソン&ディクソン』にも舞台は18世紀ながら中国人風水師が登場する）。タ・シュウがとてつもなく陽気で独特な語りによって南極旅行の実況中継を続け，先行する南極探検家たちの業績を語り伝えていく構成は，この舞台をずっと親しみやすいものにしている。そうした概説をふまえてこそ，ヴァルとともに作者自身が，アムンゼンやスコット以上に前掲シャクルトンの偉業を賞賛するという，本書ならではの態度が伝わってくる。

　その結果出来上がった本書のかたちは，SFとも冒険小説とも政治小説ともユートピア小説ともエコ・スリラーとも見られるが，しかし何よりふさわしいジャンルがあるとすれば，19世紀ロマン派作家ヘンリー・デイヴィッド・ソローの伝統を継ぎ，現代では西海岸詩人ゲイリー・スナイダーを教祖と仰ぐビート以後のポストモダン表現者たちによる「自然文学」（ネイチャー・ライティング）にほかなるまい。

宇宙小説と自然文学の交点で

　くりかえすが，火星と南極はロビンスンの中では相互に補い合う自然景観を成してきたということ，それが肝心だ。かつて60年代SFの過激派作家は外宇宙よりも内宇宙を指向したが，80年代から21世紀を見通す視点をもつ作家ロビンスンはさらなる過激派というべきか，自然景観という名の秩序の中に，地球はもちろん地球外惑星をも組み込む想像力を発揮してみせる。彼の中では，火星をテラフォーミングする以前に「すでにわれわれ自身が地球をテラフォーミングしているのだ，気温を上昇させ，地表を変質させ，海に魚を住まなくするというかたちで」（「キム・スタンリー・ロビ

ンスン・インタビュー——南極大陸とその他の未知の自然景観」、『ローカス』1997年9月号)。この視点が圧倒的な衝撃力を発揮したことは、ほかならぬ先輩にあたるイギリス作家ブライアン・オールディスが1999年、明らかにロビンスン作品への応答としてもうひとつの南極小説『ホワイト・マーズ』(ロジャー・ペンローズとの共作)を発表したことからも、証明されるだろう。

　火星を描けば地球が、地球を描けば火星が実感されるというこの確信とともに、ロビンスンはネイチャー・ライティングの極致を達成した。このようにまとめると、ひょっとしたらその方向性もまた、新たなフロンティア・スピリットである限り、新たな仮想敵捏造をもたらすかのように、受け取る向きもあろう。しかしここでいちばん注意したいのは、キム・スタンリー・ロビンスンが必ずしも素朴な植民地主義に陥ることなく、地球空間のみならず宇宙空間をも「自然」と捉える戦略により、むしろこの地球空間そのものの生態系をもういちど根本的に考え直そうとしていることである。そして、そのような方向性もまた、アメリカ内部から試みられるもうひとつのアメリカニズム批判として、銘記しておかなくてはならない。

参考文献

小川一水『第六大陸』早川書房、2003年。
金子隆一『新世紀未来科学』八幡書店、2001年。
小森長生『火星の驚異——赤い惑星の謎にせまる』平凡社、2001年。
巽孝之『アメリカ文学史——駆動する物語の時空間』慶應義塾大学出版会、2002年。
松尾文夫『銃を持つ民主主義——「アメリカ」という国のなりたち』小学館、2004年。
矢作俊彦『ららら科學の子』文藝春秋、2003年。
George, Peter. *Dr. Strangelove , or: How I Learned to Stop Worrying and Love the Bomb*, New York: Bantam, 1963.
Markley, Robert. *Dying Planet: Mars in Science and the Imagination*, Durham: Duke University Press, 2005.
Robinson, Kim Stanley. *Antarctica*. 1997, New York: Bantam, 1998. 赤尾秀子訳『南極大陸』講談社、2003年。
「火星大接近」http://www.astroarts.co.jp/special/2003mars/index-j.html

「テラフォーミング」http://www.kogado.com/html/kuma/mars/terrafrm.htm

* 本章の部分は筆者が NHK 教育 TV「視点・論点」（2003 年 8 月 26 日に出演したときの草稿「火星をめぐる物語」を徹底的に加筆改稿したものである。

（巽　孝之）

あとがき

　アメリカは日本と大きな海をへだててはいるが隣国で，幕末開国以来，日本人が最もひんぱんに行き来してきた外国である。そしていうまでもなくいま世界で唯一の超大国であり，文化的にも世界の国々をリードしている。だから映画にしろ音楽，文学，美術や，スポーツ，ファッションにしろ，アメリカ文化のめざましい現象はすぐ日本に入ってくる。いや日常の生活文化において，アメリカでの流行はすぐ日本でも流行する。日本人の誰もが，多かれ少なかれアメリカ文化を分かち持っているといえそうだ。従って，アメリカやアメリカ文化について，たいていの日本人はある程度は知っている気分になり，賛否いずれにしろ，意見や感想を述べることをためらわない。

　しかし考えてみると，こんなに正体不明の文化は他にちょっと類がないのではなかろうか。国土が広すぎて，しかも地方ごとに多様な文化が展開している。たとえばニューヨークとニュー・メキシコとではまるで別世界の感じがする。またアメリカ人とひとことでいっても，さまざまな人種が入り雑じっていて，そのそれぞれが独自の文化を主張している。しかもこの国では，政治や社会の状況がめまぐるしく変化する。いろんな変革が次々となされるかと思うと，ほとんど原初的な保守主義が勢力を保っている。

　それでも「アメリカ」はある。しかも「アメリカ」の文化は日本に圧倒的な影響を与えてきており，それを知ることは，日本人が日本の文化をよく知り，日本の文化を発展させるためにも，このうえなく重要なことであるだろう。そのためには「アメリカ」をトータルにとらえ，「アメリカ」の文化を歴史的な展開にそくして理解することが必要になる。ところがこれが難しい。たったいま述べたように，アメリカ文化は複雑で多様な要素をかかえ込んでおり，それがめまぐるしく変貌してきているのだ。本書はそういうアメリカ文化史の理解に役立つことを目指して編んだものである。

編者による序章を除けば，現在，日本におけるアメリカ文化の研究で第一線にたっている13人の学者に，歴史の展開に合わせて，その得意とするところを分かりやすく語ってもらった。序章でも述べたように，各章はまずそれぞれの時代や文化ジャンルを概観し，それから筆者がとくに関心をもつ問題を掘り下げて語る形になっている。本書の表題でいうように，アメリカ文化史の「入門」であると同時に，読者がそれぞれアメリカ文化史のいろんな局面のさらなる探究をしてくださる刺激となりたいと思ってのことである。

　アメリカ文化史のこういう簡略な概観の本は，アメリカでも日本でも，まだ非常に少ない。コラムや図版や年表など，さまざまな工夫をこらしはしたが，説き足りなかったところも多い。スペースの制約もあるが，編者としては，読者の積極的な反応を得て，さらに充実した内容に改善する努力をしていきたいと思う。

　本書は，1994年，編者が発起人となって「アメリカ文学の古典を読む会」という学者たちの勉強会を発足させたとき，昭和堂の村井美恵子さんがオブザーバーとして参加されたことに始まる。それ以来，二人はこの種のアメリカ文化史案内書の必要を語り合ってきたが，2002年，ようやく具体的なプランを立てるにいたった。それからは，いわば二人三脚でこの仕事を推進し，いま日の目を見ることになったわけである。快く執筆陣に参加してくださった人たちに感謝するとともに，村井さんの献身的な尽力に心から有難く嬉しい思いを捧げたい。

2006年1月

亀井俊介

年表　アメリカの文化

前15C	この頃までにモンゴロイド，アジアから北米へ。アメリカ先住民に。
1492	コロンブス，バハマ諸島のグアナハニに到着。インドと確信。
1559	スペイン，フロリダにセント・オーガスティン建設。白人初の恒久的定住。
1607	ロンドン会社，ヴァージニアにジェイムズタウン建設。19年，黒人奴隷輸入。
1610	スペイン，サンタ・フェ建設。布教と交易の拠点。
1620	ピルグリム・ファーザーズ，メイフラワー号でケープ・コッド到着。プリマス建設。翌年，感謝祭ひらく。
1630	ピューリタン，マサチューセッツ湾植民地建設。「丘の上の町」。
1636	アメリカ初の大学，ハーバード大学設立。聖職者を育てるため。
1638	アメリカの印刷機，ケンブリッジに設置。アメリカ初の暦を出版。
1682	フランス人ラ・サール，ミシシッピー川を探検。一帯をルイジアナと命名。
1683	この頃『ニューイングランド初等読本』出版。「アダムの堕落で誰もが罪人」。
1692	セーラムで魔女裁判おこる。19人処刑。うち女性14人。96年，判事たち謝罪。
1723	フランクリン，ボストン出奔しフィラデルフィアへ。のち「代表的アメリカ人」。
1734	この頃，大覚醒運動，ニューイングランド席巻。ピューリタニズムの再浸透。
1755	フレンチ・アンド・インディアン戦争（〜63）。
1775	ダニエル・ブーン，ケンタッキーにブーンズボロ建設。白人による初の「西部」の村。／独立戦争勃発（〜83）。銃声が「世界に響いた」。／この頃，歌曲「ヤンキー・ドゥードル」流行。もとは植民地軍を笑った歌。
1776	ジェファソン起草の独立宣言公布（7月4日）。「すべての人間は平等に創られている」。
1783	ノア・ウェブスター，『綴字教本』出版。アメリカ英語の自己主張。
1793	イーライ・ホイットニー，綿繰機発明。南部を「綿花王国」に。
1802	ウェストポイント陸軍士官学校設立。もとは土木工学の教育が中心。
1803	フランスからルイジアナ購入。領土倍増。西部発展へ。
1807	ロバート・フルトン，蒸気船でハドソン川遡航。蒸気船の時代招来。
1814	フランシス・スコット・キー，「星条旗」作詞。1931年，国歌に。
1815	評論誌『ノース・アメリカン・レヴュー』創刊。「国民的アメリカ文学」求める。
1823	ジョン・ハワード・ペイン，「ホーム・スウィート・ホーム」作詞。
1825	この頃からハドソン・リヴァー派の画家たち活躍。崇高美あふれる風景画。／エリー運河開通。オルバニーからバッファローまで。ニューヨークの商域拡大。
1826	マサチューセッツに最初のライシーアム設立。講演が知的ショーとして人気。
1827	ジョン・ジェイムズ・オーデュボン，『アメリカの鳥類』刊行（〜38）。
1828	ボルティモア・オハイオ鉄道着工。アメリカ初の旅客鉄道。
1829	アンドリュー・ジャクソン，初の西部出身大統領に。民主的気運高める。
1830	ジョゼフ・スミス，モルモン教創設。／トマス・ライス，ミンストレル・ショー「ジム・クロウ」始める。／この頃から辺境のほら話流行。
1831	ウィリアム・ロイド・ギャリソン，奴隷解放運動誌『解放者』創刊。
1835	テキサス独立戦争おこる（〜36）。翌年，アラモの戦い。「アラモを忘れるな」。
1837	ラルフ・ウォルド・エマソン，「アメリカの学者」講演。アメリカの「知的独立宣言」。

1841	エドガー・アラン・ポー，「モルグ街の殺人」発表。初の本格的探偵小説。／P・T・バーナム，「アメリカ博物館」買収。小人や人魚の呼び物。
1843	この頃，捕鯨業全盛。鯨油を求めて700隻以上の捕鯨船操業。
1847	スティーヴン・フォスター，歌曲「おおスザンナ」発表。のち金鉱採掘者に人気。
1848	ジョン・ハンフリー・ノイズ，オナイダ・コミュニティ建設。ユートピア運動の中で最大の成功。／セネカ・フォールズで初の女性権利会議開催。「すべての男女は平等に創られている」。
1849	ゴールド・ラッシュ始まる。「幸運な掘りあて」求め「49年者たち」殺到。
1850	アメリア・ブルーマー，ブルマー着用。女性の服装改革。／19世紀中期アメリカ文学，頂点に（〜55）。「アメリカン・ルネサンス」。
1851	アメリカ号，英ヨットレースで優勝し，銀カップ獲得。70年，国際ヨットレース，アメリカス・カップ始まる。／アイスクリームの大量生産開始。
1852	ハリエット・ビーチャー・ストウ，『アンクル・トムの小屋』出版。初の100万部。
1853	ペリー提督，黒船ひきいて浦賀来訪。
1855	ウォルト・ホイットマン，『草の葉』出版（〜92）。
1857	セントラルパーク設計される。市民の「趣味」高める啓蒙的意図。76年，完成。
1859	ジョン・ブラウン，ハーパーズ・フェリーの武器庫を襲撃し処刑さる。のち「ジョン・ブラウンの屍」，行進曲に。62年，ハウ，同曲に「共和国賛歌」作詞。
1860	イラスタス・ビードル，ダイム・ノベルの出版始める。西部をさらに神話化。
1861	南北戦争勃発（〜65）。
1862	モリル法制定。連邦政府が大学に土地交付。各地で農工業大学設立。
1863	奴隷解放宣言公布。65年，奴隷制廃止。／リンカーン，ゲティズバーグで演説。「人民の人民による人民のための政治」。
1865	ユニオン・ストックヤーズ，シカゴに開設。精肉の中心地に。
1867	ホレイショ・アルジャー，『ぼろ着のディック』出版。／テキサス牛のロング・ドライブ始まる。千数百キロ，カウボーイが牛を追う。／タイプライター実用化。
1869	初のプロ野球チーム，シンシナティ・レッド・ストッキングズ結成。／大陸横断鉄道完成。／ラトガーズとプリンストン，最初の大学間フットボール試合開催。
1872	イエローストーン，世界初の国立公園に。／モンゴメリー・ウォード社，シカゴに設立。通信販売で成功。／この頃，社会進化論流行。自由放任主義を支持。
1873	リーヴァイ・ストラウスら，金属リベットをデニム・ズボンに使う特許取得。ジーンズの誕生。／マーク・トウェインとチャールズ・ダドリー・ウォーナー，『金ぴか時代』出版。投機と腐敗の時代。
1876	第2次スー戦争おこる。カスターの騎兵隊，リトル・ビッグホーンの戦いで全滅。
1877	トマス・エジソン，蓄音機発明。
1881	トニー・パスター，ニューヨークにヴォードヴィル劇場開設。「まじめな」ショー。
1882	中国人労働者入国禁止法制定。
1883	『レイディズ・ホーム・ジャーナル』誌創刊。代表的婦人雑誌に。／ブルックリン橋完成。吊橋として当時世界最長。「熱狂によって融合された竪琴と祭壇」。／バッファロー・ビル，最初の「ワイルド・ウエスト」ショー興行。
1884	コニー・アイランドに世界初のローラー・コースター。／マーク・トウェイン，『ハックルベリー・フィンの冒険』出版。「アメリカ現代文学はこの1冊から始まる」。／ヘレン・ハント・ジャクソン，『ラモナ』出版。先住民差別を告発。政府の先住民

	調査へ。
1886	ジョン・ペンバートン，アトランタでコカコーラ発明。のち広告の時代牽引。／自由の女神完成。独立100年記念にフランス寄贈。
1888	最初のコダック・カメラ発売。
1889	ジェイン・アダムズ，シカゴにハルハウス開設。セツルメント活動。／アンドリュー・カーネギー，『富の福音』出版。富の追求は公共の善。
1890	国勢調査局，フロンティア・ライン消滅を報告。／アルフレッド・マハン，『海上権力史論』出版（～92）。大海軍主義を力説。
1892	この頃，ウィリアム・ランドルフ・ハーストとジョゼフ・ピュリッツアー，新聞の拡販競争繰り広げる。「イエロー・ジャーナリズム」。
1893	シカゴで万国博覧会開催。アメリカ発見400年を記念。工業国アメリカを誇示。
1898	米西戦争おこる。フィリピンとキューバを舞台。帝国主義的拡張。／ハワイ併合。1900年準州，59年に50番目の州に。
1901	この頃からマックレイカーたち，政財界の腐敗を告発報道。
1903	ライト兄弟，ノースカロライナ州キティホークで人類初の動力飛行に成功。
1905	シカゴでロータリークラブ結成。社会奉仕と国際親善。
1908	ヘンリー・フォード，モデルT発売。大量生産による大衆車。自動車社会到来。
1909	全米黒人地位向上委員会（NAACP），結成。最初の公民権運動団体。
1911	ハリウッドで映画スタジオ建設始まる。映画製作の中心地に。
1913	いわゆるアーモリー・ショー，ニューヨークで開催。国際近代美術展。アメリカ現代美術へ刺戟。
1914	第1次世界大戦始まる（～18）。17年，アメリカ参戦。／エドガー・ライス・バローズ，『猿人ターザン』出版。20世紀の代表的ヒーロー。
1916	マーガレット・サンガー，産児制限相談所開設。避妊情報は猥褻として投獄さる。21年，アメリカ産児制限連盟設立。
1919	禁酒法時代始まる（～33）。
1920	デトロイトで最初の商業ラジオ放送開始。／婦人参政権実現。
1922	『リーダーズ・ダイジェスト』誌創刊。のち世界最大の雑誌に。／F・スコット・フィッツジェラルド『ジャズ・エイジの物語』出版。／このころニグロ・ルネッサンス，ニューヨークのハーレム中心に始まる。
1923	クレオール・ジャズ・バンド，黒人バンドとして初めてレコーディング。
1924	ジョージ・ガーシュイン，「ラプソディ・イン・ブルー」発表。ジャズとクラシックの融合。／移民割りあて法（排日移民法）成立。
1925	『ニューヨーカー』誌創刊。「洗練」された雑誌として新進作家輩出。／ジョン・スコープス，進化論を教えて有罪。「モンキー裁判」。／この頃からチャールストン・ダンス流行。「狂乱の20年代」。
1926	ブック・オブ・ザ・マンス・クラブ創設。以後，ブッククラブ林立。／SF雑誌『アメイジング・ストーリーズ』創刊。／ジャック・デンプシー，ボクシングでジーン・タニーに破れる。7年間のヘビー級王座に幕。
1927	チャールズ・リンドバーグ，ニューヨーク・パリ間の単独無着陸飛行。熱狂的歓迎。／ベーブ・ルース，60号ホームラン打つ。プロ野球人気に拍車。／初のトーキー映画『ジャズ・シンガー』公開。第一声「お楽しみはこれから」。
1928	ミッキー・マウス，映画『飛行機クレージー』に登場。

1929	シカゴで聖バレンタインデーの大虐殺おこる。自動車とマシンガンによるギャングの抗争。／映画芸術科学アカデミー，アカデミー賞創設。／株式市場大暴落により大恐慌始まる。「暗黒の木曜日」。
1930	ダシール・ハメット，『マルタの鷹』出版。ハードボイルドの流行。
1931	エンパイア・ステート・ビルディング完成。「摩天楼」の代表。
1936	フランク・ロイド・ライト，落水荘設計。／マーガレット・ミッチェル，『風と共に去りぬ』出版。39年，映画化され，同じく大ヒット。／写真誌『ライフ』創刊。
1938	非米活動委員会，下院に設置。ナチス支持活動調査。第2次世界大戦後，赤狩りへ。／オーソン・ウェルズ，ラジオ劇「火星からの侵略」放送。聴取者たちパニック。／スーパーマン，コミック誌に登場。翌年，バットマン登場。
1939	CBS，テレビの定期放送開始。
1941	ラスヴェガスに最初のカジノホテル建設。／日本軍，真珠湾奇襲。「真珠湾を忘れるな」。日本に宣戦，第2次世界大戦（～45）参加。
1942	日系人強制収容始まる。88年，賠償。
1943	リチャード・ロジャーズとオスカー・ハマースタイン2世，ミュージカル『オクラホマ！』上演。
1945	広島に初の原爆投下。日本降伏。
1946	フルブライト交流計画始まる。
1948	マクドナルド兄弟，ドライブイン・レストランを効率化。使い捨て容器やセルフサービス。55年，チェーン化。ファスト・フードの世界的拡大へ。
1950	マッカーシズム始まる。ジョゼフ・マッカーシー上院議員による赤狩り（～54）。／スヌーピー，チャールズ・シュルツの漫画「ピーナッツ」に登場。
1951	ダグラス・マッカーサー連合軍最高司令官解任さる。「老兵は死なず」。
1953	男性誌『プレイボーイ』創刊。マリリン・モンローのヌード・グラビア掲載。
1954	最高裁，いわゆるブラウン判決。公立学校の人種分離教育を違憲。
1955	アラバマ州モントゴメリーで黒人たち，人種差別バスをボイコット（～56）。
1956	エルヴィス・プレスリー，「ハートブレイク・ホテル」発売。／この頃からビート・ジェネレーションの文学運動盛ん。
1957	喫煙と肺ガンの因果関係発表。禁煙運動へ発展。／カナダのハーレクイン社，「ロマンス」小説の出版開始。
1960	ケネディとニクソンの大統領選討論会，テレビ放映。テレビ映りが選挙を左右。
1962	ボブ・ディラン，「風に吹かれて」録音。反戦・公民権運動の中で歌われる。／レイチェル・カーソン，『沈黙の春』出版。環境問題追求の先駆。／ベトナム内線への介入，本格化。
1963	ベティ・フリーダン，『フェミニン・ミスティーク』出版。女性は家庭外にも生き甲斐を。／フリーダム・マーチ，ワシントン行進。キング牧師，「私には夢がある」と演説。／ケネディ大統領，ダラスで暗殺。陰謀説残る。／この頃からヒッピー文化流行。
1964	包括的な公民権法成立。投票，教育，公共施設利用上の人種差別廃止。
1965	新移民法成立。国別割当廃止。中米，カリブ，アジアからの移民急増。
1966	最高裁，英古典ポルノ『ファニー・ヒル』出版に無罪判決。性文学の出版が自由に。／全国女性組織（NOW）結成。フェミニズムの代表勢力に。／この頃，麻薬，特にLSDの飲用広まる。ティモシー・リアリーら，サイケデリックの効能を説く。

1967	スーパー・ボウル始まる。フットボールの覇者決定戦。「スーパー・サンデー」。
1969	ハーバード，コーネルなど各地の大学紛争，深刻化。／ストーンウォール事件おこる。ゲイたちが警察に抵抗。同性愛者の人権運動高まる。／アポロ11号，月面着陸。アームストロング船長，初めて月に立つ。／ウッドストック音楽祭開催。ジミー・ヘンドリックスら出演，観客40万人。／「セサミストリート」，放映開始。
1970	いわゆるマスキー法案可決。排ガス規制始まる。／この頃，婦人解放運動盛ん。「ウィメンズ・リブ」。
1971	「ソウル・トレイン」，放映開始。
1972	男女平等憲法修正案（ERA），上院通過。82年，批准得られず廃案。／女性誌『ミズ』創刊。フェミニズムの拠点に。
1973	最高裁，人工妊娠中絶に合憲判決。ロー対ウェイド事件判決。／ウォーターゲート事件発覚。翌年，ニクソン大統領辞任。
1974	この頃，ストリーキング，大学キャンパスから各地に流行。
1975	ベトナム戦争終結。難民受け入れ。
1977	映画『スターウォーズ』公開。監督ジョージ・ルーカス。
1979	ジェイン・フォンダ，エアロビクス・スタジオ開設。フィットネス・ブームに。
1981	エイズ患者，発見・報告される。84年，エイズ・ウイルス（HIV）発見。／MTV始まる。24時間音楽番組の有線テレビ。
1982	マイケル・ジャクソン，レコード『スリラー』発売。史上最高の売り上げ。
1988	ヒスパニック系人口，1,940万人に。80年から34％増。／この頃からラップ・ミュージック流行。ヒップ・ホップ文化の中心。
1989	最高裁，人工妊娠中絶を一部制限。
1994	マイクロソフト社会長ビル・ゲイツ，米国長者番付1位。ソフトウエアが主要産業。
1995	スミソニアン航空宇宙博物館，原爆展中止。原爆投下をめぐって論争。
1996	カリフォルニア州，住民投票で少数者優遇措置廃止決定。翌年，施行。
1998	クリントン大統領，研修生との不倫認める。／マーク・マグワイア，ホームラン新記録，70本。2001年，バリー・ボンズ，記録更新。73本。
1999	この頃から日本製アニメの人気，急速に拡大。「ジャパニメーション」。
2001	同時多発テロおこる（9月11日）。ニューヨークの世界貿易センタービル崩壊。

(澤入要仁)

人名索引

※あ※

アイヴズ, チャールズ (Ives, Charles, 1874-1954) 84,

アイゼンハワー, ドワイト (Eisenhower, Dwight, 1890-1969) 90, 287

アーヴィング, ワシントン (Irving, Washington, 1783-1859) 95, 96,

アウトコールト, リチャード・F (Outcault, Richard F., 1863-1928) 206

アーサー, ティモシー・シェイ (Arthur, Timothy Shay, 1809-85) 93

アサンテ, モレフィ (Asante, Molefi, 1942-) 267

アダムズ, アビゲイル (Adams, Abigail, 1744-1818) 240

アダムス, ジェーン (Addams, Jane, 1860-1935) 138

アダムズ, ジョン (Adams, John, 1735-1826) 56, 240

アダムズ, ヘンリー (Adams, Henry, 1838-1918) 8, 24, 38, 86, 93, 95, 102, 118, 122, 175, 183-186, 193, 194, 300

アッシュクロフト, ジョン (Ashcroft, John, 1942-) 222

アードリック, ルイーズ (Erdlich, Louise, 1954-) 270

アナヤ, ルドルフ (Anaya, Rudolfo, 1937-) 224, 270

アーバックル, ロスコー (Arbuckle, Roscoe, 1887-1933) 152

アムンゼン, ロアルド (Amundsen, Roald, 1872-1928) 284

アルジャー, ホレイショ (Alger, Horatio, 1832-99) 108, 124

アンソニー, スーザン・B (Anthony, Susan, B., 1820-1906) 175, 177, 243, 245, 246, 250

アンダーソン, ジョン (Anderson, John, 1922-) 222

ヴァーホーベン, ポール (Verhoeven, Paul, 1938-) 291

ヴァンダービルト, コーネリアス (Vanderbilt, Cornelius, 1794-1877) 78, 112

ウィグルズワース, マイケル (Wigglesworth, Michael, 1631-1705) 29

ウィンスロップ, ジョン (Winthrop, John, 1588-1649) 6, 29, 34, 39

ウィンスロップ, マーガレット (Winthrop, Margaret, 1591-1647) 34

ウェイン, ジョン (Wayne, John, 1907-79) 72, 81

ウェブスター, ノア (Webster, Noah, 1758-1843) 51

ヴェブレン, ソースタイン (Veblen, Thorstein, 1857-1929) 139

ヴェリー, ジョーンズ (Very, Jones, 1813-80) 102

ウェルズ, H・G (Wells, Herbert George, 1866-1946) 226, 289, 290

ウェルズ, オーソン (Welles, Orson, 1915-85)　225, 226, 291
ヴェルヌ, ジュール (Verne, Jules, 1828-1905)　283
ヴォー, カルヴァート (Vaux, Calvert, 1824-1895)　113
ウォーカー, ウィリアム (Walker, William, 1809-75)　91
ウォード, ファニー (Ward, Fannie, 1871-1952)　155
ウォーナー, スーザン (Warner, Susan, 1819-85)　97, 98, 111, 112
ウォーナー, チャールズ・D (Warner, Charles D., 1829-1900)　111
ウォーレス, デウィット (Wallace, Dewitt, 1889-1981)　208
ウォレン, マーシー・オーティス (Warren, Mercy Otis, 1728-1814)　54
ウッズ, タイガー (Woods, Tiger, 1975-)　169, 276
ウルフ, ヴァージニア (Woolf, Virginia, 1882-1941)　182, 213
ウルフ, トム (Wolfe, Tom, 1931-)　182, 213
エイケン, ジョージ・L (Aiken, George L., 1830-76)　100
エジソン, トマス (Edison, Thomas Alva, 1847-1931)　9
エドワーズ, ジョナサン (Edwards, Jonathan, 1703-58)　39, 43, 44
エマソン, ラルフ・ウォルド (Emerson, Ralph Waldo, 1803-82)　100-102, 105, 203
エメット, ダン (Emmett, Dan, 1815-1904)　88, 95, 107
エメリッヒ, ローランド (Emmerich, Roland, 1955-)　291
エリオット, ジョン (Eliot, John, 1604-90)　31
エリザベス女王 (Elizabeth I, 1533-1603)　17
オーウェン, ロバート (Owen, Robert, 1771-1858)　93
オカダ, ジョン (Okada, John, 1923-71)　270
小川一水 (1975-)　288, 301
オサリヴァン, ジョン・L (O'Sullivan, John L., 1813-95)　59
オルコット, エイモス・ブロンソン (Alcott, Amos Bronson, 1799-1888)　102
オルコット, ルイザ・メイ (Alcott, Louisa May, 1832-88)　102, 241
オールディス, ブライアン (Aldiss, Brian Wilson, 1925-)　301
オルムステッド, フレデリック・L (Olmsted, Frederick L., 1822-1903)　110, 119, 140, 147, 238

※か※
ガーシュイン, ジョージ (Gershwin, George, 1898-1937)　84
カスター将軍 (Custer, George A., 1839-76)　121
カーソン, キット (Carson, Kit, 1809-68)　67
カーター, ジミー (Carter, Jimmy, 1924-)　222
カートライト, ピーター (Cartwright,

カー ネギー, アンドルー (Carnegie, Andrew, 1835-1919) 112
カポーティ, トルーマン (Capote, Truman, 1924-84) 213, 220
カミンズ, マライア・スザンナ (Cummins, Maria Susanna, 1827-66) 98
カルヴァート, ジョージ (Calvert, George, 1580-1632) 20
カルヴァン, ジョン (Calvin, John, 1509-64) 24
ガルシア＝マルケス, ガブリエル (García Márquez, Gabriel, 1928-) 293
カルパンティエ, ジョルジュ (Carpentier, George, 1894-1975) 224
カレン, ホレス・M (Kallen, Horace M., 1882-1974) 264
キー, フランシス・スコット (Key, Francis Scott, 1779-1843) 85
ギブスン, ウィリアム (Gibson, William, 1948-) 295
キャット, キャリー・チャップマン (Catt, Carrie Chapman, 1859-1947) 138, 251
キャメロン, ジェームズ (Cameron, James, 1954-) 297
ギャリソン, ウィリアム・ロイド (Garrison, William Lloyd, 1805-79) 106, 203
キャンベル, ジョン (Campbell, John, 1653-1728) 198
キューブリック, スタンリー (Kubrick, Stanley, 1928-99) 285, 287
キング, スティーヴン (King, Stephen,

Peter, 1785-1872) 90

1947-) 192
キング, マーティン・ルーサー, ジュニア (King, Martin Luther, Jr., 1929-68)
キングストン, マクシン・ホン (Kingston, Maxine Hong, 1940-) 270
キンケイド, ジャメイカ (Kincaid, Jamaica, 1949-) 270
クーパー, ジェイムズ・フェニモア (Cooper, James Fenimore, 1789-1851) 96
クラーク, アーサー・C (Clarke, Arthur Charles, 1917-) 295, 296
グラント, ユリシーズ (Grant, Ulysses S., 1822-85) 114
クリスティ, エドウィン・P (Christy, Edwin P., 1815-62) 88
グリッデン, ジョセフ・F (Glidden, Joseph F., 1813-1906) 71
グリフィス, D・W (Griffith, D. W., 1875-1948) 154
グリーリー, ホレース (Greeley, Horace, 1811-72) 201
クリントン, ビル (Clinton, Bill, 1946-) 267
クレイン, スティーヴン (Crane, Stephen, 1871-1900) 123
クレヴクール, ミシェル・ギョーム・サン・ジョン・ド (Crevecoeur, Michel Guillaume St. John de, 1735-1813) 48, 262
クロケット, デイヴィ (Crockett, Davy, 1786-1836) 63, 81, 201
クロンカイト, ウォルター (Cronkite, Walter, 1916-) 228
ケアリー, ヘンリー・C (Carey, Henry.,

1793-1879) 95
ゲイツ, ヘンリー・ルイス, ジュニア (Gates, Henry Louis, Jr., 1950-) 193, 194
ケネディ, ジョン・F (Kennedy, John F., 1917-63) 222, 282, 287
ケネディー, ロバート (Kennedy, Robert, 1925-68) 229
ゴア, アル (Gore, Al, 1948-) 192
ゴア, ティッパー (Gore, Tipper, 1948-) 192
小松左京 (1931-) 288, 299
コムストック, アンソニー (Comstock, Anthony, 1844-1915) 175-180, 184, 192, 250
コール, トーマス (Cole, Thomas, 1801-48) 97, 98
コロンブス, クリストファー (Columbus, Christopher, 1451-1506) 4, 16, 18, 131, 136, 249, 281
コンラッド, フランク (Conrad, Frank, 1874-1941) 220

※さ※
サウスワース, E. D. E. N. (Southworth, Emma Dorothy Eliza Nevitte, 1819-99) 204
サージェント, ルシアス・マンリアス (Sargent, Lucius Manlius, 1786-1867) 92
サリバン, ルイス (Sullivan, Louis, 1856-1924) 140, 146, 147
サリンジャー, J・D (Salinger, Jerome David, 1919-) 286
サンガー, マーガレット (Sunger, Margaret, 1883-1966) 250
サンキー, アイラ・D (Sankey, Ira D., 1840-1908) 90
ザングウィル, イズラエル (Zangwill, Israel, 1864-1926) 263
サンドバーグ, カール (Sandberg, Carl, 1878-1967) 144
ジェイ, ジョン (Jay, John, 1745-1829) 51
ジェイコブズ, ハリエット (Jacobs, Harriet, 1813-97) 270
ジェイムズ, ヘンリー (James, Henry, 1843-1916) 122
ジェイムソン, フレドリック (Jameson, Fredric, 1934-) 294
ジェファソン, ジョゼフ (Jefferson, Joseph, 1829-1905) 96
ジェファソン, トマス (Jefferson, Thomas, 1743-1826) 64, 135, 263
ジェームズ1世 (James I, 1566-1625) 19, 24
シェリダン, フィリップ・ヘンリー (Sheridan, Philip Henry, 1831-88) 66
ジェン, ギッシュ (Jen, Gish, 1955-) 272, 275
シスル, ノーブル (Sissle, Noble, 1889-1975) 229
シーボーン, アダム (Seaborn, Adam) 283
シムズ, ジョン・クリーヴズ (Symmes, John Cleves, 1779-1829) 283
ジャクソン, アンドリュー (Jackson, Andrew, 1767-1845) 64, 105

索　引　315

ジャクソン, ヘレン・H（Jackson, Helen H., 1830-85）　121
シャクルトン, アーネスト（Shackleton, Ernest Henry, 1874-1922）　284
シューアル, サミュエル（Sewall, Samuel, 1652-1730）　29
シュレジンガー, アーサー, ジュニア（Schlesinger, Arthur, Jr., 1917-）　268
シュワルツェネッガー, アーノルド（Schwarzenegger, Arnold, 1947-）　291
ジョイス, ジェイムズ（Joyce, James, 1882-1941）　82, 187
ジョブズ, スティーブ（Jobs, Steve, 1955-）　236
ジョンソン, ジェイムズ・ウェルドン（Johnson, James Weldon, 1871-1938）　276
ジョンソン, リンドン（Johnson, Lyndon B., 1908-73）　228
シルコー, レスリー・マーモン（Silko, Leslie Marmon, 1948-）　270
シンクレア, アップトン（Sinclair, Upton, 1878-1968）　143
シンプソン, O・J（Simpson, O. J., 1947-）　233
スカイラー, ジョージ（Schuyler, George, 1895-1977）　296
スウィーニー, ジョール・ウォーカー（Sweeney, Joel Walker, ca. 1810-60）　88
スコット, ロバート・ファルコン（Scott, Robert Falcon, 1868-1912）　284
スタントン, エリザベス・ケイディ（Stanton, Elizabeth Cady, 1815-1902）　94, 238, 243, 245, 250
ストウ, ハリエット・ビーチャー（Stowe, Harriet Beecher, 1811-96）　97, 98
ストーン, ルーシー（Stone, Lucy, 1818-93）　246, 250
スナイダー, ゲイリー（Snyder, Gary, 1930-）　294, 300
スナイダー, ルース（Snyder, Ruth, 1895-1928）　210
スペンサー, ハーバート（Spencer, Herber, 1820-1903）　120
スミス, ウィリアム・ヘンリー（Smith, William Henry, 1806-72）　93
スミス, シドニー（Smith, Sydney, 1771-1845）　95
スミス, ジョゼフ（Smith, Joseph, 1805-44）　74
スミス, ジョン（Smith, John, 1580-1631）　22, 23
ゼンガー, ジョン・ピーター（Zenger, John Peter, 1697-1746）　199
ソロー, ヘンリー・デイヴィッド（Thoreau, Henry David, 1817-62）　101, 102, 105, 203, 300

※た※
タイラー, ロイヤル（Tyler, Royall, 1757-1826）　57
ダーウィン, チャールズ（Darwin, Charles, 1809-82）　120
ターナー, フレデリック・ジャクソン（Turner, Frederick Jackson, 1861-1932）　110, 147

タリーズ, ゲイ (Talese, Gay, 1932-)　213
タン, エイミー (Tan, Amy, 1952-)　270
ダンティカ, エドヴィージ (Danticat, Edwige, 1969-)　270
チェスナット, チャールズ・W (Chesnutt, Charles W., 1858-1932)　276
チーニー・ファミリー (Cheney Family, the, グループ名)　83, 86
チャプリン, チャーリー (Chaplin, Charles, 1889-1977)　10, 154
チャールズ1世 (Charles I, 1600-49)　25, 26
ツィード, ウィリアム・M (Tweed, William M., 1823-78)　114, 115
ツー・ライヴ・クルー (2 Live Crew, グループ名)　193
デイ, ベンジャミン (Day, Benjamin H., 1810-89)　201
ディキンソン, ジョン (Dickinson, John, 1732-1808)　200
ディック, フィリップ・K (Dick, Philip Kindred, 1928-82)　292, 294
デイナ, リチャード, シニア (Dana, Richard, Sr., 1787-1879)　97
テイラー, ベイヤード (Taylor, Bayard, 1825-78)　101
デブス, ユージン (Debs, Eugene, 1855-1926)　146
デミル, ウィリアム・C (DeMille, William C., 1878-55)　155
デミル, セシル・B (DeMille, Cecil B., 1881-1959)　155, 159

デンプシー, ジャック (Dempsey, Jack, 1895-1983)　224
トウェイン, マーク (Twain, Mark, 1835-1910)　73, 105, 111, 112, 122, 276
ドライサー, シオドア (Dreiser, Theodore, 1871-1945)　180, 181

※な※
中浜万次郎 (ジョン万次郎, 1827-98)　78
ナスト, トーマス (Nast, Thomas, 1840-1902)　108, 114
ニクソン, リチャード (Nixon, Richard, 1913-94)　222
ノイズ, ジョン・ハンフリー (Noyes, John Humphrey, 1811-86)　93
ノリス, フランク (Norris, Frank, 1870-1902)　123

※は※
バイロン, ジョージ・ゴードン (Byron, George Gordon, 1788-1824)　62
ハインリッヒ, アンソニー・フィリップ (Heinrich, Anthony Philip, 1781-1861)　84
ハウ, ジュリア・ウォード (Howe, Julia Ward, 1819-1910)　107
ハウエルズ, ウィリアム・ディーン (Howells, William Dean, 1837-1920)　122
パーカー, シオドア (Parker, Theodore 1810-60)　102
ハクルート, リチャード (Hakluyt, Richard, c. 1552-1616)　17
ハゲドン, ジェシカ (Hagedorn Jessica,

1949-) 270
ハースト, ウィリアム・ランドルフ (Hearst, William Randolph, 1863-1951) 207
パターソン, ジョーゼフ・メディル (Patterson, Joseph Medill, 1879-1946) 210
バチェラー, ジョン・カルヴィン (Batchelor, John Calvin, 1948-) 299
ハッチンソン, アン (Hutchinson, Anne, 1591-1643) 34
ハッチンソン・ファミリー (Hutchinson Family, the, グループ名) 86, 95, 106, 107
ハーディング, ウォーレン (Harding, Warren, 1865-1923) 220
バード, ウィリアム (Byrd, William, 1674-1744) 39
バートン, ティム (Burton, Tim, 1958-) 291
バーナム, ダニエル (Burnham, Daniel H., 1846-1912) 127, 131-137, 140-144, 146-149
バーナム, フィニアス・T (Barnum, Phineas T., 1810-91) 83
バナール, マーティン (Bernal, Martin, 1937-) 267
ハミルトン, アレグザンダー (Hamilton, Alexander, 1757-1804) 51
ハミルトン, アンドリュー (Hamilton, Andrew, 1676-1741) 199
早川雪舟 (Hayakawa, Sessue, 1886-1973) 154-156, 171
バラード, J・G (Ballard, James Graham, 1935-) 292
バラード, マーサ (Ballard, Martha, 1735-1812) 33
ハリオット, トマス (Harriot, Thomas, 1590-1621) 17
パリス, サミュエル (Parris, Samuel, 1653-1720) 33
ハリス, ベンジャミン (Harris, Benjamin, 1673-1716) 197
バローズ, エドガー・ライス (Burroughs, Edgar Rice, 1875-1950) 292
ハワード, ジョージ・C (Howard, George C., 1815-87) 86
ハンフリー・ギルバート卿 (Sir Humphrey Gilbert, 1539-83) 17
ビショップ, ヘンリー・R (Bishop, Henry R., 1786-1855) 86
ピューリツァー, ジョーゼフ (Pulitzer, Joseph, 1847-1911) 206
ビル, バッファロー (Bill, Buffalo, 1845-1917) 72, 132
ピンチョン, トマス (Pynchon, Thomas, 1937-) 285, 300
フィニー, チャールズ・グランディスン (Finney, Charles Grandison, 1792-1875) 89
フィールズ, ジェイムズ・T (Fields, James T., 1817-81) 104
フィルソン, ジョン (Filson, John, 1747-88) 62
フィンク, マイク (Fink, Mike, 1770-1823) 90
フーヴァー, ハーバート (Hoover, Herbert, 1874-1964) 224
フェンクル, ハインツ・インス (Fenkl,

Heinz Insu, 1960-)　272, 277
フォスター, スティーヴン（Foster, Stephen, 1826-64）　75, 88, 100, 107
フォスター, ハナ・ウェブスター（Foster, Hannah Webster, 1758-1840）　55
フォード, ヘンリー（Ford, Henry, 1863-1947）　8
フォルウェル, ジェリー（Falwell, Jerry, 1933-）　222
ブッシュ, ジョージ・W（Bush, George W., 1946-）　267
フラー, マーガレット（Fuller, Margaret, 1810-50）　102, 243
ブライアント, ウィリアム・カレン（Bryant, William Cullen, 1794-1878）　96, 97, 113
ブラウン, ウィリアム・ヒル（Brown, William Hill, 1765-93）　55
ブラウン, ウェルナー・フォン（Braun, Wernher von, 1912-1977）　286
ブラウン, ジョン（Brown, John, 1800-59）　107
ブラウン, チャールズ・ブロックデン（Brown, Charles Brockden, 1771-1810）　56
ブラッドストリート, アン（Bradstreet, Anne, c. 1612-1672）　29, 34
ブラッドフォード, アンドリュー（Bradford, Andrew, 1686-1742）　202
ブラッドフォード, ウィリアム（Bradford, William, 1590-1657）　26, 29
ブラッドベリ, レイ（Bradbury, Ray, 1920-）　292

フランクリン, ジェームズ（Franklin, James, 1697-1735）　198
フランクリン, ベンジャミン（Franklin, Benjamin, 1706-90）　9, 12, 39, 41, 43, 45, 46, 188, 199, 202
フリーダン, ベティ（Friedan, Betty, 1921-）　257, 258
フリノー・フィリップ（Freneau, Philip, 1752-1832）　56
フリーモント, ジョン・C（Frémont, John C., 1813-90）　67
ブリーン, ジョセフ（Breen, Joseph I, ?-1964）　152
ブルマー, アメリア（Bloomer, Amelia, 1818-94）　244
ブレナン, ウィリアム（Brennan, William J., 1906-97）　189, 191
フレンチ, ダニエル・チェスター（French, Daniel Chester, 1850-1931）　140
フレンドリー, フレッド（Friendly, Fred, 1915-98）　221
ブーン, ダニエル（Boone, Daniel, 1734-1820）　60, 61, 62, 81, 201
ベイカー, ヒューストン・A, ジュニア（Baker, Houston A., Jr., 1943-）　193
ヘイズ, ウィル・H（Hays, Will H., 1879-1954）　152
ヘイル, セアラ・ジョセファ（Hale, Sarah Josepha, 1788-1879）　204
ペイン, ジョン・ハワード（Payne, John Howard, 1791-1852）　86
ペイン, トマス（Paine, Thomas, 1737-1809）　48

ベックネル, ウィリアム (Becknell, William, 1796?-1865) 67
ベネット, ジェームズ・ゴードン (Bennett, James Gordon, 1795-1872) 201
ヘフナー, ヒュー (Hefner, Hugh, 1926-) 213
ヘミングウェイ, アーネスト (Hemingway, Ernest, 1899-1961) 111
ベロー, ソール (Bellow, Saul, 1915-2005) 213
ヘンリー8世 (Henry VIII, 1491-1547) 24
ポー, エドガー・アラン (Poe, Edgar Allan, 1809-49) 103, 203, 283
ホイートリー, フィリス (Wheatley, Phillis, 1753?-84) 54
ホイッティア, ジョン・グリーンリーフ (Whittier, John Greenleaf, 1807-92) 107
ホイットマン, ウォルト (Whitman, Walt, 1819-92) 78, 83, 85, 88, 105, 106, 108, 109, 126
ポカホンタス (Pocahontas, 1595 ?-1617 ?) 23, 267, 268
ホーキンズ, ジョン (Hawkins, John, 1799-1858) 92
ポーク, ジェイムズ・ノックス (Polk, James Knox, 1795-1849) 77
ホーソーン, ナサニエル (Hawthorne, Nathaniel, 1804-64) 33, 103
ホーマー, ウィンズロー (Homer, Winslow, 1836-1910) 99
ホームズ, オリヴァー・ウェンデル (Holmes, Oliver Wendell, 1809-94) 101
ポール, アリス (Paul, Alice, 1885-1977) 251
ホルブルック, ジョサイア (Holbrook, Josiah, 1788-1854) 101
ホワイト, B・F (White, B. F., 1800-79) 91
ホワイト, ジョン (White, John, c. 1545-1593) 17

※ま※

マキム, チャールズ (McKim, Charles, 1847-1909) 140, 147
マクドナルド, イアン (McDonald, Ian, 1960-) 293
マクファデン, バーナー (Macfadden, Bernarr, 1868-1955) 210
マクリーシュ, アーチボルト (MacLeish, Archibald, 1892-1982) 225
マザー, コットン (Mather, Cotton, 1663-1728) 29, 39, 41
マジェット, ハーマン・ウェブスター (Mudgett, Herman Webster, 1861-96) 130
マジソン, ジェイムズ (Madison, James, 1751-1836) 50, 51
マッカーシー, ジョセフ (McCarthy, Joseph, 1909-57) 152, 204, 221
マッコイ, ジョセフ・G (McCoy, Joseph Geating, 1837-1915) 69
マリー, ジュディス・サージャント (Murray, Judith Sargent, 1751-1820) 54
マクルーハン, マーシャル (McLuhan, Marshall, 1911-80) 219

マーロー, エドワード (Murrow, Edward, 1908-45)　221
マンシー, フランク・A (Munsey, Frank Andrew, 1854-1925)　207
マンソン, マリリン (Manson, Marilyn グループ名)　174
ミラー, アーサー (Miller, Arthur, 1915-2004)　33
ミラー, ヘンリー (Miller, Henry, 1891-1980)　175, 183-188, 190, 192, 193
ムア, トーマス (Moore, Thomas, 1779-1852)　99
ムーディ, ドワイト・ライマン (Moody, Dwight Lyman, 1837-99)　90
メアリー女王 (Mary, 1542-87)　24
メイソン, ローウェル (Mason, Lowell, 1792-1872)　90
メイラー, ノーマン (Mailer, Norman, 1923-)　182, 213
メルヴィル, ハーマン (Melville, Herman, 1819-91)　104, 105, 203
モーガン, ジョン・P (Morgan, John P., 1837-1913)　112
モット, ルクレシア (Mott, Lucretia, 1793-1880)　94, 238, 242

※や※
矢作俊彦 (1950-)　286, 301
ヤマモト, ヒサエ (Yamamoto, Hisaye, 1921-)　272
ヤング, ブリガム (Young, Brigham, 1801-77)　75

※ら※
ラ・サール (La Salle, René Robert Cavalier, Sieur de 1643-87)　3
ライス, トマス (Rice, Thomas, 1808-60)　87
ライト兄弟 (Wilbur (1867-1912) and Orville (1871-1948)) Wright　8
ラヴィッチ, ダイアン (Ravitch, Diane, 1938-)　266, 267
ラーセン, ネラ (Larsen, Nella, 1891-1964)　270
ラーソン, エリック (Larson, Erik)　133
リー, アン (Lee, Ann, 1736-84)　94
リー, チャンネ (Lee, Chang-Rae, 1965-)　270
リース, ジェイコブ (Riis, Jacob, 1849-1914)　120
リード, バーナード (Reid, Bernard Joseph, 1823-1904)　77
リーバマン, ジョゼフ (Lieberman, Joseph, 1942-)　174
リプリー, ジョージ (Ripley, George, 1802-80)　93
リンカーン, エイブラハム (Lincoln, Abraham, 1809-65)　25, 98, 107, 114, 209
リンド, ジェニー (Lind, Jenny, 1820-87)　83
リンドバーグ, チャールズ (Lindbergh, Charles, 1902-74)　227
ルート, ジョージ・F (Root, George F., 1820-95)　107
ルート, ジョン (Root, John, 1850-1891)　136

レーガン, ロナルド (Reagan, Ronald, 1911-2004) 72, 81, 222
レンバー, チャールズ (Rembar, Charles, 1915-2000) 191
ロジャーズ, ロイ (Rogers, Roy, 1911-98) 72
ローズベルト, フランクリン・D (Roosevelt, Franklin D., 1882-1945) 254
ローズヴェルト・セオドア (Roosevelt, Theodore, 1858-1919) 126
ロゼット, バーニー (Rossett, Barney, 1922-) 183, 190
ローソン, スザンナ (Rowson, Susanna, 1762-1824) 55
ロックフェラー, ジョン・D (Rockefeller, John D., 1839-1937) 112
ロバートソン, パット (Robertson, Pat, 1930-) 222
ロビンスン, キム・スタンリー (Robinson, Kim Stanley, 1952-) 293, 294, 296, 299-301
ローランドソン, メアリー (Rowlandson, Mary, c. 1636-1710) 34
ローリー・ウォルター卿 (Raleigh, Sir Walter, 1552-1618) 17
ロルフ, ジョン (Rolph, John, 1585-1622) 23
ロレンス, D・H (Lawrence, D. H., 1885-1930) 182, 187, 190

※わ※

ワイラー, ウィリアム (Wyler, William, 1902-81) 123
ワーク, ヘンリー・クレイ (Work, Henry Clay, 1832-84) 86, 93
ワシントン, ジョージ (Washington, George, 1733-99) 15, 58

事項索引

※あ※

『アイスヘンジ』 294
IT 10, 14, 219, 237
新しい女性 121, 155, 162, 168, 169, 170, 248
「アッシャー家の崩壊」 103
『アトランティック・マンスリー』 203
『アニー・ジョン』 270
アファーマティヴ・アクション 266
アフリカ系アメリカ人 → 黒人
『アフリカ中心の思考』 267
アポロ計画 285, 288
『アミスタッド』 269
「アメイジング・グレイス」 91
アメラジアン 277, 278
『アメリカに移住する人びとへの情報』 47
『アメリカ農夫からの手紙』 48
「アメリカの歌声が聞こえる」 85, 108, 109
「アメリカの学者」 101
『アメリカン・マガジン』 202
アメリカン・ルネサンス 83, 85, 100
『ある酒場の十夜』 93
『ある奴隷少女の人生』 270
『荒れた岸辺』 294, 295
『アンクル・トムの小屋』 98
アングロ・コンフォーミティ 262-264
イエロー・キッド 206, 207
イエロー・ジャーナリズム 206, 207

意見の宣言 → 女性の権利宣言
『意志の自由』 45
異人種間結婚 275-278, 280
一般土地割当法 121
『イラストレイテッド・デイリー・ニューズ』 209
印紙条例 37, 199, 200
インディアン → 先住民
インディアン強制移住法 64, 121
『インディペンデンス・デイ』 291
ヴァージニア 1, 5, 12, 17, 19-23, 26, 35, 37, 39, 40, 50, 60, 107, 182
『ヴァリス』 294
『ウィーランド』 57
ウーマン・リブ 257, 258 → フェミニズム運動
『ヴォーグ』 214
ウォーターゲート事件 215
『ウォールデン』 102
『うすのろウィルソン』 276
『宇宙戦争』 289-291
『ウルティマ、僕に大地の教えを』 ウーンディド・ニーの戦い 121
E Pluribus Unum 6, 263
ERA 259
『永遠なる天空の調』 295
映画 9, 10, 13, 14, 69, 70, 71, 72, 123, 124, 131, 151-174, 189, 192, 220, 225, 226, 233, 252, 269, 287, 291, 292, 294
映画製作倫理規定 152
エスニック・リヴァイヴァル 262,

索引 323

265, 269, 270
『エドガー・ハントリー』　57
エリー運河　7
『エル・ノルテ』　269
「大鴉」　103
「おおスザンナ」　88
男らしさ　125
『オーモンド』　57
「オールド・ジョー・クラーク」　86
「オールド・ダン・タッカー」　95
「お父さん、お家に帰りましょう」　93
オナイダ・コミュニティ　93
オハイオ川　7, 98
オペラ　83, 84, 87, 113, 224, 292
オペラ・ハウス　87, 113
オレゴン街道　8, 73, 75, 77, 78, 82

※か※
『開拓者たち』　96
『解放者』　→　『レベレーター』
カウボーイ　8, 69, 70-72, 77, 286
革新主義　120
「火星からのメッセージ」　292
『火星年代記』　292
『火星夜想曲』　293
『風とともに去りぬ』　123
合衆国憲法　6, 49, 178-180
『かつて黒人だった男の自伝』　276
活動写真　→　映画
家庭歌謡（パーラー・ソング）　86, 88
カーニバル　127
カリフォルニア街道　77, 80
「カンザス参政権の歌」　95
「簡素な贈り物」　94

『北回帰線』　175, 183, 185-188, 190-193, 194
『儀式』　270
ギブソン・ガール　248
『境界線の秘密の歴史』　40
『境界線の歴史』　40, 47
『共感の力』　55
共和国の母　53, 239, 240
禁酒運動　11, 92, 244, 246
金めっき時代　13, 110-113, 115, 117-119, 121-125, 127-129
クエーカー　242
『草の葉』　83, 105, 126
『クリック？クラック！』　270
『グリーン・マーズ』　296
『グレアムズ・マガジン』　103, 203
『黒いアテナ』　267
『グロテスクとアラベスクの物語』　103
KKK　121
検閲　118
『原罪の教義の弁護』　45
憲法修正第1条　179, 180, 200
黄禍論　155, 156, 160
『公的出来事』　9, 197, 198
荒野の道　60, 61, 65, 67, 80
『氷のスフィンクス』　283
「故郷の人びと」　88
黒人　3, 5, 7, 19, 21, 34, 38, 50, 53, 54, 85, 87-90, 98, 121, 133, 135, 138, 149, 170, 193, 214, 229, 230, 245, 247, 252, 257, 261, 262, 267, 268, 276, 277
『国民の創生』　154
『コケット』　55
『個人的説話』　44

ゴーストダンス　121
『ゴーディーズ・レディーズ・ブック』　204
古典的ハリウッド映画　151-154, 156, 158, 160, 163, 164, 166, 168, 170-172
『米と塩の歳月』　297
『コモン・センス』　48, 49, 51, 200
『ゴールド・コースト』　294
ゴールドラッシュ　78, 80, 82, 247, 262
混血　166, 261-263, 265, 267, 269-271, 273, 275-279
コンコード　102

※さ※
サイクリング　126
サーカス　122
『サザン・イラストレイティッド・ニューズ』　108
『サザン・リテラリー・メッセンジャー』　103, 108
『サタデー・イヴニング・ポスト』　212, 213
雑誌　9, 13, 52, 54, 95, 102, 103, 119, 159, 170, 189, 196, 197, 199, 201-205, 207-217, 245, 259, 268
サンタ・フェ　2, 8, 67-70, 79, 82,
サンタ・フェ街道　8, 67-70, 82
シート・ミュージック　99
シェイカー　93, 94
自営農地法　78
「シェナンドア」　85
シカゴ万国博覧会　110, 115, 127, 128
「死観」　96, 97
『自然』　101
自然主義　123

『自伝』（ベンジャミン・フランクリン）　47
自動車　8, 225
シネマ・オブ・アトラクション　154, 172
ジム・クロウ　87, 88
社会進化論　120
社会福音運動　127
『シャーロット・テンプル』　55
『種の起源』　120
「自由の雄叫び」　107
『重力の虹』　285
「主よ、みもとに」　90
巡回説教者　90
『ジョイ・ラック・クラブ』　270
上品な伝統　118, 119
女性権利会議　94, 238
女性参政権運動　238, 243, 245, 250
女性の権利宣言　94, 238
「ジョン・ブラウンの屍」　107
新移民　3, 279
進化論　120
シンギング・シックスティーズ　107
信仰復興運動　43, 44, 89, 92, 94, 222
新聞　9, 13, 46, 51, 52, 54, 130, 134, 159, 164, 171, 177, 196-203, 205-207, 209-211, 213, 215-217, 227, 268
人種のるつぼ　11, 119, 262-265, 266, 276
スクウェア・ダンス　86
『スケッチ・ブック』　95
スペースシャトル計画　288
『スペリング・ブック』　51
性革命　11, 174, 189, 192, 258
聖歌集　90, 91, 99

『政治的無意識』　294
星条旗　85, 107, 179
『聖なる竪琴』　91
セツルメント運動　127
セネカ・フォールズ　94, 238, 239, 252
『ゼネラル・マガジン』　9, 202
ゼンガー事件　198, 199
先住民　1, 3, 7, 35, 45, 49, 57, 59, 61, 62, 64-69, 81, 85, 96, 121, 132, 237, 249, 261-263, 265-270
戦争花嫁　277
セント・オーガスティン　2
セントラル・パーク　112-119
ソング・シート　99
ソングスター　99

※た※
『ダイアル』　102
大覚醒　→　信仰復興運動
大衆文化　122, 129
『対照』　57
「大草原」　96, 97
『太平洋岸』　295
『タイピー』　104
『タイム』　206, 209, 214, 215, 217, 222, 226, 232, 258, 278
ダイム・ノベル　122
大陸横断鉄道　8, 60, 69, 79, 80, 82, 247
『高い城の男』　298
多言語主義　264
『ダニエル・ブーン大佐の冒険』　62
タバコ　5, 18, 19, 20, 21, 22, 35
タブロイド　210, 211
多文化主義　11, 14, 192, 194, 217, 261-280,

タマニー・ホール　114-116
『ダンス・ウィズ・ウルヴズ』　269
チザム街道　69, 70, 82
『地底旅行』　283
『チート』　13, 151, 153-164, 166, 167, 169-171
『チャイナタウンの女武者』　270, 272
チューン・ブック　→　聖歌集
「追憶売ります」　292
「ディキシーズ」　107
『デイリー・ミラー』　210
『テキサス・マンスリー』　214
鉄道　8, 9, 59, 60, 67-71, 78-82, 111, 112, 122, 136, 144, 146, 208, 247
テネメント　121
デモクラシー　6, 9, 11, 56, 89, 118, 237
テラフォーミング　293, 295-297, 300, 301
テレビ　10, 14, 61, 171, 172, 174, 192, 211, 212, 215, 216, 219, 220-223, 227-234, 256, 268, 295
『点灯夫』　97, 98
電話　9, 10, 120, 131, 160, 162, 205, 220, 226, 232, 273
『ドゥー・ザ・ライト・シング』　269
独立宣言　6, 37, 46, 48-52, 94, 102, 238, 239
独立戦争　5, 6, 9, 25, 37, 38, 55-58, 240
『トータル・リコール』　292, 294
『ドッグイーター』　270
『富に至る道』　47
トラスト　112
ドラフト・ライオット　114
トランセンデンタリズム　100-102, 243
奴隷制問題　89, 105, 106

※な※

NOW 258

『ナショナル・ジオグラフィック・マガジン』 208

「なつかしきケンタッキーのわが家」 100

涙の街道 64-66, 82

『南極人民共和国の誕生』 299

『南極大陸』 296-299, 301

『ナンタケット島出身のアーサー・ゴードン・ピムの体験記』 283

『南部のハーモニー』 91

南北戦争 5, 13, 25, 35, 51, 66, 69, 90, 98, 101, 106-110, 112, 114, 118, 121, 141, 177, 197, 203, 205, 207, 245, 250,

西漸運動 60, 81, 283

『2001年宇宙の旅』 285

日本趣味 155, 158, 159, 162, 165, 167, 168

日本人 4, 12, 78, 154-156, 158, 161, 162, 164, 167-169, 171, 270

ニュー・イングランド 12, 69, 92

『ニューイングランド・クーラント』 198

『ニューウェスト』 214

『ニュー・ウーマン』 214

ニュー・オーリンズ 3

ニュー・ハーモニー 93

ニュー・メキシコ州 2, 67

『ニューヨーク』 214

ニューヨーク 3, 7, 31, 54, 56, 59, 75, 80, 83, 89, 93-96, 100, 101, 103, 105, 111, 113, 114, 119, 120, 131, 132, 135, 136, 140, 141, 143, 156, 177, 180, 184, 187, 190, 199, 201, 206, 207, 209, 210, 214, 215, 223, 224, 226, 229, 233, 235, 238, 241, 246, 247, 250, 251, 253, 258, 273

『ニューヨーク・イヴニング・グラフィック』 210

『ニューヨーク・ウィークリー・ジャーナル』 199

『ニューヨーク・サン』 201

『ニューヨーク・ジャーナル』 206, 207

『ニューヨーク・タイムズ』 206, 215, 217, 258

『ニューヨーク・トリビューン』 201, 206

『ニューヨーク・ヘラルド』 201

『ニューヨーク・ワールド』 206, 207

『ニューロマンサー』 295

ネイチャーライティング 294

ネイティヴ・アメリカン → 先住民

『ネイティヴ・スピーカー』 270

『ノー・ノー・ボーイ』 270, 272

『ノース・アメリカン・レヴュー』 95, 97

※は※

ハイ・カルチャー 119

『白鯨』 104, 105

『博士の異常な愛情』 286, 287

パクス・アメリカーナ 287

『ハックルベリー・フィンの冒険』 111

『パッシング』 270, 276

ハドソン川 7, 16, 96, 97, 113

ハドソン・リヴァー派 97

『ハーパーズ・ウィークリー』 108

索　引　327

『ハーパーズ・ニュー・マンスリー』
　203
『ハーパーズ・バザー』　214
『母の金の指輪』　92
『バーバラ・フリーチー』　107
バービー人形　268
『パブリック・オカランシズ』→『公
　的出来事』
ハリウッド　10, 13, 151-161, 163-173,
　269, 291
パルプマガジン　209
バンジョー　84-86, 88, 89
「ハンス・プファルの無類の冒険」
　285
『ピープル』　214
『皮脚絆物語』　62, 96
飛行機　8, 132, 255
『ヒマラヤ杉に隠れた家』　276
『ヒマラヤ杉に降る雪』　269
『緋文字』　103, 104
ピューリタニズム　5, 24, 30, 35, 37, 86,
　162, 242, 281
ピューリタン　1, 5, 6, 11, 16, 24-30, 39,
　42, 43, 45, 54, 55, 85, 89, 103, 104,
　179, 194, 242
『広い、広い世界』　97
V2ロケット　285, 286, 288
『フェデラリスト』　51, 58
フェミニズム運動　11, 214, 257-260
フェミニン・フィフティーズ　97
『フェミニン・ミスティーク』　257
フォーティナイナーズ　89
「フォンタナの火事」　272
『復活の日』　288, 299
『ブラック・ノー・モア』　267

フラッパー　181, 252-254
プリマス　2, 5, 24-27, 29
『ブルー・マーズ』　296
ブルック・ファーム　93
『プレイボーイ』　213
ブロードサイド　99, 196
プロライフ　259
フロリダ　2, 16, 191, 193, 222, 223, 272
フロンティア　5, 14, 59, 63, 110, 147,
　148, 281-283, 285, 288, 289, 290, 292,
　301
フロンティア・スピリット　5, 282,
　288, 289, 290, 301
文化多元主義　263-266
ペニー・プレス　200-202, 206
『ペンシルヴェニア農夫からの手紙』
　200
ペンタゴン・ペーパー事件　215
『ベン・ハー』　123-127
『ポカホンタス』　267, 268
「ぼく自身の歌」　105
『ボストン・ニューズレター』　198
『ポピュラー・サイエンス』　208
「ホーム・スイート・ホーム」　86, 93
『亡霊となった兄弟の想い出』　272,
　275, 277
『ボロ着のディック』　108
『ホワイト・マーズ』　301

※ま※
マサチューセッツ　5, 26, 27, 29-31, 34,
　52, 60, 101, 102, 104, 181, 191, 197,
　249
『マーズ・アタック！』　291
『貧しきリチャードの暦』　46

『マッコールズ』　214
マニフェスト・デスティニー　59, 236
マルチカルチュラリズム　→　多文化主義
『マンシーズ』　207, 208, 211
ミシッピー川　2, 7
『ミズ』　214
ミズーリ川　7, 8, 75
『ミラベラ』　214
『民主的展望』　126
ミンストレル・ショー　87, 88, 122
『ムーラン』　268
『メイソン&ディクソン』　300
メキシコ　2, 3, 5, 16, 63, 67, 68, 75, 77, 237, 264, 270
メキシコ戦争　77
メソジスト派　90
メトロポリタン美術館　113, 116
モデルT　8
『モヒカン族の最後』　96, 98
モルモン街道　75, 82

※や※
野外伝道集会　90
『約束の地のモナ』　272, 273, 275, 278
『USAトゥデイ』　216
ユダヤ人　3, 262-265, 273, 274
ユートピア運動　93, 94
ユートピアニズム　281, 282
ユニテリアン　100, 243
『ユリシーズ』　182-184, 188, 189, 191
『夜明けのスローボート』　269
『酔っぱらい』　93, 100

※ら※
ライシーアム　101
『ライフ』　211, 212
『ライ麦畑でつかまえて』　286
『ラヴ・メディシン』　270
ラジオ　10, 14, 72, 99, 120, 128, 209, 211, 219-221, 223-232, 234, 291
『ラモーナ』　121
『ららら科學の子』　286, 301
『リーダーズ・ダイジェスト』　208, 209
「リップ・ヴァン・ウィンクル」　96, 97
「リパブリック讃歌」　107
『リベレーター』　106, 203
『ルーツ』　269
『ルック』　211, 212
『るつぼ』　33, 263
『レッド・マーズ』　296-298
『レディーズ・ホーム・ジャーナル』　208, 214
『レディーズ・マガジン』　203
『ローリングストーン』　214

※わ※
「ワイルド・ウエスト・ショー」　72, 122
『若草物語』　102, 241
『ワシントン・ポスト』　215
「私たちは行く、父なるアブラハムよ」　107
「私はひどい子だった」　100
『ワーキング・ウーマン』　214

■■■執筆者紹介 （執筆順，＊編者）

＊亀井俊介（かめい・しゅんすけ）　序章
1932年岐阜県生まれ。東京大学名誉教授。現在，岐阜女子大学教授。
著者に『近代文学におけるホイットマンの運命』（1970年），『サーカスが来た！　アメリカ大衆文化覚書』（東京大学出版会，1976年），『アメリカン・ヒーローの系譜』（研究社，1993年），『アメリカ文学史講義』全3巻（南雲堂，1997-2000年），『わがアメリカ文化誌』（岩波書店，2003年），『アメリカでいちばん美しい人　マリリン・モンローの文化史』（岩波書店，2004年）。

荒木純子（あらき・じゅんこ）　第1章
1969年東京都生まれ。東京大学大学院総合文化研究科地域文化研究専攻博士課程満期退学。現在，学習院大学文学部英語英米文化学科教授。アメリカ史，アメリカ研究専攻。
論文に，"The Anatomy of Possession: Witchcraft and Religious Enthusiasm in 17th Century New England"（『アメリカ太平洋研究』第3号，2003年3月），「女性らしさの歴史化――アン・ハッチンソンからヘスター・プリンへ」（斎藤忠利編『緋文字の断層』開文社出版，2001年），「初期ピューリタン植民地における想像力・身体・性差の境界――アン・ハッチンソンの裁判をめぐって」（『アメリカ研究』第32号，1998年3月）他。

田辺千景（たなべ・ちかげ）　第2章
1968年東京都生まれ。東京大学大学院人文社会系研究科博士課程満期退学。現在，学習院大学文学部英米文学科教授。アメリカ文学専攻。
論文に，「見知らぬ人たちの涙――ハナ・ウェブスター・フォスター『コケット』再読」（國重純二編『アメリカ文学ミレニアムⅠ』南雲堂，2001年），「彷徨う女――アメリカン・ヒロインのゆくえ」（『英語青年』2005年11月）など。訳書に『マーロン・ブランド』（岩波書店，2004年）など。

ウェルズ恵子（うぇるず・けいこ）　第3章
神奈川県生まれ。神戸大学大学院博士後期課程中途退学。学術博士。現在，立命館大学文学部教授。アメリカ文学・文化，オーラルカルチャー専攻。
著書に『アメリカを歌で知る』（祥伝社新書，2016年），『魂をゆさぶる歌に出会う――アメリカ黒人文化のルーツへ』（岩波ジュニア新書，2008年），『黒人霊歌は生きている』（岩波書店，2008年），『フォークソングのアメリカ』（南雲堂，2004年）。編著に『狼女物語』（工作舎，2011年，亀井俊介賞），『南北アメリカの日系文化』（人文書院，2007年）など。

澤入要仁（さわいり・ようじ）　第4章，年表
東京大学大学院総合文化研究科博士課程退学。博士（学術）。現在，立教大学文学部文学科教授。
論文に"A Philosopher and America: Santayana as a Cultural Critic"（『アメリカ研究』，1994年），「夢のなかへ，魂のおくへ――若きメルヴィルの成長」（『英語青年』，2001年8月）他。

辻本庸子（つじもと・ようこ）　第5章
兵庫県生まれ。神戸大学大学院博士後期課程中途退学。現在，神戸市外国語大学教授。
共著に『アメリカ――文学史・文化史の展望』（松伯社，2005年），『共和国の振り子――アメリカ文学のダイナミズム』（英宝社，2003年），訳書に『ベン・ハー』（共訳）（松伯社，2003年）。

矢口祐人（やぐち・ゆうじん）　第6章
1966年北海道生まれ　ウィリアム・アンド・メアリ大学大学院博士課程修了（Ph.D., 1999）。現在，東京大学大学院総合文化研究科教授，アメリカ研究専攻。
著書に『ハワイの歴史と文化』（中公新書，2002），『憧れのハワイ』（中央公論社，2011年），『奇妙なアメリカ』（新潮社，2014年），共訳書にアリス・ベーコン『明治日本の女たち』（みすず書房，2003年）他。

宮尾大輔（みやお・だいすけ）　第7章
1970年東京都生まれ。ニューヨーク大学大学院博士課程修了（Ph.D., 2003）。現在，カリフォルニア大学サンディエゴ校文学部教授，Hajime Mori Chair in Japanese Language and Literature。映画学専攻。
著書に *Sessue Hayakawa: Silent Cinema and Transnational Stardom*（仮題，Duke University Press，近刊）。訳書に *Yoshida Kiju, Ozu's Anti-Cinema*（University of Michigan Press, 2003, Kyoko Hirano共訳）。

金澤　智（かなざわ・さとし）　第8章
1965年東京都生まれ。早稲田大学大学院英文学専攻修士課程修了。現在，高崎商科大学教授。
著書に『アメリカ映画とカラーライン——映像が侵犯する人種境界線』（水声社，2014年）。共著に亀井俊介編『アメリカの旅の文学——ワンダーの世界を歩く』（昭和堂，2009年）他。訳書にヘンリー・ミラー『マルーシの巨像』（水声社，2004年），『殺人者を殺せ』（編訳，水声社，2008年）他。

尾崎俊介（おざき・しゅんすけ）　第9章
1963年神奈川県生まれ。慶應義塾大学大学院博士課程単位取得。現在，愛知教育大学教授。
著書に『紙表紙の誘惑』（研究社，2002年），共著に『英米文学にみる家族像』（ミネルヴァ書房，1997年），『ことばのシンフォニー』（英宝社，1999年），『文化のカレードスコープ』（英宝社，2003年）他。アメリカン・ペーパーバック出版史に関する研究で第9回福原賞を受賞（2001年）。

坂本季詩雄（さかもと・きしお）　第10章
1959年大阪府生まれ。同志社大学大学院博士前期課程修了（文学修士）。現在，京都外国語大学助教授。アメリカ現代詩，映画研究専攻。
共著に『亀井俊介と読む古典アメリカ小説12』（南雲堂，2001年），『表象と生のはざまで——葛藤する米英文学』（南雲堂，2004年）他。

武田貴子（たけだ・たかこ）　第11章
1952年大阪府生まれ。同志社大学大学院修士課程修了。現在，名古屋短期大学名誉教授。東海ジェンダー研究所理事。アメリカ文学・文化専攻。
共著に『アメリカ・フェミニズムのパイオニアたち』（彩流社，2001年），『亀井俊介と読む古典アメリカ小説12』（南雲堂，2001年），『表象と生のはざまで——葛藤する米英小説』（南雲堂，2004年）他。論文に「Twinship: Pudd'nhead Wilson と"Those Extraordinary Twins"の関係」（『英文学研究』1996年），「フィリス・ウィートリ——アメリカ建国期の黒人女性詩人」（『英語青年』1998年）他。

長畑明利（ながはた・あきとし）　第12章
1958年愛知県生まれ。東京外国語大学大学院修士課程修了。現在，名古屋大学人文学研究科教授。アメリカ文学専攻。
共著に『亀井俊介と読む古典アメリカ小説12』（南雲堂，2001年），『アメリカン・モダニズム』（せりか書房，2002年），『記憶の宿る場所』（思潮社，2005年），『語り明かすアメリカ古典文学12』（南雲堂，2007年），『21世紀から見るアメリカ文学史（改訂版）』（英宝社，2018年）他。

巽　孝之（たつみ・たかゆき）　第13章
1955年東京都生まれ。コーネル大学大学院博士課程修了（Ph.D, 1987）。現在，慶應義塾大学文学部教授。アメリカ文学専攻。
著書に『サイバーパンク・アメリカ』（頸草書房，1998，日米友好基金アメリカ研究図書賞），『ニュー・アメリカニズム』（青土社，1995年，福沢賞），『アメリカン・ソドム』（研究社，2001年），『リンカーンの世紀』（青土社，2002年）他，*Full Metal Apache*（Duke University Press, 2006）。

アメリカ文化史入門

2006 年 4 月 25 日　初版第 1 刷発行
2019 年 2 月 28 日　初版第 7 刷発行

編著者　亀井俊介
発行者　杉田啓三
〒 607-8494　京都市山科区日ノ岡堤谷町 3-1
発行所　株式会社　昭和堂
振替口座　01060-5-9347
TEL（075）502-7500／FAX（075）502-7501

©亀井俊介他, 2006　　　印刷　亜細亜印刷
ISBN978-4-8122-0546-4
＊落丁本・乱丁本はお取替え致します。
Printed in Japan

本書のコピー，スキャン，デジタル化等の無断複製は著作権法上での例外を除き禁じられています。本書を代行業者等の第三者に依頼してスキャンやデジタル化することは，たとえ個人や家庭内での利用でも著作権法違反です。

小林清一著
アメリカン・ナショナリズムの系譜
―― 統合の見果てぬ夢

A5判・412頁
本体5000円＋税

常松　洋著
ヴィクトリアン・アメリカの社会と政治

A5判・302頁
本体4000円＋税

ピーター・シンガー著
中野勝郎訳
「正義」の倫理
―― ジョージ・W・ブッシュの善と悪

四六判・352頁
本体2400円＋税

亀井俊介編著
アメリカの旅の文学
―― ワンダーの世界を歩く

A5判・304頁
本体2700円＋税

踊共二編
アルプス文化史
―― 越境・交流・生成

A5判・288頁
本体2700円＋税

井野瀬久美惠編
イギリス文化史

A5判・358頁
本体2400円＋税

若尾祐司・井上茂子編
ドイツ文化史入門
―― 16世紀から現代まで

A5判・344頁
本体2800円＋税

昭和堂
http://www.showado-kyoto.jp